BORIS REITSCHUSTER

RUSSKI EXTREM²

Was von meiner Liebe zu Russland geblieben ist

rethink
verlag

Boris Reitschuster erlag nach einem Jugendaustausch mit der Sowjetunion 1988 der Faszination Russlands. Er lernte im Eigenstudium die Sprache des Landes, mit dem ihn außer seinem Vornamen zuvor nichts verband. Nach dem Abitur 1990 zog er als Student zu seiner Jugendliebe nach Moskau, mit zwei Koffern und seinen gesamten Ersparnissen. In einer Gastfamilie und in leeren Geschäften lernte er Russland abseits der Ausländerghettos kennen. Nach einer Dolmetscherausbildung arbeitete er als Deutschlehrer und Übersetzer. Gleichzeitig berichtete er für verschiedene deutsche Tageszeitungen.

Nach fünf Jahren in Moskau machte Reitschuster 1995 ein Volontariat bei der *Augsburger Allgemeinen* und arbeitete dann für die Presseagenturen dpa und AFP in München. Als Leiter des Moskauer *FOCUS* Büros kehrte Reitschuster 1999 zurück in das Land, das seine zweite Heimat geworden ist. Ende 2011 musste er Russland wegen Drohungen aus Sicherheitsgründen verlassen und leitete das Moskauer Büro von Berlin aus. Ende August 2015 verließ er den *FOCUS* und ist seither als Autor und Publizist in Berlin tätig.

2008 wurde er mit der Theodor-Heuss-Medaille ausgezeichnet — »angesichts seines außerordentlichen Engagements, mit dem er sich seit vielen Jahren kritisch mit dem politischen System Russlands auseinandersetzt und vor Ort mit hohem persönlichem Einsatz für die Meinungs- und Versammlungsfreiheit und damit für die Wahrung von Bürger- und Menschenrechten kämpft«.

VORWORT

Es muss klingen wie ein schlechter Witz, dass der Grundstein zu diesem Buch ausgerechnet in Polen gelegt wurde — sozusagen auf halbem Weg zwischen meiner Wahlheimat Russland und meinem Geburtsland Deutschland. Nie werde ich den Moment vergessen. Ich saß in einer gemütlichen Bar in einem Warschauer Lokal, ein freundlicher Mann kam herein, musterte mich neugierig bis misstrauisch und streckte mir die Hand hin: Rafał Kostrzynski. Er hatte mein Buch »Russki extrem« gelesen und wollte ein Interview mit mir machen. Nie werde ich seinen Blick vergessen. Rafał Kostrzynski musterte mich, wie es normalerweise — so stellt man sich das zumindest vor — Psychiater tun, wenn sie einen neuen Patienten eingeliefert bekommen, und die Diagnose noch nicht feststeht. Ein nachdrückliches »Was stimmt mit dem nicht?« lag in seinen Augen, und so sehr ich mich auch anstrengte, ich konnte es nicht weglächeln. Nach ein paar Höflichkeitsfloskeln schenkte mir Kostrzynski reinen Wein ein: »Ihr Buch hat mir gut gefallen. Aber ich verstehe nicht, was Sie im Vorwort geschrieben haben, das passt nicht zum Rest des Buches! Es wirkt auf mich so, wie wenn jemand lange über sein Elend mit einem Saparoschez-Wagen klagt, und dann plötzlich — ich liebe ihn, es ist das beste Auto.« Ich bemühte mich, weiter zu lächeln. Doch den erschrockenen Augen der Verlagsmitarbeiterin, die neben mir saß, musste ich entnehmen, dass mir das offenbar nicht sonderlich gelang. »Wie können Sie bei all den Dingen, die Sie in Ihrem Buch beschreiben, im Vorwort, behaupten, dass sie das lieben? Das geht doch nicht!«

Kostrzynskis Frage traf mich wie eine Salve aus einer Kalaschnikow. Ich lebte zu diesem Zeitpunkt — im Frühling 2010 — seit insgesamt fast 15 Jahren in Moskau, den größten Teil meines bewussten Lebens. Immer wieder haben mich Freunde und Bekannte schief angesehen, weil es mich derart nach Moskau zog und dort auch hielt. Ihre zahlreichen Zweifel und Fragen habe ich immer damit beantwortet, dass die russische Seele, die Abenteuerlichkeit des Alltags und all die exotischen Erlebnisse zwischen Kaliningrad und Wladiwostok die Unzulänglichkeiten des Lebens dort aufwiegen. »Russki extrem – wie ich lernte, Russland zu lieben«, hatte ich, ganz in diesem Sinne, mein Buch mit meinen Alltagsgeschichten aus Moskau genannt. Und jetzt brachte Kostrzynski mit einer einzigen Frage dieses ganze Konstrukt – mein Konstrukt für mein Russlandbild – ins Wanken. Lange versuchte ich, ihm zu erklären, warum ich Russland trotz all der Probleme – oder gerade ihretwegen – liebe. Heute verstehe ich, dass ich weniger versuchte, ihn zu überzeugen, als mich selbst.

Jetzt, viele Jahre und viele schlaflose Nächte später, verstehe ich, dass ich den gleichen Fallstricken auf den Leim gegangen bin, wie Abermillionen Russen: Wenn eine Realität zu schlimm ist, um sie zu ertragen, dann muss man sie sich schöndenken. Schönreden. Schönschreiben. Als Journalist konnte ich das nicht, ich beschrieb all die Jahre die Realität, so gut ich es konnte, und es brachte mir unzählige Schwierigkeiten ein, bis hin zu Morddrohungen und Hetzkampagnen in der gesteuerten russischen Presse. Wenn ich schon die Realität nicht beschönigen konnte und wollte, wenn ich schon Putins Autoritarismus beim Namen nannte und den schrecklichen Irrweg, auf dem ich das Land unter dem Ex-KGB-Oberst sah, als solchen brandmarkte, musste ich doch wenigstens bei der Interpretation meines Alltags in Russland irgendwo einen Weichzeichner ansetzen – und zumindest im Vorwort von der Sonne reden, die sich doch irgendwo hinter all den Gewittern und den Regenschauern im Buch verbergen musste. Wenn ich nicht daran geglaubt hätte, wäre ich wohl verzweifelt, oder zumindest nie mehr in ein Flugzeug in Richtung meines Arbeitsplatzes Moskau gestiegen.

Rafal Kostrzynski hatte sein verbales Messer zielsicher in diese Wunde gelegt. Ich musste deswegen zwar nie etwas ändern am Inhalt meiner Artikel – die waren und blieben immer kritisch. Aber ich musste den Blick auf meinen Alltag in meiner Wahlheimat neu justieren. Ich musste feststellen, dass mein vermeintliches Lächeln oft nichts anderes war als unterdrückte Tränen. Und siehe da, von Tag zu Tag, Woche zu Woche spürte ich, wie mich all die Verrücktheiten des Alltags, die ich vorher einfach noch als russische »Folklore« abgetan hatte und mit einem Schleier aus Ironie schön zu denken versuchte, immer stärker zur Weißglut brachten. Zur Verzweiflung. Ich spürte, wie plötzliche meine Kräfte nachließen. Wie ich einfach nicht mehr konnte. Ich bin überzeugt, dass es der Mehrheit der Russen genauso geht. Aber weil sie nicht einfach wegziehen können, müssen sie sich arrangieren mit dem System. Das ist einer der wichtigsten Gründe, warum sie sich von Putin und seinen gesteuerten Medien bereitwillig in einen Zustand der Narkose versetzen lassen, der völligen Verdrängung und Verdrehung der Realität, der Verklärung der Krebsgeschwüre der Gesellschaft zu Muskelmasse. Diese Anästhesie mindert kurzfristig den sonst oft wohl unerträglichen Schmerz des Einzelnen, führt aber langfristig zu fatalen Folgeschäden. Wer die Augen vor der Realität verschließt, kommt schnell ins Stolpern und an einen Abgrund.

Ein halbes Jahr nach dem Gespräch in Warschau entschloss ich mich, Moskau zu verlassen: Ich war zu der Überzeugung gekommen, dass ich mich viel zu lange unnötigen täglichen Adrenalinstößen, widersinnigen Frontalangriffen auf mein Nervensystem und Perversionsattacken auf meinen Verstand ausgesetzt hatte – und es schlichtweg eine Frage meiner Gesundheit, der psychischen wie der physischen, war diesen extremen Lebensumständen in Russland zu entfliehen und wieder festen Boden unter meinen Füßen zu bekommen. Zumindest glaubte ich, dass mich der in Deutschland erwarten würde. Wobei ich unterschätzte, wie sehr sich entweder mein Heimatland oder ich selbst – am wahrscheinlichsten wohl wir beide – verändert haben. Aber das wäre schon Thema für ein neues Buch ...

Zu meinem Abschied möchte ich mit den beiliegenden Geschichten Momentaufnahmen aus meiner langjährigen Wahlheimat wiedergeben – ungeschönt bis zur Grausamkeit. So sehr einen an manchen Stellen das Lachen überkommt – so sehr muss man sich bewusst sein, dass es sich bei diesem Lachen, wie gesagt, eigentlich nur um unterdrückte Tränen handelt. Dieses Lachen ist wohl der einzige Weg, den Wahnsinn des postsowjetischen Alltags – und sei es nur beim Lesen - ohne größere psychische Schäden zu überstehen. Insofern bitte ich Sie bei der Lektüre vor allem um zwei Dinge: Dass Sie, Ihrer Gesundheit zuliebe, von Herzen lachen. Und dabei, den Menschen in Russland zuliebe, nie vergessen, dass der Grund für dieses Lachen alles andere als lustig ist.

Was ist geblieben von meiner Liebe zu Russland? Keinerlei Liebe zu dem politischen System dort und zu all den großen und kleinen Apparatschiks und Neureichen, die in einer abgeschotteten Welt leben und sich den einfachen Menschen gegenüber wie Besatzer verhalten. Völlig ungebrochen dagegen ist meine Liebe zu den vielen wunderbaren Menschen, die in diesem Land leben. Die täglich gegen den Wahnsinn ankämpfen und dabei ihre Menschlichkeit, ihren Verstand sowie ihren Humor behalten. Sie sind das wahre Reichtum Russlands. Viele von ihnen sind emigriert. Viele widersetzen sich weiter dem System und setzen Zeichen, jeder nach seinen Möglichkeiten. An ihrer Zivilcourage, ihrem Engagement und ihrer Bereitschaft, gegen den Strom zu schwimmen, und oft auch ihre Karriere, ja sogar ihr Leben zu riskieren für ihre Überzeugungen, könnten wir uns hier in Deutschland ein Beispiel nehmen.

Boris Reitschuster im Januar 2016

DER GANZ ALLTÄGLICHE IRRSINN

Kälteschock statt Beichte

W as für einen Russen gut ist, bedeutet für einen Deutschen den Tod«, besagt ein altes russisches Sprichwort. Und ich hätte nie gedacht, dass es so nah an die Wahrheit kommt. Jeden 19. Januar steigen Millionen gläubiger Russen ins eiskalte Wasser – um sich am »Tag der Taufe« von ihren Sünden reinzuwaschen. Was die Orthodoxen können, kannst du auch, sagte ich mir – und zudem sparst du dir so die Beichte! Doch wer hätte ahnen können, dass der Versuch derart in die Hose gehen würde – und zwar buchstäblich.

Aber immer der Reihe nach. Für Orthodoxe ist das eisige Ritual ebenso Pflicht wie für den Katholiken die Sonntagsmesse. Im ganzen Land schlagen Freiwillige Löcher in das Eis von Flüssen und Seen und fahren riesige Bottiche auf den Plätzen auf, damit alle Rechtgläubigen auf den Spuren Christi wandeln – oder genauer gesagt: baden – können. Dabei hat es der Kalender nicht gut gemeint mit den russischen Frommen, fällt die Taufe doch in den tiefsten Winter.

Ausgerechnet in einem so warmen Platz wie der Banja – der russischen Mischung aus Fegefeuer und Sauna – hatte mir der frühere Fischfangminister, also jemand vom Fach, nach Neujahr warm zugeredet: Wenn meine Liebe zu Russland echt sei, dürfe sie sich nicht auf Kaviar, Wodka und die Reize der weiblichen Bevölkerungshälfte beschränken: »Die Taufe ist Pflicht.« Außerdem sei sie gut für den Organismus, da das Wasser am 19. Januar heilig sei; jede Erkältung sei ausgeschlossen, und nach dem eisigen Bad gerate der Körper in Euphorie.

Der Ex-Minister – eine Saunabekanntschaft – meinte es sicher gut. Ich war so naiv, ihm zu glauben. Die ersten Zweifel kamen mir bei der Wettervorhersage. Minus 16 Grad. Ich besorgte mir eine lange Thermounterhose und ein frostbeständiges Unterhemd aus Armeebeständen. Ich fand einen »Taufplatz« mit beheizter Umkleide – einem Container -, mitten im Zentrum von Moskau. Ankommen, raus aus dem Auto, schnell reinspringen, und sofort zurück. Das war mein Plan. Ein blauäugiger.

Russischer Kirchengesang ist bewegend. Normalerweise. Wenn man dabei nicht bei Minusgraden im Freien steht und auf den Sprung ins eisige Wasser wartet. Statt mich rechtzeitig zu bekreuzigen, sehe ich immer wieder auf die Uhr. Die Füße werden immer eisiger, ich immer nervöser. Nach einer halben Stunde bin ich auch ohne kaltes Wasser schon fast erfroren. »Jetzt nichts wie ausziehen, schnell reinhüpfen, und weg«, sage ich mir. Pustekuchen. Wie vor allen wichtigen Dingen in Russland hat der liebe Gott auch vor die Taufe eine Warteschlange gesetzt. Meine Füße scheinen abzufallen. Neidisch schaue ich auf die, die schneller waren, und schon eintauchen. Nach einer weiteren Viertelstunde – auch die Thermounterhose hat vor dem Frost kapituliert – nutze ich eine Unachtsamkeit des Wachmanns und schlüpfe in die winzige Umkleide. Weil die Tür ständig offen ist, ist sie kaum wärmer als die Luft draußen. Acht Mann auf einer Fläche so groß wie zwei Badewannen, daneben hinter einem Vorhang die Frauenabteilung. Der Mann neben mir schüttelt verächtlich den Kopf, als er sieht, dass ich Badeschuhe anziehe. »Darf man das?«, fragt er. »Für den Draht nach oben brauche ich Erdung«, sage ich.

Nichts wie raus. Mist! Wieder eine Warteschlange! In der Badehose. Zwei Männer vor mir. Ich will es nur noch hinter mir haben. Endlich: Der Einstieg ist frei. Rein in den Bottich. Dreimal untertauchen muss man. Das dritte Mal bekomme ich den Kopf kaum noch unter Wasser. Mein Herz scheint stehenzubleiben. Raus!!! Schnell!!! Doch ich komme nicht in die Badeschuhe. Ich sehe alles in Zeitlupe. Da, endlich, wieder in dem

Container. Jetzt ganz schnell anziehen. Wie ein Akrobat muss ich um jeden Zentimeter kämpfen. Mein Puls rast, meine Haut ist taub. Wie in Trance ziehe ich mich an. Endlich. Alles wieder am Leib. Doch halt! Irgendetwas stimmt nicht. Ich fühle eine merkwürdige Feuchte in der rückwärtigen Körperregion. Ich sehe in meine Tasche. Ich traue meinen Augen nicht. Am liebsten würde ich in den Erdboden versinken. Die Unterhose ist noch in der Tasche, die Badehose fehlt – in der Froststarre habe ich vergessen, sie auszuziehen. Alles von vorne. Die Thermounterhose ist jetzt platschnass. Doch ohne sie frieren die Beine ab! Also wieder angezogen. Mit feuchtem Hintern zurück in den Wagen. Von wegen Euphorie!»Wenigstens bist du von den Sünden rein«, tröste ich mich.»Aber das nächste Mal«, schwöre ich mir,»gehe ich dafür statt ins Eis lieber beichten.«

Das befleckte Notebook

Der Anlass war eher traurig, und die Freude nur von kurzer Dauer. Allen bösen Vorurteilen über Russland und den »wilden Osten« zum Trotz: Nachdem mir mein Notebook jahrelang auch in unruhigen Weltgegenden wie Tschetschenien, Tschernobyl und Tadschikistan ein treuer Begleiter war, wurde es ausgerechnet im beschaulichen Wien untreu – wenn die Trennung auch nur unter Anwendung von Gewalt zustande kam: Das etwas patinierte Gerät verschwand direkt aus dem Hotelzimmer. Den eilig gerufenen Polizisten schien der Diebstahl kaum zu überraschen: »Hamma scho öfters g'habt hier«.

Die Trauer über die verlorenen Daten hielt sich in Grenzen angesichts der Vorfreude auf ein neues Gerät: Endlich eines auf der Höhe der Zeit, mit dem ich nicht mehr wie mit einem Trabi auf der (Daten-)Autobahn daherkommen würde. Gefreut, gekauft, und so wurde ich nach der Rückkehr nach Moskau schnell Besitzer eines echten Daten-Rolls-Royce, Fingerabdrucklesegerät und Festplattenairbag inklusive, und mit so vielen Finessen, dass nur noch der eingebaute Kaffeeautomat fehlt. Und dabei ist dieses High-Tech Bündel kaum schwerer als ein Laib vom guten russischen Schwarzbrot.

Doch weiß man bei letzterem schon beim Einkauf, was man hat, so währte meine Freude nicht lange. Schon beim ersten Einschalten fehlte die Hälfte der Programme. Statt auf der Datenautobahn durchzustarten, blieb mir nur der Weg durch den Moskauer Dauerstau zurück in den Laden – ein »Fabrikverkauf« der japanischen Herstellerfirma, wie es in der Werbung in großen Lettern hieß. Hilfsbereit machten sich die Verkäufer über mein Gerät her; nach anderthalb Stunden war es endlich startklar.

So glaubte ich in diesem Moment zumindest. Und wurde nicht misstrauisch, als ich hartnäckig Fehlermeldungen bekam bei dem Versuch, den neuen Stolz via Internet zu registrieren.

Doch dann das. Es könnte an meinen zitternden Händen liegen, hoffte ich zuerst, als der USB Stick, den ich eingestöpselt hatte, genauso reagierte wie mein Fotograf Igor auf meine jahrelangen Bitten, seine Bilder einmal nach den deutschen Vorschriften zu beschriften – nämlich überhaupt nicht. Nachdem ich das fünfte Gerät versucht hatte, und keines auch nur das geringste Lebenszeichen von sich gab, war mir klar, dass sich eine neue Fahrt durch den Moskauer Stau in den Computerladen nicht vermeiden lassen würde.

Schon beim Versuch, das Gerät zu testen, richtete der Verkäufer den ersten Kollateralschaden an: Er hebelte den Deckel des PCMCIA Schachtes aus der Verankerung; das Plastikteil erwies sich als widerborstig und wollte trotz heftiger Gewaltanwendung nicht mehr in die Ursprungsstellung zurück. Die leichten Schläge führten aber nicht zu einer Wiederbelebung des USB Anschlusses. Mein Kinn muss wohl fast bis zur Ladentheke durchgehangen sein, als mir der Verkäufer eröffnete, ich müsse mich von meiner neuen Liebe sofort wieder trennen, quasi noch vor der Hochzeitsnacht: Er müsse das Gerät jetzt zur Garantiereparatur einsenden.

Als ich dezent andeutete, mir sei an einem Austausch gelegen, zumal es sich doch um einen Werksverkauf handle, schüttelte er den Kopf derart entsetzt, als hätte ich ihn aufgefordert, mir noch ein zweites Geräte als Schadenersatz zu schenken. Bis ihn dann plötzlich Mitleid befiel.»Ich kenne die Leute im Reparaturservice«, sagte er:»Ich werde das Gerät heute noch selbst hinbringen, und ein Wort für Sie einlegen, dann haben Sie es morgen schon zurück.«

Vier Tage und viele, viele Anrufe später lag das Notebook immer noch in der Garantiewerkstatt. Ich solle Geduld haben, hieß es. Statt an dem neuen Gerät zu arbeiten, war ich tagelang damit beschäftigt, ihm hinterher zu telefonieren. In meiner Not wandte ich mich an die Herstellerfirma – und traute meinen

17

Ohren kaum: Dass das Gerät sich im Internet nicht registrieren ließ, lag nicht etwa daran, dass »dieser Internetservice in Russland nicht funktioniert«, wie uns der Verkäufer versichert hatte – sondern daran, dass mein angeblich fabrikneues Exemplar schon vorher von jemand anderem gekauft, registriert, und dann als defekt zur Reparatur gegeben wurde – von wem auch immer, nur nicht von mir. Aber nicht nur in Sachen Jungfräulichkeit des Notebooks war ich gehörnt: Der angebliche »Fabrikverkaufladen« entpuppte sich als ganz normaler, windiger Händler.

Mit der Vorgeschichte des Notebooks konfrontiert, versuchte der Verkäufer erst gar nicht, mir irgendeine Erklärung aufzutischen. In der Telefonleitung herrschte ein langes Schweigen. Nach einer knappen Minute kam dann die Frage: »Was wollen Sie?« Dass ich mein Geld zurück wollte, schien den Verkäufer weitaus mehr aus der Fassung zu bringen als die Vorgeschichte des Geräts. Es folgte eine längere Verhandlung, die eher an ein Handeln auf dem Viehmarkt erinnerte als an eine juristische Auseinandersetzung. Erst als die Worte »Staatsanwaltschaft«, »Gesetz« und »Anzeige« gefallen waren, war die Gegenseite zum Kompromiss bereit: Kein Geld zurück, aber dafür ein neues Notebook. Angeblich. Und so genau will ich es auch gar nicht wissen. Ich habe mich entschlossen, meine Nerven zu schonen – und bis heute nicht überprüft, ob das Gerät nicht wie der Vorgänger schon einmal im Umlauf war. Wie sagt doch ein altes russisches Sprichwort: Je weniger man weiß, umso ruhiger schläft man.

Überleben in der Schlange

Meine Nervosität verrät mich. Seelenruhig sitzen zwei Dutzend Männer und Frauen auf den Sesseln in der »Sberbank«, der Sparkasse, an der Moskauer Marxistskaja Straße. Ich laufe mir zwischen ihnen wie ein Tiger im Raubtierkäfig die Füße platt. »Otschered«, sagen die Russen und zucken mit den Schultern. »Otschered« heißt Warteschlange. Was für die Moskauer die normalste Sache der Welt zu sein scheint, wird für den warteunwilligen Ausländer schnell zur Geduldsprobe: Auf die anderen Wartenden muss ich mit meiner Unruhe wie ein Außerirdischer wirken – oder ein Drogenjunkie auf Entzug.

Ich habe die Nummer 412 gezogen. Auf der Leuchttafel erscheinen immer noch Nummern, die mit einer »3« beginnen. Ich muss mich also noch gedulden, bis ich endlich in die glückliche Lage komme, meine Miete einzahlen zu dürfen. »Dreizehn Jahre Russland – und kein bisschen weiser«, sage ich mir: Warum lerne ich es nie, wie ein anständiger Russe in der Warteschlange einfach seelenruhig ein Buch zu lesen. Oder einfach nur leblos vor mich hinzustarren, offenbar eine Art warteschlangengerechte Meditation.

Dabei sind die Warteschlangen heutzutage in Russland fast vom Aussterben bedroht. Zumindest im Vergleich zu früher. Vom Wohnungserwerb (ab 20 Jahre warten) über den Kauf von Auto (rund 10 Jahre) und die Waschmaschine (rund ein Jahr), bis hin zu Wurst (bis zu fünf Stunden) und Brot (bis zu einer Stunde) – zu Sowjetzeiten war weniger der Preis einer Ware entscheidend darüber, ob man sie erwerben konnte, als die Wartezeit. Kein Wunder, dass in der russischen Umgangssprache das Wort »kaufen« durch das Wort »erstehen« ersetzt wurde, was durchaus wörtlich zu verstehen war (ebenso wie die Verkäufer Ware nicht »verkauften«, sondern entweder großzügig »hergaben« oder eben »zurückhielten« – für Freunde und Bekannte).

Heute sind die Schlangen in Moskaus Supermärkten meist kürzer als in Deutschland. Nur noch in einigen auserwählten Bereichen ist die alte Sowjettradition lebendig. Ausgerechnet bei den Banken. Auf dem Weg in mein Büro und zurück bewundere ich fast täglich, mit welcher Geduld die Kunden der Bank im Erdgeschoss auf Erhörung am Schalter warten. An Tagen, an denen die Warteschlange nicht weit auf die Straße hinausreicht, mache ich mir fast schon Sorgen um das Finanzsystem in meiner Wahlheimat.

Ursache für den Andrang auf die Banken ist, dass die meisten Russen beim Wort Giro eher an ein italienisches Radrennen denn an ein Konto denken und vom Strom über das Gas bis hin zum Telefon die meisten laufenden Kosten bar einzahlen. Bei größeren Ausgaben muss der »Zahlende« schon einmal das Überweisungsformular in fünffacher Ausfertigung handschriftlich ausfüllen, sämtliche Passdaten inklusive.

Weitere Warteschlangengedenkstätten sind die Metro Stationen, in denen das Rad der Zeit rückwärts zu laufen scheint: Denn im Gegensatz zu Sowjetzeiten sind sie heute automatenfreie Zonen, der Ticket Verkauf ist reine Handarbeit. Vor allem dann, wenn völlig unerwartet ein neuer Monat begonnen hat, und die Monatskarten auf unvorhersehbare Weise ihre Gültigkeit verloren haben, steht der Kunde oft länger an der Kasse als später im Waggon.

Die qualifiziertesten Spezialisten für das künstliche Erzeugen von Warteschlangen sind die Staatsdiener, von der Pass Behörde bis hin zur Steuerinspektion. Doch sie alle übertrifft die Verkehrspolizei: Ob bei der Zulassung eines neuen Wagens oder bei den Kontrollpunkten an den wichtigen Einfallstraßen – die Männer in ihren klobigen Uniformen könnten es mit den Zeitdieben aus Michael Endes Roman »Momo« aufnehmen.

Das russische Know How in Sachen Warteschlangen lässt auch den ausländischen Amtsschimmel nicht kalt. Wirft der Westen den Russen heute Industriespionage vor, so scheinen die Botschaften vieler EU Länder und der USA sich zu revanchieren, indem sie von den Russen die hohe Kunst des Warteschlangenerzeugens abschauen. Jedenfalls scheinen die Visa Stellen mancher Länder die russischen Lehrmeister zu übertrumpfen in dem Geschick, möglichst viele Menschen möglichst lange unnötig warten zu lassen.

Und wie im richtigen Leben gibt es auch bei den Visa Stellen gleiche und gleichere. Wer gegen gepfeffertes Entgelt ein Reisebüro einschaltet, kann die Warteschlangen oft vermeiden – oder zumindest das Stehen in derselben an einen Reisebüro Mitarbeiter delegieren. Auch zu Sowjetzeiten gab es Warteschlupflöcher. Invaliden und Kriegsveteranen hatten das Privileg, vom Schlangestehen befreit zu sein. Einer meiner glücklichsten Momente zu Gorbatschows hungrigen Mangelzeiten, die im Westen als »Perestroika« bekannt sind, war es denn auch, als mich Anna Georgewna, Mutter meines Vermieters und verdiente Frontkämpferin, einlud, mit ihr einen Einkaufsmangelbummel zu machen – durch Geschäfte, in denen es damals weitaus mehr wartende Menschen als Ware gab. Mit ihrem Veteranenausweis manövrierte sich Anna Georgewna in jugendlichem Elan an jeder Schlange vorbei. Nur einmal kam es fast zum Debakel: Ich entging nur knapp dem Lynchen durch die wütende Menge, als mir Anna Georgewna, nachdem sie sich geschickt an die Spitze der Schlange gesetzt hatte, an den hungrigen Wartenden vorbei durch den halben Laden zurief: «Wie viel Gramm Käse wolltest Du?» Anna Georgewna rettete ihr Status, mich meine schnellen Beine.

Anna Georgewna, Gott habe sie selig, musste es nicht mehr erleben, wie das Veteranenprivileg mangels Warteschlangen heute de facto wertlos wurde. Ein modernes Warteschlangen Management System wie das in meiner Sparkasse mit Nummernzettel, hätte sie als überzeugte Kommunistin sicher als Anzeichen westlicher Dekadenz verurteilt.

Auf dem Display erscheinen die ersten Zahlen, die mit einer vier beginnen. Noch zehn andere Kunden bis zu meiner »412«. »Haben Sie es eilig?« fragt mich eine alte Frau. »Wir Westler haben es immer eilig, zumindest glauben wir es«, antworte ich ihr. »Wir haben unser ganzes Leben immer gewartet«, sagt die alte Dame mit einem breiten Lächeln: »Bei uns fährt man von einem Ende des Landes ans andere mit dem Zug sieben Tage, Russland ist so riesig, so unendlich weit, dass wir Demut vor der Zeit gelernt leben. Hetze könnten wir Russen uns gar nicht leisten.«

Vorfahrt für VIP

D as Glück ist nur zwei Schritte entfernt – und doch unerreichbar. Beim Versuch, es unerlaubt zu betreten, werde ich barsch zurechtgewiesen:»Da dürfen Sie nicht hin!«, sagt eine hagere junge Frau mit Sophia-Loren Frisur und baut sich wie ein Verkehrspolizist mit Absperrauftrag vor die einladenden beigen Ledersofas mit den braunen Couchtischen auf:»Weg hier!« Sie dreht sich weg von der Polsterecke und weist mit ihrem Zeigefinger auf die spartanischen Holzstühle und Tische mit rot-weiß karierten Plastiktischdecken:»Hier, das ist für sie!« Ich blicke sehnsüchtig Richtung Ledermöbel:»Warum darf ich mich nicht hierher setzen?«. Die Bedienung in dem italienischen Restaurant in Sankt Petersburg sieht mich an wie einen Geistesgestörten:»Das ist nur für VIP Gäste und Freunde unseres Besitzers!«

Die arme Frau ist über meine verwunderte Reaktion genauso verwundert wie ich über diese moderne Form der Apartheid. »Da sind doch sechs Tische leer, so viele VIPs können doch gar nicht kommen«, sage ich.»Das ist nun mal so«, hält sie dagegen, als handle es sich um ein Naturgesetz.»Aber es ist doch kein getrennter Saal, diese Tische und Stühle stehen doch hier mitten im Restaurant.« Doch alle meine Anmerkungen und Fragen gehen ins Leere.»VIP ist VIP«, sagt die Bedienung mit einem entschuldigenden Lächeln.

VIP – »very important« und mithin sehr wichtige Personen, auf russisch ausgesprochen wie man es schreibt, dürfen in Russland fast überall auf eine Sonderbehandlung rechnen. Allerdings sind die Maßstäbe, wer dazu gehört zu der feinen Gesellschaft, überall verschieden – oder genauer gesagt der Eintrittspreis in die VIP Welt. Zumindest in den Flughäfen herrscht eine gewisse Ordnung. An den Warteschlangen vorbei durch den VIP Saal wird geschleust, wer Abgeordneter ist, hoher Beamter, oder wer – ganz offiziell – für die VIP Abfertigung einen Obolus entrichtet: Von 10.000 Rubel im Moskauer Flughafen Domodedovo (ca. 250 Euro) pro Flug bis zu 6.500 Rubel im Sonderangebot im Konkurrenzflughafen Scheremetjewo, Terminal 3 (ca. 155 Euro).

Damit nicht genug: Künftig soll es sogar im Schnellzug zum Flughafen einen extra VIP Waggon geben. Schneller wird der nicht sein, aber VIP sitzt weicher und bleibt unter sich, so heißt es. Selbst bei so banalen Dingen wie der Wäsche gibt es Unterschiede zwischen normalen und VIP Kunden: Jedenfalls hängt seit kurzem eine Anzeige in meinem Treppenaufgang, in dem eine chemische Reinigung für ihren VIP Service Reklame macht. Wie genau sich der Reinigungsprozess für die VIPs von dem für normal Sterbliche unterscheidet, wird freilich nicht verraten auf dem Plakat.

Offenbar gilt es in der Moskauer Reklameszene als Gesetz, dass der Zusatz »VIP« (oder, abgewandelt, »Elite«) die Nachfrage für Waren und Dienstleistungen jeder Art geradezu multipliziert – oder zumindest den Preis. So wird im Internet geworben für VIP Discos, für VIP Kindermädchen, VIP Krankenhäuser, VIP Notarztwagen und für VIP Restaurants, mit dem dezenten Hinweis, dass dort auch ein VIP Trinkgeld fällig wird.

Manche Angebote sind erklärungsbedürftig, zumindest für arglose Mitteleuropäer. VIP Telefonnummern etwa: Das sind solche, die sich dank leicht einprägbarer Nummernfolge offenbar auch von gestressten VIPs oder solchen mit Rechenschwäche problemlos auswendig lernen lassen. Hinter der Annonce »VIP Freizeit« verbirgt sich bei genauerem Hinsehen ein Begleitservice, die VIP Eskorte und VIP Mädchen anbietet, entweder in »VIP Bars« oder »VIP Saunas«, oder mit Zustellung frei VIP Haus oder VIP Hotel. »VIP Salons« dagegen können durchaus koschere Dienste anbieten, wenn sie »VIP Personal« versprechen: In vielen Fällen handelt es sich nur um besonders teure Friseure oder Frisörinnen.

Ebenso wenig anrüchig – und wohl deshalb auch besonders teuer – sind mit großer Wahrscheinlichkeit die »Mobilen Elite Toiletten«, die auf der vielsagenden Internetseite www.wcvip.ru angeboten werden. Offenbar können nur basisdemokratiegeschädigte Westler auf den Gedanken kommen, dass alle Menschen zumindest an einem Örtchen vor Gott gleich sind. Wie wenig das zutrifft, zeigen Pläne in Sankt Petersburg, wo eine Gruppe von Geschäftsleuten (VIPs natürlich) der Stadtverwaltung vorschlug, künftig auch an die Ubahnen VIP Waggons anzuhängen: Mit eigenem Eingang, weichen Sesseln, Klimaanlange, Minibar und natürlich auch einer eigenen Toilette.

Die Behörden lehnten diese progressiven Pläne in einem ungeheuren Rückfall zu sowjetischer Gleichmacherei ab. So wird bis auf weiteres unter der Erde eine segensreiche Einrichtung fehlen, die obenauf schon lange Sitte ist: Vorfahrt für VIPs. Selbst beim Parken – mit VIP Parkplätzen für wichtige Beamte und »Bisnesmeny«, denen ihre Wachleute einfach einen Teil der Fahrbahn mit Absperrbändern reservieren, damit sie ohne jede Verzögerung ihren Geschäften nachgehen können. Nur chronische Neidhammel und pathologische Kommunisten kann es da aufregen, dass deswegen Nicht VIPs im Stau stehen müssen.

Für VIPs ist diese Gefahr Gott sei Dank eher marginal. Auch wenn zuweilen umstürzlerische Gefahr droht. Hat doch tatsächlich heftiger Protest von Nicht-VIPs dafür gesorgt, dass etwa den – per Amt besonders wichtigen – Duma Abgeordneten die lebenswichtigen Blaulichter auf den Dächern ihrer Dienstwagen verboten wurden. Aber zum Wohl von Mütterchen Russland haben die VIP Abgeordneten auch dagegen ein Mittel gefunden, und können jetzt ihre Zeit wieder uneingeschränkt dem Vaterland widmen, statt mit dem gemeinen Volk im Stau zu stehen: Sie lassen sich jetzt einfach von Polizeieskorten durch die fast 24-stündige »Rush hour« in Moskau lotsen – denn den Ordnungshütern kann ja niemand das Signalhorn verbieten.

Jagdszenen auf Moskaus Straßen

Tue es nicht, dass ist doch blanker Selbstmord«, schreit mir Oleg hinterher. Doch er kann mich nicht mehr aufhalten. Aus dem Türrahmen habe ich noch einmal kurz nach oben geschaut, Richtung Dach, es war nichts zu sehen und nichts zu hören. »Jetzt oder nie«, sagte ich mir, atmete tief ein und rannte los. Das rettende Ziel war nur ein paar Meter weiter, in Sichtweite, hinter dem rot-weißen Absperrband. »Siehst Du, ich bin heil und ganz, kein Treffer«, schrie ich zurück zu Oleg, der im Türrahmen wie erstarrt schien. »Ich?« fragte er, und verzog seinen Vollbart in einen spitzen Winkel. »Jetzt«, schrie ich. Oleg fasste sich ein Herz, und mit der Geschmeidigkeit einer Gazelle, die ich ihm in Anbetracht seiner Jahre gar nicht zugetraut hätte, sprang er auf das Absperrband zu. Ein Mann in einer Uniform, die wohl irgendwann einmal braun war, mit einem Gesicht wie aus Stein gemeißelt kam auf uns zu: »Seid Ihr verrückt?« Vielleicht waren wir es. Zumindest ein bisschen. Bei der Jagdszene auf dem Kutusow Prospekt, einer der nobelsten Meilen in Moskau, sind wir zwar ohne blaues Auge und vor allem mit heilem Kopf davon gekommen. Doch sie war hochgefährlich, die Risikobereitschaft, die wir an den Tag gelegt hatten – im Kampf gegen einen der gefährlichsten Feinde, den die Menschheit in einem russischen Winter hat: Gegen Schneemassen und Eiszapfen, die von den Dächern auf den Gehweg fallen, und laut Medien jedes Jahr allein in der russischen Hauptstadt mehreren Menschen das Leben kosten.

Erfahrene Russen halten im Winter mit schlafwandlerischer Intuition den maximal möglichen Sicherheitsabstand von jeder Hauswand. So dreist, sich ohne größere Not in ein Gefahrengebiet zu begeben, können wohl nur Ausländer oder Journalisten sein. Dabei waren mein Kollege Oleg und ich nichtsahnend auf eine Tasse Tee und einen Kuchen in das Cafe »Schokolodniza« gegangen. Kaum wollten wir uns zurück an unser Tagwerk machen, gab uns die Bedienung einen gut gemeinten Rat: »Sie dürfen jetzt nicht raus aus dem Cafe, weil das Dach oben vom Schnee gesäubert wird, der Gehsteig ist gesperrt.« In Russland gewöhnt man sich ans Warten, und so waren wir auch völlig ruhig und gelassen, bis wir eine weitere Teekanne geleert hatten.

Oleg, ein Mensch mit stoischer Ruhe, hätte sicher ohne zu klagen noch weiter gewartet und sich hinter die nächste Teekanne geklemmt. Aber der Deutsche in mir, der auch nach 13 Jahren in Russland noch oft im Kopf ans Ruder greift, ließ mir keine Ruhe: »Ich muss los, ich komme sonst zu spät zu meinem Termin.« Ich ging zur Tür, und lauerte vor ihr wie ein Tiger vor der Durchreiche im Käfig zur Fütterungszeit. Immer wieder waren Einschläge zu hören: Ein donnerndes Knirschen des Schnees beim Aufschlag auf den Asphalt, ein klirrendes Scheppern der Eiszapfen. Wenn sekundenweise Ruhe herrschte, streckte ich vorsichtig, Millimeter für Millimeter, meinen Kopf aus dem Türrahmen, um ihn beim nächsten Einschlag sofort wieder zurückzuziehen. Die Bedienungen ein paar Meter weiter an der Kasse machten keinerlei Anstalten, mich aufzuhalten. Sie tuschelten angeregt miteinander. Vielleicht schlossen sie Wetten ab, auf meine Unversehrtheit.

Gewonnen hätten die Optimistischeren. Als ich nach einer Minute Ruhe sprang, mussten die Männer auf dem Dach wohl gerade ihre Zigarettenpause eingelegt haben. Nicht alle haben so viel Glück. Nicht, dass es Volkssport in Russland wäre, bei Eis- und Schneeräumarbeiten auf dem Dach durch die Gefahrenzone zu springen. Das Problem ist eher ein anderes: Zu wenig Dächer werden geräumt. Und so kommt der Angriff vom Dach meist unerwartet und hinterhältig.

Und das, obwohl die Russen historisch eine durchaus innige Beziehung zum Eiszapfen haben. In russischen Gedichten wird er gepriesen, er galt lange als Süßigkeit der Armen, Eisersatz für Bauernkinder, die sich nichts Kalorienreicheres leisten konnten. Wer hätte auch ahnen können, dass die ansehnlichen Zapfen einst als Folge der modernen Städtearchitektur zum Feind des

Menschen werden sollten. Dabei heißt es in Russland, dass die Beziehung zwischen Mensch und Eiszapfen bis zur Revolution noch durchaus entspannt war: Die Hausmeister waren zuständig dafür, auf dem Dach für Eisfreiheit zu sorgen, und wehe, einer tat das nicht. Heutzutage betreut ein einziger Hausmeister oft mehrere Häuser, und statt kräftigen Männern sind heute eher Frauen im Rentenalter im Dienst, deren Einsatz auf dem Dach nicht minder gefährlich wäre als die latente Gefahr durch Eiszapfen. Erschwerend kommt hinzu, dass die meisten Häuser entweder gar keine, oder aber beheizte Dachböden haben, was, so die Fachleute, die Zapfenbildung fördert.

Wenn warme Winde Moskau auftauen lassen wie in diesen Tagen, herrscht deshalb Alarmstufe rot. Beinahe akrobatische Fähigkeiten sind angesagt, wenn man etwa auf dem Weg zur Arbeit durch den Nachbarhof muss, wo meterbreite Sperren mit dem Warnhinweis »Eisabgang« stehen, die nur einen ellenbreiten Spalt auf dem Gehweg frei lassen. Wenn man hier auf Gegenverkehr trifft, muss mindestens einer in den roten Bereich – und russisches Eiszapfen Roulette spielen.

Dabei schlägt das Schicksal ausgerechnet dort zu, wo man es gar nicht erwarten würde. Im konkreten Fall an der Uhrenfabrik eine Straße weiter, die ich aufgrund des breiten Gehsteigs vor ihren Mauern und des Flachdachs bislang stets für unverdächtig hielt. So schreckte ich denn auch entsetzt zusammen, als mir gestern plötzlich etwas von oben auf Kopf und Schulter schlug. Ich dachte bereits an das Schlimmste und war gerade dabei, mir die Schlüsselmomente meines Lebens noch einmal zu vergegenwärtigen. Doch als ich mich aus der ersten Starre befreite, entpuppte sich das vermeintliche Schneebrett Gott sei Dank nur als Schneewölkchen. Ich war zwar verschneit wie ein Weihnachtsplätzchen unter Puderzucker, doch bis auf die Nässe völlig unversehrt.

Ich bin nun sehr viel vorsichtiger geworden seit diesem bislang einzigen – nach russischer Tradition klopfe ich an dieser

Stelle dreimal auf Holz und sage »tojtojtoj« – Treffer, den ich abbekam. Eile hin oder her, freiwillig würde ich mich nie mehr in ein städtisches Lawinengebiet begeben. Ich blicke nun regelmäßig nach oben; mein Kopf arbeitet wie ein Navigationsgerät, immer auf Routensuche.

Doch wie alles, was von oben kommt, hat auch die Dachlawinengefahr ihr Gutes: Das Balancieren und Hüpfen hält einen körperlich fit. Man muss fast die mathematischen Fähigkeiten eines Andrei Kolmogorows und die Konzentration eines Anatoli Karpows an den Tag legen, um instinktiv die risikoärmsten und trockensten Sinuskurven zu finden zwischen der Gefahr, in karpfenteichtiefe Pfützen zu treten, auf der einen Seite des Trottoirs durch Autos unfreiwillig geduscht zu werden oder auf der anderen Seite vom Dach gefährliche Fracht auf das selbige zu bekommen. Die ständige Konzentration und das Lösen schwieriger mathematischer Aufgaben beim Navigieren hilft, so jedenfalls legt die aktuelle Hirnforschung nahe, geistig rege zu bleiben. Kein Wunder, dass die Russen zu den besten Mathematikern der Welt gehören.

Keine Legehenne dürfte so gehalten werden: Ich bin in enger Tuchfühlung zu der Frau im feuchten Kunstpelz vor mir, von hinten drückt sich jemand im Ganzkörperkontakt an mich heran, und zwischen mich und meine beiden Nachbarn rechts und links passt kein Rubelschein. In Trippelschritten bewegen wir uns vorwärts. Ich fühle mich wie ein Roboter in einer Massenszene aus einem Science-Fiction Film, fremdgesteuert, der eigenen Bewegungen nicht mehr Herr, nicht mehr Individuum, sondern Teil der Masse, hilflos in ihrem Strom.

Es ist Donnerstag, der 25. Dezember, kurz vor 19 Uhr, in der Moskauer U-Moskau-Bahn-Station Park Kultury, was so viel heißt wie »Kulturpark« und den Gorki Park meint, der sich gegenüber am anderen Ufer der Moskwa entlang schlängelt. Draußen. An der frischen Luft. In Freiheit. Denn während knapp 2.000 Kilometer weiter westlich in Deutschland der vorweihnachtliche Trubel endlich zu Ende ist und Frieden und Besinnung herrschen oder zumindest herrschen sollten, ist das deutsche »nach dem Fest« hier in Russland noch »vor dem Fest«: Was dem Deutschen der Heilige Abend, ist dem Russen das »Neujahr«: Allerheiligstes unter den Festen. Und vor allem Tag der Bescherung – und just dies ist wohl einer der Gründe für meine missliche Lage.

Großzügig, wie sie sind, lassen sich die Russen in Sachen Geschenke nicht lumpen; vom Arbeitskollegen über den Nachbarn bis hin zum Arzt, seiner Sprechstundenhilfe und im Zweifelsfall auch noch deren Putzfrau hat jeder beschert zu sein. Und diese in Geschenkform zum Ausdruck kommende Weite der russischen Seele hat natürlich ihre logistische Nebenwirkungen: einen gewaltigen Ansturm auf die Geschäfte. Hinzu kommen Traditionen wie etwa Treffen mit alten Freunden in den Tagen vor dem Rutsch: Ausdruck herzlicher zwischenmenschlicher Beziehungen und mithin eine positive Erscheinung, aber ebenso wie der Andrang auf die Geschäfte ein Belastungsfaktor in Sachen Verkehrsaufkommen, unter wie über der Erde.

Inzwischen bin ich in Sichtweite des Ziels getrippelt, die Rolltreppe ist nur noch 50 Meter entfernt, es kann sich nur noch um Stunden handeln. Wenn keine Rippenprellung dazwischenkommt. In Momenten wie diesen bewundere ich die Gelassenheit der Russen besonders: Immer wieder springen junge Männer beherzt von außen über das Absperrgitter, das die Rolltreppenwarteschlange vom Bahnsteig trennt – und aus der Menge ist kein einziger Ton des Unmuts über die Vordrängler zu hören.

Eine halbe Ewigkeit und 25 Meter näher an der Rolltreppe kann ich den Deutschen in mir nicht mehr zurückhalten: Ich schwöre mir, dass ich etwas tun werde. Später, natürlich, denn aktuell ist mein Handlungsrahmen auf wenige Millimeter begrenzt. Ein Ausweichen auf die Straße wäre der falsche Weg. Gut, man atmet den Mitwartenden am Steuer nicht in den Nacken wie hier unten in der Metro – aber die Wartezeiten sind um ein Vielfaches länger.

Der Trippelschritt muss meditative Wirkung haben. 10 Meter vor der Rolltreppe, als mir der Nachbar rechts seine Herrenhandtasche in die Rippe rammt – er muss eine Hantel oder dergleichen drinnen haben – kommt mir die rettende Idee: Ich werde mich in die Nacht retten. So ich die letzten Meter durchhalte. Wenn Moskau schon New York abgelöst hat als die Stadt, die nie schläft, kann ich wenigstens Nutzen daraus ziehen, zumal ich ja auch die Kollateralschäden zu tragen habe: Vor allem in Form von nächtlichem Autolärm. Auf der rettenden Rolltreppe angekommen, und gerade dabei, mich im wahrsten Sinne des Wortes neu zu entfalten – die Muskeln endlich wieder gestreckt, die Lunge wieder mit Platz zum Atmen und Frischluft in Reichweite – bin ich fest entschlossen, die nächsten Neujahrseinkäufe im Schutz der Dunkelheit zu machen.

Gedacht, getan. Ich bin zwar etwas überrascht, als ich auch kurz vor zwei Uhr nachts vor dem Supermarkt »Asbuka Wkussa«, auf deutsch »ABC des Geschmacks«, am Apakowa Projesd nicht auf Anhieb einen Parkplatz finde. Innen im Laden ist es denn auch nicht gerade menschenleer. Doch im Vergleich zur Legebatterie Haltung in der Metro komme ich mir vor, als würde ich mich in den endlosen Weiten Sibiriens verlieren. Die Verkäuferinnen wirken zwar nicht gerade ausgeschlafen, doch sie sind freundlich. An der Kasse gibt es keine Schlange. Müde, aber mit Wein und Konfekt gerüstet für das Fest, fahre ich nach Hause.

Die Einkaufszüge unterm Sternenhimmel sind nicht nur auf Essbares begrenzt: Von Souvenirs über Filme und CDs bis hin zu Büchern, Haushaltstechnik, Unterhaltungselektronik und Parfüms ist alles, was Beschenkte in spe begehren, auch in Nachtschicht erhältlich. Ohne Preisaufschlag. Ohne Stau. Ohne Warteschlangen. Auch anderweitig lässt sich die Festtauglichkeit im Schutze der Nacht erhöhen: Reinigungen bieten ihre Dienste ebenso an wie Friseursalons, selbst Massagen sind zu haben. Zwar fällt da ein Nachtaufschlag an, doch dafür winken Sonderleistungen: Schläft der Kunde während der »Prozedur«, wie die Behandlung heißt, ein, muss er nicht etwa mit einem unsanften Weckruf rechnen – sondern kann, im Gegenteil, darauf zählen, dass er eine warme Decke umgelegt bekommt und so dem neuen Tag entspannt entgegen schlummern kann (jedenfalls entspannt genug für den morgendlichen Stau, der ihm dann sicher ist).

Sei's drum: Angesichts der Vorteile der Nachtaktivität wirkt es fast schon wie Miesmacherei, dass skeptische Stimmen im Internet vor negativen Begleiterscheinungen dieser Art von Zivilisationsflucht warnen: Dass die Berater in den Läden wegen ihrer Müdigkeit nicht immer ihr Bestes geben könnten und es so zu Fehleinkäufen kommen könne, wie die Internetzeitung newsmsk.com rät, ist ein Risiko, das man eingehen kann. Ebenso wie der angebliche Mangel an Sonderangeboten zu nachtschlafender Zeit.

Weniger leicht von der Hand zu weisen sind dagegen die Warnungen der Psychologen auf der Internetseite: »Nächtliche Einkäufer erschöpfen ihre Psyche, werden konfliktfreudiger und leichter reizbar, können sich nicht mehr so gut konzentrieren, und selbst eine kleine Warteschlange kann sie mehr aufregen als eine halbstündige tagsüber«. Graue bzw. nachtschwarze Theorie, sage ich mir. Wahrscheinlich, zumindest. Denn eine gewisse Sorge hat sich nun doch breit gemacht, jetzt, wo ich, kurz vor vier Uhr nachts, diese Zeilen schreibe: Morgen bzw. heute ist frühes Aufstehen angesagt, dann steht noch eine letzte vorneujährliche Nachteinkaufsrunde für die letzten Geschenke an. Und so stelle ich mir eine bange Frage: Was, Gott bewahre, wenn ich nach all den schlafarmen Nächten deren Früchte gar nicht mehr nutzen kann und meine Mitmenschen bitter enttäusche, wenn nicht gar tödlich beleidige – weil ich am Silvesterabend einnicke und die hart erkämpfte Bescherung einfach verschlafe?

Warten mit erotischer Perspektive

Im Kopf habe ich nur einen Gedanken, einen ganz und gar unsündigen: Wann ist dieser »cauchemar« – wie die Russen jede Art von Albtraum in einem französischen Fremdwort nennen – vorbei? Nein, ich habe nicht die jungen Schönheiten im Blick. Sondern meine Wartezeit. Sechs Stunden sind des Guten eindeutig zu viel, sage ich mir. Und in meiner Not habe ich die rettende Idee...

Aber alles der Reihe nach. Ich war guter Dinge, als ich mich auf den Weg machte: Ein Nobellokal ist für einen Journalisten, der sonst schon mal auf ein Schlachtfeld oder in einen Schlachthof muss, ein sehr angenehmer Einsatzort. Als ich die erste SMS bekam von der Sekretärin meines Visavis, dem Chef des feinen Hauses, dass er sich um eine halbe Stunde verspäten würde und das Interview entsprechend später beginnen werde, war ich guter Dinge und vertrieb mir die Zeit mit einem Frühjahrsspaziergang in Sichtweite des Kremls und seiner ziegelroten Türme.

Als ich eine halbe Stunde später endlich ins Allerheiligste des Lokals, den leeren Ballsaal, vorgelassen wurde, machte ich mir keine großen Sorgen, als nach einer weiteren halben Stunde immer noch nichts passierte, außer dass ich einen Kaffee bekam. Auch nach einer Stunde war noch kein wesentlicher Fortschritt in Richtung Interview auszumachen. Auf meine schüchterne SMS Nachfrage, wann mit ihm zu rechnen sei, antwortete der Hausherr nur knapp und gereizt: »Ich bin unterwegs.« Naiv freute ich mich, dass meine Qual bald ein Ende haben würde. Pustekuchen. Als ich eine weitere Stunde später per SMS nochmals nachhakte, ob er schon in Reichweite sei, war die Antwort noch eindeutiger: »Gleich«. Eine weitere Stunde später, nach insgesamt drei Stunden Warten, wurde mir schlagartig klar: Du musst etwas tun. Allein schon, weil mein Magen leer war, und es dem Fasten nicht zuträglich ist, wenn an Nachbartischen die

Mitarbeiter des Lokals – das noch geschlossen war – ihr Pausenessen verzehren.

In meiner Not suchte ich die Sekretärin meines verhinderten Visasvis. Als ich sie mitsamt ihrem winzigen Pinscher Hündchen, das kaum halb so groß war wie eine stattliche Katze und offenbar ein unzertrennliches Bestandteil von ihr, nach einem Irrgang durch die Katakomben des Ladens gefunden hatte, wollte sie mich mit ihrer Auskunft offenbar trösten, und ahnte wohl nicht, dass sie in Wirklichkeit das Gegenteil erreichte: Der Chef, meinte sie, sei immer unpünktlich. Aber da er in vier Stunden einen wichtigen Termin im Haus habe, müsse er spätestens dann da sein. Ich könne mich also entspannt zurücklegen. Spätestens jetzt konnte ich mich an all dem Pomp und Klimbim um mich herum nicht mehr erfreuen. »Ob es nicht sinnvoller wäre, den Termin zu verlegen«, fragte ich den Chef in einer neuen SMS. Die Antwort war wieder lakonisch wie gewohnt: »Ja«.

Gilt Pünktlichkeit in Deutschland als eine Zier, ist sie in Russland eher ein überflüssiger Luxus. Wer etwa bei privaten Einladungen rechtzeitig erscheint, wird im besten Fall schief angesehen. Oder muss im schlimmsten Fall noch bei den Partyvorbereitungen mithelfen. So wurde ich unlängst bei meinem Freund Wlad als Assistent zum Zusammenbau seines frisch gekauften IKEA Stuhls zwangsverpflichtet, als ich als einziger Gast pünktlich zu seiner Geburtstagsfeier kam. Steht in Deutschland allenfalls Akademikern die klassische Viertelstunde an Verspätungsfreiraum zu, so gilt in Russland alles, was unter einer halben Stunde Zuspätkommen liegt, beinahe als pünktliches Erscheinen. Im Volksmund werden zuweilen gar die Vorzüge der Unpünktlichkeit gerühmt. »Ein neureicher Russe war derart unpünktlich«, so ein russischer Witz zum Thema, »dass sogar die Killer jede Chance aufgaben, ihn anzutreffen und ihren Auftrag kündigten.«

Die alte Redensart, dass Pünktlichkeit die Höflichkeit der Könige sei, hat in Russland keine Gültigkeit. Zumindest, wenn man unterstellt, dass Wladimir Putin das Land wie ein Monarch regiert(e). Der Petersburger mit der strammen Haltung gilt als oberster Zuspätkommer im Land. Schon in jungen Jahren ließ er seine spätere Frau beim Rendezvous regelmäßig warten, zuweilen stundenlang. In Russland kann so etwas offenbar als Volksnähe durchgehen, jedenfalls macht Putin in seiner Biographie keinen Hehl daraus. Heute teilen Putin Besucher jeder Art das Schicksal seiner Gattin; Journalisten lässt Putin schon mal stundenlang im Frost stehen. Und selbst die britische Königin musste auf seine Exzellenz Wladimir geschlagene 12 Minuten warten – ein derartiger Affront, dass sich die britische Presse heftig echauffierte – völlig zu Unrecht: Denn 12 Minuten Verspätung sind für Wladimir Putin das, was bei einem deutschen Kanzler ein Erscheinen eine halbe Stunde vor der Zeit wäre.

Die Russen würden sich ihre Unpünktlichkeit selbst einreden, glaubt Gleb Archangelski, Chef der Firma »Zeitorganisation« und einer der führenden Experten für Zeitmanagement: »Die Russen haben sich aus unerfindlichen Gründen den Mythos ausgedacht, dass sie nicht fähig sind zur Organisation, zur Pünktlichkeit, dass die breite russische Seele das verhindere und so weiter.« Die Wirklichkeit sei anders: Schon im 18. Jahrhundert habe es in Russland Terminkalender gegeben, so Archangelski.

Der »Schlendrian« sei erst zu sowjetischen Zeiten fester Bestandteil des Tagesplans geworden: »In den Sowjetjahren wurden die Leute an Unsinn jeder Art gewöhnt, sie wussten, das ständige Planen von allem ist Unsinn.« So habe sich der Sowjetbürger daran gewöhnt, dass jede Art von Planung etwas Fremdes, von oben aufgezwungenes, eine Art von »kollektiver Vergewaltigung« sei, glaubt Archangelski: So sei die Gewohnheit und die Kunst, zu planen – etwa Termine und Zeitabläufe, mit dem Jahrzehnten abhanden gekommen. Jetzt müsse sie wieder neu erlernt werden. Zwanzig Jahre nach dem Zusammenbruch des Kommunismus gebe es dabei schon gewaltige Fortschritte, so Archangelski: »Wenn ich vor acht Jahren Leuten von Zeitmanagement erzählte, machten sie quadratische Augen und sagten: ›Um Gottes Willen, wir sind doch keine Deutschen, wir sind, olala, chaotische Russen. Heute staunt in der Geschäftswelt niemand mehr über Zeitmanagement«.

Ich bedaure zutiefst, dass mein (Noch-Nicht-)Visavis, der Chef des Nobellokals, keine Kurse bei Archangelski belegt hat. Aber bei ihm wäre wohl alles sinnlos gewesen. Drei Tage nach dem ersten Versuch bin ich wieder in seinem Nobelschuppen. Gleicher Ort, gleiche Prozedur. Der Chef erscheint diesmal zwar, als ich noch nicht einmal ein Stündchen gewartet habe. Aber da ist eine »Otschered«, wie Warteschlangen auf Russisch heißen. Geschäftspartner warten auf ihn, für wichtige Besprechungen. Und ein Dutzend Models: Sie zeigen sich von ihrer besten Seite (und sie haben viele davon), um ein Arrangement zu bekommen.

So wenig ich mich an den jungen Schönheiten erfreuen kann – so inspirierend ist offenbar doch ihr Anblick. Denn als mein Visavis nach drei Stunden immer noch auf Abwegen ist und das Interview weiter in den Sternen steht, schreibe ich ihm, in der Wut der Verzweiflung, eine SMS: »Ich warte jetzt insgesamt sechs Stunden auf Sie, das ist Weltrekord, sie übertreffen sogar bei weitem Putin und Medwedew, die mich nie so lange warten ließen«. Der dezente Hinweis auf den Draht nach oben wirkt Wunder – zumal mein Visasis, wie sich herausstellte, im früheren Leben Geheimdienstler war. Die SMS ist kaum verschickt, da erscheint er auch schon, wie aus dem Nichts, oder genauer gesagt zwischen zwei kaum bekleideten Schönheiten: »Ach, das Interview, ja bitte, gleich, aber gerne doch!« Endlich habe ich eine Erleuchtung: Dass ich so lange warten musste, lag vielleicht weniger daran, dass die Unpünktlichkeit in Russland so weit verbreitet ist – sondern daran, dass ich als Deutscher nicht kreativ genug bin im Umgang mit ihr.

Wecken mit dem Hammer

Die einzige Vollkaskoversicherung ist ein Hindernislauf. Im Blindflug. Denn ans Augenöffnen ist gar nicht zu denken. Noch nicht. An dem kleinen Holzkasten vorbei – so Gott will ohne Feindkontakt – und über den winzigen Teppich – mit etwas Glück ohne Rutschen – zum Fenstersims. Dann den Tastsinn aktivieren, das kleine, silberne Kästchen finden, den Knopf oben, ihn dann kräftig nach unten drücken. Doch das ist noch nicht alles, der allerschwierigste Fallstrick wartet noch: Jetzt bloß nicht zurück ins Bett! Schnell zur Kaffeemaschine! Sonst ist alles verloren. In diesem alltäglichen Kampf. Dem Kampf gegen den Schlaf.

Die größte Herausforderung, die einen als Ausländer in Moskau erwartet, ist in keinem Reiseführer beschrieben, und beim ersten Besuch trifft sie einen deshalb völlig unerwartet: Wenn man in der glücklichen – oder unglücklichen, je nachdem – Lage ist, seinen Wecker nicht zu überhören, fühlt man sich im Bett in etwa so, als habe einen gerade ein Vorschlaghammer mit voller Wucht gegen den Kopf getroffen – oder einer jener Klöppel, die in den romantisch vergoldeten Zwiebeltürmen russischer Kirchen und deren Glockentürmen den Anstoß geben für das heilige Geläute.

Um jeden Unsinn kümmert sich die Wissenschaft, um die Ursachen von Katern und deren Beseitigung, ja sogar die Folgen von Handystrahlen auf den Organismus. Auf eine Frage dagegen, die ganze Generationen von Russlandtouristen, Gastarbeitern und Korrespondenten bewegt, oder genauer gesagt ihre Bewegungsfähigkeit stark einschränkt, ist keine verbriefte Antwort zu erhalten: Warum braucht der Organismus – zumindest der mitteleuropäische – in Moskau viel mehr Schlaf als in heimischen Gefilden?

Anfangs dachte ich noch, es liege entweder am Altern, an irgend einer Art von Apathie, Allergie oder Alzheimer: Reichen mir in Deutschland, Spanien oder Italien sieben oder acht Stunden Schlaf, so fühle ich mich bei der gleichen Dosis in Moskau, als wäre gerade ein T52 Panzer über mich gefahren. Selbst nach zehn Stunden in Morpheus‹ Armen fühle ich mich immer noch nicht »frisch wie Gurke« – wie eine russische Redensart allgemeines Wohlbefinden bezeichnet – sondern allenfalls grün, zerschnitten, und matschig wie dieses Gemüse, wenn es zu lange in einem Salat gelegen hat.

Anfangs versuchte ich, die Schlafmützigkeit diskret mit dem Mantel des Schweigens zu überdecken. Bis ich mich Freunden offenbarte. Und siehe da – denen geht es genauso. Und auch sie hatten schon an ihrem Organismus gezweifelt. Endgültig zerstreut wurden meine Selbstzweifel, als mir selbst eingefleischte Moskowiter von dem gleichen Elend klagten. Sie berichteten vom effektiven Kurzschlaf auf der Datscha – und dem Vorschlaghammersyndrom in den vier Wänden in der Hauptstadt.

Liegt es an der Umweltverschmutzung? Die Luft in Moskau ist so dicht wie der Verkehr, und man kann nur beten, dass in den Lungen nicht genauso viel Staub hängen bleibt wie an den Fenstern, deren Jungfräulichkeit nach dem Waschen eine enorm kurze Halbwertzeit hat; nach dem ersten Regen sehen sie wieder aus, als hätte jemand Sand dagegen geworfen. Ist der Lärm schuld daran, dass man eigentlich nie das Gefühl bekommt, ausgeschlafen zu haben? Es scheint ein Naturgesetz zu sein, dass entweder – im Sommer – eine feuchtfröhliche Runde irgendwo in akustischer Reichweite des eigenen Balkons irgend ein wichtiges Fest feiert. Oder dass – im Winter – der Hausmeister (wie auch immer er es auf die Beine schafft) gegen 7 Uhr die Festigkeit der Schneeschaufel testet, indem er sie mit aller Wucht gegen den Asphalt schlägt – Schnee gäbe keine so lauten Töne her. Oder dass irgend wo eine Autoalarmanlage Fehlalarm schlägt und einem das Gefühl gibt, man sei nicht im Bett, sondern mitten in einer Polizeiverfolgungsjagd aus einer US Krimiserie.

Zu einer eher philosophischeren Deutung neigt mein Fotograf Igor. Er meint, das Leben in Russland sei eben viel intensiver, viel gesättigter an Ereignissen, und deshalb bräuchten Hirn und Seele eben mehr Zeit zur Aufarbeitung. »Das ist wie beim Computer«, sagt Igor: »Der braucht für eine anspruchsvolle Infinitesimalgleichung oder eine ansprechende Grafik auch viel mehr Zeit als wenn er irgend ein 08/15 Programm runterspielt. Euer Leben im Westen plätschert so vor sich hin, was wollt ihr im Schlaf schon groß verarbeiten!« In Russland dagegen erlebe man in einem Jahr mehr als anderswo in drei, meint Igor. Zugegeben, seine Theorie hat etwas für sich. Zumal sie wohl auch erklären würde, warum er so lautstark schnarcht – er macht damit wohl zusätzlichen Arbeitsspeicher oder »Rechnerleistung« frei. Der Preis dafür ist hoch. Zumindest für seine Zimmernachbarn, die den Kollateralschaden haben. Sofern sie nicht schwerhörig sind.

Auch wenn ich Igor im Schlaf manchmal am liebsten auf den Mond oder zumindest an die frische Luft geschickt hätte – er hat mir doch beigebracht, dem »Vorschlaghammereffekt« auch seine guten Seiten abzugewinnen. Wenn in Deutschland der Berufsverkehr gegen 9 Uhr abflaut, hat er in Russland noch gar nicht richtig begonnen. Jemanden vor 10 Uhr morgens anzurufen, ist fast so unanständig, wie ihn mit einem Mutterfluch zu beschimpfen – vor allem ist es unter Umständen genauso gefährlich, denn es kann die gleiche Reaktion hervorrufen. Umgekehrt ist es durchaus schicklich, Freunde und Bekannte bis 23 Uhr an die Strippe zu nehmen.

Die Russen teilen die Menschheit in »Schaworonki« – Lerchen und mithin Frühaufsteher, und »Sowy« – Eulen, also Nachtvögel und damit Morgenmuffel. Vielleicht pflege ich den falschen Umgang, aber unter meinen russischen Freunden und Bekannten sind die Lerchen so selten, dass sie eigentlich auf der Roten Liste stehen müssten. »Komm doch am Samstag zum Frühstück vorbei! Aber nicht vor ein Uhr, besser gegen zwei!« Es sind Momente wie diese Einladung von meinem Freund Maxim, in denen man als Morgenmuffel dieses Land einfach lieben muss. Der Mann ist immerhin Chefredakteur von einem der größten Medien im Land.

Das Morgenmuffelparadies Russland ist wohl der einzige Fleck auf der Erde, an dem es auch weit nach Mitternacht noch Staus in der Innenstadt geben kann. Und an dem man in der – auch nachts – überfüllten U Bahn zuweilen den Eindruck bekommt, die Menschheit stehe vor einem neuen Sprung in der Evolution und sei kurz davor, auch im Stehen schlafen zu können – zumindest ihr russischer Teil. Weniger mit der Evolution als mit der eher gelassenen Lebenseinstellung der Russen hat es dagegen zu tun, wenn man bei später Rückkehr nach Hause schon mal vor verschlossenen Haustüren steht, weil der Wachmann ein Nickerchen hält. Und kann man es dem armen Mann wirklich übel nehmen, dass er genauso schwer zu wecken ist wie man selbst am nächsten Morgen?

Ich habe mir inzwischen meine Überlebensstrategie zugelegt. Ein Schlafphasenwecker, den mir eine mildherzige russische Freundin schenkte. Dank Sensor am Handgelenk holt er mich jetzt immer dann aus dem Schlaf, wenn der besonders leicht ist. So zumindest die Theorie. Wäre da nicht das Wiedereinschlafen. Gegen diese Gefahr hilft der Radiowecker. Theoretisch. Er hat den Nachteil, dass er sich nach einer Stunde automatisch ausschaltet. Dafür habe ich den guten, alten Kastenwecker auf dem Fenstersims. Meine Vollkaskoversicherung fürs Aufwachen.

Vielleicht habe ich nur die falsche Strategie? Vielleicht ist es nicht richtig, einen Wecker nach dem anderen zu schalten und so fast zwei Stunden fürs Wachwerden – genauer gesagt: aufstehen – einzuplanen? Vielleicht würde ein Wecker ausreichen – dafür auf zwei Stunden später gestellt, werden Sie jetzt sagen. Aber entsprechende Experimente endeten leider im Tiefschlaf.

Geholfen hat bislang nur eines: Die Absicht, auszuschlafen. Kaum habe ich am Samstag oder Sonntag alle Wecker ausgeschaltet, wache ich — unsere menschliche Natur ist ein Schelm — oft prompt um neun Uhr auf. Für Moskauer Verhältnisse quasi mitten in der Nacht.

Kreuzverhör beim Zahnarzt

Mein bitteres Ende am Hungertuch ist nur noch eine Frage der Zeit. Denn bald habe nichts mehr zu beißen, oder genauer gesagt, nichts mehr, womit ich beißen könnte. Ich werde brot- und zahnlos dahinvegetieren, mich im besten Fall mit dem russischen Nationalgericht Buchweizengrütze durchschlagen können. Und das, obwohl ich diesen faden Brei selbst nach mehr als einem Jahrzehnt in Moskau immer noch genauso wenig ausstehen kann wie ein weinechter Franzose einen Hamburger. Doch Gott sei Dank gibt es noch einen Hoffnungsschimmer, auch künftig halbwegs kraftvoll in Pirogen beißen zu können: Dieser Schimmer hat kaum noch Haare auf dem bulligen Kopf, das unwiderstehliche Lächeln eines Staubsaugervertreters, und er heißt Aslan.

Eigentlich war es Leichtsinn, dass ich mich in Aslans Fänge begeben habe. Doch Hand aufs Herz: Wer hätte an meiner Stelle anders gehandelt? Nirgends ist der moderne Mensch so hilflos wie auf dem Zahnarztsessel. Nicht einmal im Beichtstuhl denkt er mit vergleichbarer Reue an seine Sünden zurück wie im Angesicht des leibhaftigen Bohrers an seine kulinarischen, übersüßten Fehltritte und die Feigheit beziehungsweise Faulheit vor der Zahnbürste. So erging es auch mir, als ich schutzlos vor der Dame in ihrem weißen Kittel lag, die mir mit ihrem Charme und ihrer Freundlichkeit eine Art Zeitreise bescherte: Ich fühlte mich nämlich wie vor fast zwei Jahrzehnten, als ich im heimischen Kreiswehrersatzamt zur Musterung antreten musste, nur dass die Beamten dort im Vergleich zu meiner Ärztin so freundlich waren wie Portiers in einem Luxushotel, und dass ich hier in der Zahnklinik weniger Blut lassen musste.

Die Ärztin verwendete Soda, um meinem Zahnstein gründlich auf den Grund zu gehen, meine Geschmacksnerven an den Rand der Verzweiflung zu treiben und mir den Atem zu rauben. Endlich ahne ich, warum eine medizinische Behandlung in der russischen Sprache »Prozedur« heißt. Wie wahr. Und weil die Prozedur so gründlich ist und so nahe geht, kostet sie wohl auch statt ab schlappen 15 Euro aufwärts wie in Deutschland stolze 175 Euro (plus 55 Euro fürs Polieren). Als ich mühsam um Luft ringend und schluckend endlich ausspüle und der Erlösung nahe bin, eröffnet mir die Dame, dass mein Leiden noch mitnichten zu Ende sei: »Sie müssen dringend zum Fachmann, zu unserem Paradentologen, ihr Zahnfleisch gefällt mir nicht.« »Es soll Ihnen nicht gefallen, es soll halten«, hätte ich wohl entgegnet, wenn ich halbwegs bei Kräften gewesen wäre, so aber nickte ich nur artig und ließ mir einen Termin geben beim Fachmann.

Progressive Zahnkliniken wie die meine – die mit ihren ausländischen Inhabern Reklame macht – haben in Russland das Prinzip von Henry Ford adaptiert und behandeln ihre Patienten wie am Fließband. Nach der »Hygienistin«, also der Ärztin, die fürs Grobe zuständig ist, für den Zahnstein, kam ich in die Hände ihres leibhaftigen Gegenstücks: Einer reizenden »Allgemein Stomatologin«, die ungeachtet ihres reiferen Alters noch das Titelblatt eines Modemagazins hätte schmücken können und freundlicher war als die Kellnerinnen im Praga, dem Nobelrestaurant am Arbat. Sie lächelte wie in der Zahnpastareklame, als ich sie nach meinem Zahnfleisch fragte, ich dachte schon, sie würde mir jetzt gleich einen Apfel reichen mit den Worten, »damit Sie auch in Zukunft kraftvoll zubeißen können«. Doch sie schüttelte nur sachte den Kopf und sagte: »Nein, ich sehe kein Problem mit dem Zahnfleisch.«

Kleine Sünden bestraft der liebe Gott sofort, und in meinem Fall ließ er mich wohl für mein Misstrauen büßen – völlig zu Recht. Denn statt dem Engel in Weiß zu vertrauen, hörte ich auf den Feldwebel im Zahnarztmantel und ging schnurstracks ins Kabinett – also das Behandlungszimmer – des »Paradentologen.« Zu Aslan. Es war keine Liebe auf den ersten Blick. Und auch keine auf den zweiten. Aslan hat ein Temperament wie eine Fleischfliege, er zischt in einem fort im Behandlungszimmer umher, und so hatte ich einige Schwierigkeiten, mir ein Bild von ihm zu machen. Bevor ich ihn mustern konnte, bückte er sich plötzlich so nahe über meinen Mund, dass ich beinahe schon Angst hatte, er würde mir nicht mit irgendwelchem medizinischen Gerät zu Leibe rücken, sondern einen Zungenkuss geben.

»Sie wissen Bescheid über alles, ja, dann fangen wir an, wir werden Ihren Dreier operieren, alles wie geplant«, sagte Aslan plötzlich in einer Geschwindigkeit, als wolle er einen Schnellsprechwettbewerb gewinnen. »Wenn er mich so schnell behandelt wie er spricht, dann esse ich bis an mein Lebensende nur noch Apfelbrei«, sagte ich mir, und ich wollte gerade widersprechen, da schwirrte Aslan schon wieder im Behandlungszimmer umher und kam mit allerlei Angst einflößendem Behandlungsgerät zurück, direkt im Landeanflug auf meinen Mund.

»Aber Herr Doktor«, wollte ich gerade sagen, da herrscht er mich an: »Jetzt den Mund weit auf machen.« Ich ahnte, dass Widerstand gefährlich war, doch Schweigen war noch riskanter, und so fasste ich meinen ganzen Mut zusammen, streckte ihm die offene Handfläche entgegen und sagte: »Stopp, stopp, ich komme nicht zu Operation, mein Dreier ist sicher völlig in Ordnung, ich komme nur zur Durchsicht.« Zum ersten Mal, seit ich das Behandlungszimmer betreten hatte, hielt Aslan für einen kurzen Moment inne. Er musterte mich misstrauisch wie ein Hauptmann einen desertierenden Soldaten. Er schien gerade zu einem gewaltigen Wortschwall anzusetzen, doch in diesem Moment nutzte seine Assistentin die Chance ihres Lebens – und kam ihm zuvor: »Aber Herr Doktor, ich versuche Ihnen die ganze Zeit zu sagen, das ist nicht der Patient, den Sie meinen, der hier ist nur zur Kontrolle da.«

Aslan hatte sich in einer imposanten Stellung vor mir aufgebaut, mit all den bedrohlichen Instrumenten in der Hand, und jetzt, als seine Assistentin ihn zurückpfiff, ja derart bloßstellte vor dem Feind, sank er plötzlich in sich zusammen, wie ein aufgeblasener Elefant, dem jemand den Stöpsel herausgezogen hatte. Ich ahnte, dass es ein Fehler war, dass ich dafür einen hohen Preis zahlen würde, doch ich konnte nicht anders – ich lachte herzhaft, und die Assistentin war genauso undiszipliniert wie ich, sie lachte mit (Gott weiß, welchen Preis SIE später dafür zahlen musste.)

Aslan starrte mich an, mit derart weit aufgerissenem Mund, als sei er es, der zum Zahnarzt gekommen war. Es dauerte eine knappe halbe Minute, bis er sich gefangen hatte. Mit grimmiger Miene zog er den Bildschirm über dem Zahnarztstuhl, auf dem schon die ganze Zeit ein Röntgenbild meines Gebisses zu sehen war, zu sich heran, mit einer Wucht, als sei er im Fitnessstudio. Sein Blick blieb für den Bruchteil einer Sekunde auf dem Bild hängen, und flog dann wie ein Pfeil auf mich. Seine Augen blitzten, und am Horizont waren Donnerwolken aufgezogen.

»Aha, Sie lachen, lachen Sie nur, aber Sie lachen umsonst, denn Sie haben nichts zu lachen«, sagte Aslan, schon wieder im alten Turbo-Sprech, und er triumphierte: »Sie haben Paradentose, und zwar im fortgeschrittenen Stadium.« Er meinte sicher Parodontose, verwechselte aber, da sein Studium schon einige Jahre zurückliegen musste, die Buchstaben. Er streckte seinen Zeigefinger nach mir aus und sah mich an wie ein Staatsanwalt einen Mordangeklagten im Kreuzverhör: »Wie sieht es mit unserer Hygiene aus?« Ich verkniff mir anzumerken, dass ich seine Hygiene nicht kenne. Ich dachte unschuldig nach, doch ehe ich antworten konnte, setzte er nach: »Ja, wie halten wir es mit der Hygiene?« – »Streng«, sagte ich, »ich wechsle die gesamte Unterwäsche täglich.« Er zog die Augenbrauen zu einem langen Strich zusammen, der sich über das gesamte Gesicht erstreckte: »Ich meine die Mundhygiene.« Ich führte Aslan in die Geheimnisse meiner Bürstennutzung ein, doch er schien sich dafür gar nicht zu interessieren, denn er unterbrach mich nach anderthalb Sätzen: »Und wie putzen wir zwischen den Zähnen?«

An den weiteren Verlauf des Verhörs kann ich mich nur schemenhaft erinnern, es ging alles viel zu schnell. Ich weiß nur, dass ich Aslan immer wieder fragen wollte, ob er sich nicht doch einmal meine Zähne ansehen wollte, dass ich aber nicht zu Wort kam, weil er entweder ständig redete oder im Zimmer umherrannte. Aslan eröffnete mir, dass mein Zahnknochen die Flucht angetreten habe, seinen Schilderungen zufolge muss er sich mit der gleichen gewaltigen Energie verflüchtigen wie ein säumiger Zahler, dem der Gerichtsvollzieher auf die Pelle rückt. Dewegen habe der Knochen meinen Zähnen keinen Halt mehr zu bieten. Er zog den Bildschirm mit meinen geröntgten Beißerchen knapp vor meine Nase und fuchtelte mit einem Stift in dem schmalen Luftraum dazwischen umher, die ganze Zeit ebenso lebhaft sprechend wie gestikulierend.

»Wenn Sie Ihre Zähne nicht endgültig verlieren wollen, werden Sie in Zukunft Ihre Hygiene nicht mehr so machen, wie Sie das wollen, sondern so, wie ich es Ihnen sage, Sie werden Ihre Zähne so putzen, wie ich es anordne, und alle meine Anweisungen peinlich genau befolgen«, herrschte er mich an, als sei er gerade dabei, einen Rekruten beim russischen Heer einzuweisen und ihm jegliche Reste von Eigenständigkeit oder gar eigenem Willen zu nehmen.

Er brauste zu einem Schrank, wühlte darin herum, holte einen Karton hervor und streckte ihn mir entgegen: »Hier, das brauchen Sie, die Mundusche WP-100, nur dieses Modell, kein anderes, die anderen helfen nicht. Und nur in dem Geschäft, das ich Ihnen nennen werde.« Ich wollte widersprechen und – naiv, wie ich bin – nachfragen, warum es ausgerechnet dieses Modell sein muss, doch ich kam nicht zu Wort: »Dazu brauchen Sie die Creme Parodium, aufzutragen morgens und abends 20 Minuten, vor dem Waschen und Rasieren, während Sie das machen lassen Sie sie einwirken«, die Spülung »Elogel«, das Mundbad »Tonisal«, Lisobakt Tabletten, die Spezialzahncreme Elgidium und natürlich auch eine Spezialzahnbürste, käuflich zu erwerben direkt unten an der Klinikkasse. »Das alles halten Sie ganz streng ein und nach drei Monaten kommen Sie wieder, dann sehen wir, ob wir damit das Schlimmste verhindern konnten oder ob weitere einschneidende Maßnahmen notwendig sind, um Ihre Zähne zu retten.«

Aslan musterte mich kritisch und schien seinen Augen nicht zu trauen – denn ich war nicht kreidebleich angelaufen und warf mich auch nicht vor seine Füße, um ihm für die Rettung meines Zahnfleisches zu danken. Undankbar und widerborstig, wie ich als Westler, dem die breite russische Seele fehlt, nun einmal bin, blickte ich ihn skeptisch an und sagte: »Das wundert mich sehr, ich hatte noch nie Parodontose und andere Zahnärzte haben noch nie Probleme festgestellt. Ich werde jetzt erst einmal einen zweiten Arzt konsultieren, bevor ich etwas mache.« Jetzt war es Aslan, der mich fassungslos ansah – wie ein Boxer, der seinen unterlegenen Widersacher über fünf Runden krankenhausreif geschlagen hat und dann zu seinem Entsetzen vor dem letzten Gong feststellen muss, dass der Totgeglaubte noch überraschend lebendig ist. Es dauerte eine Weile, bis er sich gefangen hatte: »Wenn Sie Ihre Zähne unbedingt verlieren wollen – nur zu! Der Nächste, bitte!«

Seine Assistentin brachte mich zu Kasse und lächelte zufrieden, als ich mich weigerte, das empfohlene Material zu kaufen; die 125 Euro für den Empfang bei Aslan waren Tribut genug. Die nächsten Tage schlief ich schlecht. Ich träumte, dass mir die Zähne ausfallen. Ich glaubte ein starkes Zwicken im Zahnfleisch zu fühlen. Ich kaufte mir eine Parodontose Creme in der Apotheke, und quälte jeden Abend und Morgen mein Zahnfleisch damit. Ich fasste mir ein Herz, ließ mir das Röntgenbild meiner Zähne kommen – das mit dem enormen Knochenschwund – und sandte es meinem Zahnarzt in Deutschland. Ich wäre ihm am liebsten um den Hals gefallen › als ich seine Antwort bekam: »Der Knochenbefund ist völlig in Ordnung. Leichter Rückgang des Knochens an manchen Stellen ist mit dem schönen Wort

»altersspezifisch« zu beschreiben. Vorbehaltlich eintretender gravierender Lebensumstände (massive chronische Erkrankungen wie z. B. Diabetes) kann ich auf weitere Jahrzehnte einen stabilen Knochenhalt der Zähne bestätigen.«

Doch die Ferndiagnose aus Deutschland brachte nicht nur Entwarnung – dem Röntgenbild sind einige Mängel an der Zahnsubstanz zu entnehmen, so mein heimischer Zahnarzt. Das klingt schwer nach Bohrer. Aslan hätte mir den erspart. Füllungen sind offenbar unter seiner Würde. Und vor allem bringen sie nicht viel Geld.

SADO MASOCHISMUS IM AMT

Visum als (lukrative) Quälerei

Russlandfeinde und Vorurteile sieht der Kreml regelmäßig am Werk, wenn Schlechtes über das Land berichtet wird. Dabei sind es oft die Staatsdiener selbst, die ein schlechtes Bild von Russland abgeben. Und zwar so heftig, dass all die Abermillionen Euro beinahe wirkungslos verpuffen, die Moskaus Führung an westliche Werbeagenturen zahlt zum Aufpolieren von Russlands »Image«. Das musste ein deutscher Bekannter von mir gerade schmerzhaft am eigenen Leib erfahren – als wäre er in eine Zeitmaschine zurück in die Breschnew Ära geraten.

Michael – wir wollen ihn nur beim Vornamen nennen, um ihm weitere Unannehmlichkeiten zu ersparen, denn Ärger hatte er genug – träumte seit langem davon, einmal nach Russland zu reisen. Auf das Land Dostojewskis und Tolstois war er seit jeher gut zu sprechen. Solange, bis er konkrete Reisepläne schmiedete. Naiv, wie wir Westler nun einmal sind, konnte er nicht so recht verstehen, warum er ein Visum nur bei Vorlage einer »offiziellen Einladung« erhält, die im Internet von den verschiedensten, dubiosesten Firmen angeboten wird und binnen Minuten für jedermann erhältlich ist – aber stolze 35 Euro kostet. »Die Frage nach dem ›Warum‹ solltest Du nie stellen«, klärte ich Michael auf – und empfahl ihm, die ganze Visa Abwicklung über ein Reisebüro zu machen: »Da zahlst Du zwar kräftig drauf, aber die Nerven, die Du so sparst, sind es wert.« Doch Michael hörte nicht auf mich. Und wer nicht hören will, muss Schlange stehen, und nicht nur das ...

Immer noch voller Vorfreude auf das Land seiner Träume fuhr Michael beim russischen Konsulat vor – in welcher deutschen

Großstadt, sei verschwiegen, denn Michael – und der Autor – wollen ja auch künftig Visa bekommen, ohne noch größere Schwierigkeiten zu haben. In dem Haus, das Michael vorher nur vom Vorbeifahren kannte und wegen der ständigen Menschenmengen davor weniger für eine diplomatische Vertretung als eine Suppenküche hielt, stand Michael brav und geduldig in der Warteschlange. Doch seine Freude, als er endlich an der Panzerglasscheibe in das Mikrophon sprechen durfte, also an der Reihe war, war nur von kurzer Dauer: »12.02 Uhr. Ab 12 Uhr nur Ausgabe«, so klangen die Worte des überaus kräftigen Beamten via Lautsprecher hinter der zentimeterdicken Glasscheibe hervor, und mit seinen gewaltigen Fingern zeigte der eher farblose Herr auf eine Tafel nebenan. Die Öffnungszeiten waren demnach zwar Montag bis Freitag außer Donnerstag von 9 bis 13 Uhr – aber die Annahme von Anträgen erfolgt nur bis zum Mittagsläuten, so war dem Kleingedruckten zu entnehmen:

»Ab 12 Uhr nur Ausgabe«

Michael versuchte den Beamten mit Hinweis auf seine Arbeit, die er extra verlassen hatte, zu erweichen, erzählte von der langen Anfahrt, und um ein Haar hätte er wohl auch noch von einer unglücklichen Kindheit berichtet. Doch alle Versuche blieben erfolglos. »Was ich auch immer sagte, fragte oder flehte, es gab zur Antwort immer nur einen Satz, monoton, wie auswendig gelernt: »Ab 12 Uhr nur Ausgabe.« Michael sah ein, dass die Panzerglasscheibe stärker war als er und drehte unverrichteter Dinge um. »Morgen ist auch noch ein Tag«, sagte er sich.

Und so reihte er sich tags darauf tatsächlich frühzeitig in den heiligen Hallen des russischen Generalkonsulats in die Warteschlange ein. Aber auch das brachte ihn dem Visum nur einen kleinen Schritt näher. Der Beamte eröffnete ihm jetzt nämlich das Staatsgeheimnis, das er ihm am Vortag wegen der zweiminütigen Verspätung vorenthalten hatte: Dass er vor Annahme seines Antrags erst einmal in eine Bank müsse, um 35 Euro Bearbeitungsgebühr einzuzahlen – denn eine Barzahlung oder gar eine mit Plastikkarte sei nicht möglich. Im Umkreis des Konsulats sind nicht alle Banken über diese Zusatzarbeit glücklich, die nächstgelegene etwa verweigert die Annahme von Botschaftszahlscheinen. Aber Michael hatte Glück und fand willige Banker. Die Gebühr war jetzt beglichen – aber für die Abgabe des Visaantrags war es schon wieder zu spät.

Am dritten Tag hatte Michael nicht mehr ganz so viel Glück. Voller Vorfreude reichte er nach erfolgreichem Absolvieren der Warteschlange, die inzwischen für ihn etwas Vertrautes hatte, die Quittung über die Bezahlung der Bankgebühr und den Visaantrag in die Durchreiche unter der Panzerglassperre. Doch ehe er sich versehen konnte hatte er alles zurück: »Abstand des Kastens auf Visaformular zu Rand des Blattes ist acht Millimeter, darf aber nur 6 sein«, sagte der Beamte, der ihm inzwischen fast schon vorkam wie ein alter Verwandter – den man zwar ungerne sieht, aber doch sehen muss. Michaels Hinweis, er habe das Formular doch von der Botschaftswebseite heruntergeladen, schien auf den Apparatschik keinen großen Eindruck zu machen. Er antwortete mit dem gleichen Satz: »Abstand des ...« Michael wollte noch etwas entgegnen, doch er sah schon, dass der Beamte wieder zu einer Wiederholung ansetzte, und drehte ab.

In diesem Moment geriet Michaels Liebe zu Russland zum ersten Mal ernsthaft ins Wanken. Denn das zweite Antragsformular hatte sein Kollege unterschrieben, mit dem er reisen wollte – und der wohnte gut 80 Kilometer entfernt – was bedeutete, dass er für die neue Unterschrift auf das neue Formular mit dem richtigen Abstand zum Rand – sechs statt acht Millimeter – noch einmal 160 Kilometer zu fahren hatte. Michael griff zum Handy: »Ich bin hier am explodieren! Können wir Russland noch stornieren?« Aber die Tickets waren gebucht, und die Neugierde und Sehnsucht zu groß: Was ist schon Bürokratiewahnsinn gegen Pasternak und Bolschoi?

Am vierten Tag hatten die Lordsiegel- bzw. Visa-Verwahrer ein Einsehen mit Michael. Als er die Unterlagen durchreichte und ihn sein Lieblingsbamter, ohne die stets ausdruckslose Miene zu verziehen, aufklärte – »Ausgabe ab 12 Uhr« – konnte er sich ein »das weiß ich inzwischen« nicht verkneifen. Michael fiel jetzt auch auf, dass in der Botschaft Werbezettel verteilt wurden, von Reisebüros, die ihre Hilfe bei der Visa Beschaffung anbieten. Solche Reisebüros, klärte mich ein Beamter einst im Vertrauen auf, seien beliebte Arbeitsplätze für die Ehefrauen und Kinder des Botschaftspersonals – also der Herren, die hinter den Scheiben stehen. Und allzu viel Freundlichkeit wäre da wohl schlecht fürs »Familien« Geschäft. Ebenso wie das unkomplizierte Einreichen der Anträge per Post – das früher üblich war, aber seit 2006 verboten wurde.

Ich versuche Michael zu trösten, indem ich ihm erzähle, dass es den Russen selbst, die in Deutschland leben, mit den eigenen Konsulaten noch viel schlimmer ergehe – die Blogs im Internet sind voll von Leidensgeschichten. Und auch unsere Botschaften in Moskau sind mit den Russen oft alles andere als zimperlich, fahre ich fort, in der Hoffnung, Michael wieder mit dem Land seiner Sehnsucht zu versöhnen. Doch meine Mühen sind völlig sinnlos: »Jetzt, wo ich hier bin, in Moskau, gefallen mir Land und Leute so gut«, sagt Michael, »dass ich den Ärger in der Botschaft schon fast vergessen habe. Das war zwar ein seltsames Eintrittsgeld, in Form von Zeit und Nerven, aber Russland ist das mehr als wert.«

Impfung nur mit Passierschein

Und statt mich zu begrüßen, knurrte sie mürrisch: »Passport!«, also Pass. Als Wahlmoskauer habe ich mich an die Sitten meiner zweiten Heimat gewöhnt, und so würde ich nie aus dem Haus gehen, ohne meinen Pass eingesteckt zu haben. Denn wie besagt ein russisches Sprichwort so treffend: Ohne Papiere ist der Mensch ein Käferchen, nur mit Papieren ist der Mensch ein Mensch.

Ich streckte der Dame meinen roten Reisepass durch die Durchreiche unten im Fenster. Als sie statt des erwarteten stolzen Doppelkopfadlers, der die russischen Pässe ziert, den eher mickrigen, einköpfigen Bundesadler entdeckte, glaubte sie offenbar zunächst an eine Halluzination, jedenfalls schob sie so nervös die riesige Hornbrille hin und her, dass ihre sorgfältig gesteckte Frisur bedrohlich in Bewegung geriet. Mit einem leichten Stöhnen suchte sie aus dem Dickicht von Papier, das vor ihr lag, eine Liste heraus. Nicht zu unrecht ahnte sie offenbar, dass Ungemach drohte: Steht mein Name in meinem Pass doch mit lateinischen Buchstaben – während auf ihrer Liste die Auserwählten, denen am heutigen Tag das Glück des Durchgelassenwerdens winkte, in kyrillisch niedergeschrieben waren.

Nach zwei Minuten fuhr die Dame mit dem Zeigefinger immer nervöser die Liste von oben nach unten und umgekehrt durch, ohne Suchtreffer. Selbst ist der Mann, sagte ich mir, und drückte meine Nase so nah ans Fenster, dass ich das Kleingedruckte lesen konnte. So fand ich heraus, dass die arme Frau völlig unschuldig war, dass sie mich nicht finden konnte: Wer außer einem erfahrenen Zielfahnder hätte schon ahnen können, dass mit »Raischustri« – wie es auf kyrillisch in der Liste stand – Reitschuster gemeint war. »Nummer 35, da!« sagte ich der Dame und zeigte mit dem Finger Richtung Papier Urwald. Sie musterte mich zuerst misstrauisch, kam dann aber offenbar zu dem Schluss, dass ich nicht wie ein subversives Element aussehe und auch nicht wie ein ausländischer Spion; jedenfalls lächelte sie mich breit an wie eine Oma ihren Lieblingsenkel und begann, einen »Propusk« für mich auszufüllen: Einen Passierschein.

Die »Propuska« sind der »Sesam-Öffne-Dich« in Russland, eine Art Schmierstoff, ohne den alles in Bewegungslosigkeit erstarren würde. Egal, ob man ein Flugzeugticket kaufen will, eine Redaktion besucht, in eine Bücherei oder zum Anwalt möchte: In vielen Fällen führt kein Weg daran vorbei, dass man seinen Pass herzeigt, dass ein dienstbarer Geist alle Daten aus demselben notiert und man erst dann einen Passierschein ausstellt, der mit Gold aufzuwiegen ist. In meinem Fall war der Anlass für die Erfassung all meiner Personalien, die jedem Datenschützer in Deutschland die Haare zu Berge stehen lassen würde, ein eigentlich sicherheitstechnisch völlig unbedenklicher: Ich wollte in meine Poliklinik im Grocholski Pereulok 31, um meine Impfungen auffrischen zu lassen. Weil die Klinik in einem staatlichen Gebäude sitzt, herrscht dort noch das alte Propusksystem.

Dabei kam ich noch glimpflich davon. Manchmal wird die Jagd nach dem Passierschein zum Spießrutenlauf, wie etwa der Moskauer Dmitri Tischtschenko in seinem Internetblog beschreibt: Der Monteur bekam den Auftrag, für einen Abschlussball im großen Kreml Kulturpalast die Luftballone aufzuhängen – und freute sich anfangs noch sehr über die prestigeträchtige Arbeit im Zentrum der Macht. Die Freude hielt auch noch an, als er erfuhr, dass er den nötigen Passierschein schon um 9 Uhr morgens im »Propusk Büro« am Kreml abholen sollte – und sich auf keinen Fall verspäten durfte. So weit, so gut: Als Tischtschenko vorfuhr, war der gesamte Kreml abgesperrt – wegen einer Kranzniederlegung am Grabmal des unbekannten Soldaten. »Vor 14 Uhr keine Chance«, sagte ihm ein Polizist. Nach fünf Stunden Warten pünktlich zur unpünktlichen Zeit an Ort und Stelle, war Tischtschenko seinem Ziel noch nicht viel näher: »Das Propusk Büro ist klein, die Luft ist schlecht, und es gab eine Warteschlange.«

Weil die Diensthabenden die Faxe, die zur Ausgabe von Passierscheinen berechtigen, und die wertvollen Scheine selbst regelrecht durcheinander gemischt hatten und nichts mehr fanden, dauerte die Prozedur beinahe eine halbe Stunde, erinnert sich Tischtschenko: »Die beiden Opas am Schalter sagten schon mal, 'oh, da hab ich ja den Passierschein gefunden, für den der Mann vorher drei Stunden vergeblich gewartet hat, und dann unverrichteter Dinge gegangen ist.'«

Doch selbst weitaus weniger sakrale Einrichtungen als der Kreml sind zuweilen durch besonders aufwändige Propusk Systeme geschützt. »Ich danke der Leitung unseres Studentenwohnheims für ihr logisches und funktionierendes Sicherheits- und Kontrollsystem«, erzählt eine junge Moskauer Studentin, die den Passierschein für ihr Wohnheim verloren hatte – und prompt eine abenteuerliche Odyssee durch die Hauptstadt starten musste: »Zuerst hatte ich zum Kommandanten nach Ismailowo zu fahren und eine Erklärung zu schreiben, um von ihm eine Bestätigung zu erhalten. Dann musste ich nach Lefortowo fahren ins ›Propusk Büro‹ und zwei weitere Formulare abholen; anschließend musste ich dann in 4 (in Worten vier!) weitere Studentenwohnheime fahren, nach Bibirjewo, Lefortowo, Ismailowo und Ilinka (im Moskauer Umland), um von deren Leitern jeweils eine Unterschrift auf das das Formular vom oben erwähnten Kommandanten einholen, wobei einige der Leiter es nicht für erforderlich halten, sich zur Arbeitszeit am Arbeitsplatz aufzuhalten.«

Moskau ist eine der größten Städte der Welt mit Staus, die ebenfalls auf Weltniveau sind, und so war die arme Dame gut beschäftigt. Doch halt, nein, ihr Spießrutenlauf war noch nicht fertig: Mit all den Papieren musste sie erneut ins Propusk Büro, um dort erneut eine Unterschrift zu bekommen, dann musste sie die Gebühr für den neuen Passierschein bezahlen – was traditionell in einer Bank zu geschehen hat, um dem »Kunden« noch einen weiteren Umweg zu bescheren. Erst danach bekam die junge Dame die erlösende Auskunft, sie werde demnächst einen neuen Passierschein für ihr Wohnheim bekommen. »Wozu das ganze nötig ist, kann ich überhaupt nicht verstehen, meine Daten sind alle da an der Uni, wozu diese erfundenen Prozeduren?« Dafür habe sie wenigstens schöne Ausflüge gemacht, so die Studentin mit dem Optimismus, mit dem die Russen den Mühen ihres Alltags trotzen: »Es war sonnig, ich hatte Musik im Ohr, lernte einen neue Route und neue Viertel kennen, und fühlte mich wie auf Reisen, wie wenn ich in eine neue Stadt gefahren wäre.«

Hört man solche Berichte oder den jenes Weißrussen, der von 9 Uhr morgen bis zum Mittag auf seinen Passierschein warten musste, um in eine der größten Fabriken das Landes zu kommen, und multipliziert man all das mit der Zeit, die man selbst im Kampf um Passierscheine verbracht hat, so könnte man zu einem gewagten Schluss kommen: Dass das Passierscheinsystem einer der Gründe für den Zusammenbruch der Sowjetunion war. Es ist nur schwer vorstellbar, wie viele Menschen nicht unbedeutende Teile ihrer Lebens- und Arbeitszeit damit vergeudet haben, dass sie Passierscheine beantragten oder auf sie warten mussten.

Dabei hat sich seit sowjetischen Zeiten schon viel gebessert. Weil meine Wohnung einer Firma des Außenministeriums gehört, müssen Besucher sich zwar seit einigen Jahren wieder wie einst in der UdSSR bei den Wachleuten ausweisen und warten, bis diese fein säuberlich all ihre Passdaten abgeschrieben haben – dann dürfen sie allerdings auch ohne Passierschein zum Abendessen bei mir passieren. Und selbst da, wo das Papier noch unerlässlich ist, wendet sich zuweilen etwas zum Guten. Das konnte ich zu meiner Erleichterung feststellten, als ich, frisch geimpft, meine Poliklinik verlassen wollte. Dabei war ich kurz vor dem Wachhäuschen noch ganz entsetzt, als ich nach dem obligatorischen nervösen Stöbern in den zahlreichen Taschen meiner Winterkleidung zwar den Passierschein fand, aber sah, dass auf der Rückseite noch die Unterschrift des

»Empfangenden« einzutragen und abzustempeln war: Also der Nachweis, dass der Besucher auch wirklich dorthin gegangen ist, wohin es der Passierschein ihm erlaubte, und nicht etwa in die Nachbarabteilung. Sollte ich nochmal zurück? Nein, sagte ich mir, ich lasse es darauf ankommen. Wie ein reuiger Sünder vor den Beichtstuhl stellte ich mich vor den Wachmann, der am Ausgang das Drehkreuz bedient und entscheidet, wer gehen darf und wer nicht. Ohne sich meinen Passierschein auch nur anzusehen, warf er ihn weg. Die Strenge der Vorschriften in Russland wird in der Regel dadurch kompensiert, dass man sie – anders als in Deutschland – nicht einhalten muss.

Spießrutenlauf zum Stempel

Alle Jahre wieder – kommt in Russland nicht nur Väterchen Frost, sondern auch der Zoll. Genauer gesagt – und noch viel schlimmer: Man muss selbst zu ihm gehen. Oder jemanden hinschicken. Zumindest, wenn man in der unglücklichen Lage ist, Ausländer zu sein. Ob Sofa, Spülmaschine oder Seifenspender: Der Hausrat, den man beim Umzug nach Moskau mit ins Land bringt, wird bei der Einfuhr fein säuberlich in einer »befristeten Einfuhrgenehmigung« aufgeführt – und darf später auch nur mit dieser wieder zurück. Die Krux liegt im Wort »befristet«. Die Frist beträgt ein Jahr.

Veronika ist eine ebenso lebenslustige wie sportliche junge Frau. Ihre Heimatstadt Moskau kennt sie zwar aus dem FF, doch sie liebt es, immer wieder zu neuen Ufern aufzubrechen und neue Ecken zu entdecken. Doch auch Veronikas Neugierde kennt ihre Grenzen. Das musste sie inzwischen am eigenen Leib erfahren, oder zum größeren Teil: erlaufen.

Es gibt Momente im Leben, da trifft man aus einer leichtfertigen Laune heraus Entscheidungen, über deren Tragweite man sich nicht bewusst ist. So erging es auch mir, als ich mich vor einigen Jahren entschloss, meine »befristete Einfuhrgenehmigung« nicht mehr wie bisher über eine »Vermittler« Firma verlängern zu lassen. Diese ließ sich ihre Dienste, genauer gesagt ihre guten Beziehungen zum Zoll, alle zwölf Monate mit mehreren hundert Euro versilbern. Dabei ist der alljährliche Stempel doch eigentlich kostenlos, sagte ich mir blauäugig.

Und Veronika hat meine Naivität jetzt auszubaden. Und hat sich dafür auch noch freiwillig gemeldet. Unbedarft und guter Dinge, wie besonders engagierte Mitarbeiter Aufgaben eben angehen. Veronika lernte seither nicht nur Gegenden in entferntesten Winkeln Moskaus kennen, in die sie sonst nie einen Fuß gesetzt hätte. Sie verlor, Stück für Stück, Jahr für Jahr, auch ihren letzten Glauben an den Staatsapparat.

Vergangenes Jahr bekam Veronika den Verlängerungsstempel nach wochenlangem Hin und Her sowie diversen Fahrten durch die Hauptstadt in der Rjabinowa Straße im Moskauer Westen, 2.390 Meter von der nächsten Metrostation entfernt. Mist, dachte sie damals. Bis sich dieses Jahr herausstellte, dass es damals in Wirklichkeit noch Marzipan war – im Vergleich zu den neuen Herausforderungen.

Veronika ist von Haus aus Optimistin, und so ließ sie sich nicht erschüttern, als sie – nachdem sie nach zahllosen Versuchen endlich eine Amtsperson ans Telefon bekommen hatte – erfuhr, dass die Zuständigkeit für die »befristete Einfuhrgenehmigung« erneut gewechselt hatte und inzwischen der Zollposten in der Stadt Podolsk, 42,2 Kilometer von Moskau entfernt, die bürokratische Lufthoheit über die Prozedur hatte. »Wieder begannen diese unzähligen Anrufe und Nachfragen, und ich kam zu dem Schluss, dass unsere Zollbeamten nicht wissen, auf was für einer Welt sie leben, ganz zu schweigen von ihren Aufgaben, die kennen sie noch weniger«, empört sich Veronika: Wie ein Fußball wurde die junge Frau von einer Amtsstube in die andere hin- und her gekickt.

Der Zoll in Podolsk verwies sie an eine andere Adresse, die er aber nicht herausgeben wollte. Nach unermüdlichem Nachfragen empfahl ihr einer der Beamten, sich an die vorgesetzte Stelle zu wenden; ja, er rückte sogar deren Telefonnummer raus. Die Herren in der vorgesetzten Stelle waren aber offenbar derart erschrocken, dass ihnen Arbeit, und, viel schlimmer noch, Verantwortung drohte, dass sie bestritten, vorgesetzt zu sein, und beteuerten, in Wirklichkeit unterständen sie der anderen Stelle und nicht umgekehrt.

Ein mitfühlender Beamter riet Veronika schließlich, sich an einen Chef namens Lebedew zu wenden. Der war für Gemeinsterbliche wie Veronika nicht zu sprechen, dafür aber sein Vize, der herzhaft lachte über ihre Fragen, sagte, er könne ihr nicht helfen, und sie solle sich doch an den Zollposten in Moskau in der Rjabinowa Straße wenden – also genau dorthin, von wo man sie nach Podolsk verwiesen hatte. Die Beamten dort jedoch blieben standhaft und schickten Veronika ihrerseits wieder ins 42,2 Kilometer entfernte Podolsk. Wenn sie als Leser jetzt den Überblick verloren haben, tröstet es Sie vielleicht, dass es Veronika kein bisschen besser ging, sie aber neben der Verwirrung auch noch die Lauferei hatte. »Schreiben Sie doch bitte einen Artikel darüber, was hier beim Zoll für ein heilloser Verhau herrscht, vielleicht tut sich dann etwas, wir haben das Chaos selbst schon satt«, bat einer der Beamten am Telefon. Seine Bitte sei erfüllt, auch wenn seine Hoffnung wohl eher blauäugig ist.

In Podolsk atmete Veronika um ein Haar auf, als sich ein mitfühlender Beamter fand, der ihr den »Antrag auf Verlängerung der befristeten Einfuhrgenehmigung« abnahm. Bis der Beamte »Auf Wiedersehen« sagte. »Wie bitte?« entfuhr es der entsetzten Veronika: »Auf Wiedersehen? Heißt das, ich bekomme heute keinen Stempel?« Der Beamte sah sie verwundert an: »Nein, das geht nicht, wir müssen jetzt alles unserem Chef geben zum Unterschreiben, und danach müssen Sie zum Komsomolsker Zollposten.« Veronika ist zielstrebig und hartnäckig, und ihr Instinkt als gelernte Russin sagte ihr, dass irgendetwas faul war in der Sache. Sie kämpfte sich mit ihrem Charme zum Abteilungsleiter durch. Und siehe da: Der Mann eröffnete ihr, dass unsere gesamten Unterlagen beim Umzug vom Zollposten in der Rjabinowa Straße nach Podolsk »durch den Willen des Allmächtigen« (gemeint war das Schicksal in Form von Gott, und nicht Putin) nicht ankamen. Und auch nie ankommen werden. Sie sind zwar brav im Register verzeichnet, aber verloren.

Ein echter russischer Zollbeamter weiß sich zu helfen, und so bat der Amtsmann Veronika, ihr die Kopien unserer Unterlagen, die sie mitgebracht hatte, zu überreichen: »Ich kopiere sie, und gebe sie dann in die Registratur, damit sie zum Original erklärt werden, dazu brauche ich aber die Unterschrift des Chefs.

Wenn die vorliegt, bekommen Sie einen Brief, dann können Sie zum Komsomolsker Zollposten kommen, und dann bekommen Sie ihren Stempel.« Veronika glaubt offenbar auch mit 26 Jahren noch an Wunder – nur so ist es zu erklären, dass sie den Beamten fragte, ob er seinen Stempel nicht auch ohne diese ganze Prozedur auf das Papier drücken könnte, es handle sich doch um eine reine Formalie. Ausgeschlossen, antwortete der Mann in Uniform: »Nein. Niemand kann das. Dazu hat niemand von uns die Kompetenz.«

Veronika war wohl schon zu oft im Westen und kennt wohl zu viele Ausländer – denn statt nun still und brav zu gehen und den Beamten danke zu sagen, zeigte sie sich aufmüpfig – »Aber mich ständig hin und her zu schicken und die Papiere zu verlieren, das ist in Ihrer Kompetenz« – nein, das sagte sie nicht – sonst würden wir den Stempel wohl nicht bekommen – aber, revolutionär genug, sie dachte es sich immerhin.

Auf den versprochenen Brief wartet Veronika bis heute. Und obwohl sie ein robustes Gemüt hat, verschone ich sie mit dem, was ich vor ein paar Wochen erfuhr: Eine Bekannte von mir reiste mit ihren gesamten Hausrat aus Russland zurück nach Deutschland. Sie hatte nie eine »befristete Einfuhrgenehmigung« – und konnte sie folglich auch bei der Ausreise nicht vorlegen. Stattdessen legte sie 800 Euro vor, in bar – und durfte ihr gesamtes Hab und Gut problemlos ausführen.

Stalins Rache

Dass Politik dem einfachen Menschen auf den Magen schlagen kann, ist ein Allgemeinplatz. Gemeinsam mit vielen Russen muss ich seit einiger Zeit schmerzhaft am eigenen Magen erfahren, dass diese Redewendung aber auch ganz wörtlich zu verstehen ist. Seit fast zwei Jahren verbieten die russischen Behörden die Einfuhr des berühmt-berüchtigten Heilwassers »Borschomi«, als handle es sich um eine gemeingefährliche Droge – dabei handelt es sich lediglich um Georgiens salzige Antwort auf Überkinger.

Borschomi kann man nur lieben oder hassen, Zwischentöne auf der Geschmacksskala sind kaum möglich. Hasser sagen, ungekühlt schmecke das Quellwasser aus dem Kaukasus schlechter als Meerwasser, und nur Masochisten sei zu empfehlen, an ihrem Glas zu riechen. Alles böse Unterstellungen. Wofür es einen Kronzeugen gibt: Stalin. Er war für seine manische Liebe zu dem magenberuhigenden Salzwasser bekannt. Selbst Churchill soll in Jalta auf den Geschmack gekommen sein. Was westliche Demokraten nicht hindert, das erlesene Produkt bis heute als »Stalins Rache« und Brechmittel zu verunglimpfen. Spötter behaupten gar, nur infolge eines derartigen Getränks könne ein Mensch solche Untaten begehen wie Stalin.

Bei aller politischen Distanz zu dem sowjetischen Diktator: Zu meiner Schande muss ich gestehen, dass ich in diesem einen Fall ganz auf Seiten Stalins stehe, rein aus einem Bauchgefühl heraus natürlich. Denn zumindest bei der Auswahl seines Lieblingswassers war der gebürtige Georgier ebenso weitsichtig wie harmlos. Ob Tyrann, Journalist oder unverdächtiger Mensch: Wer von einem Reizmagen geplagt ist, der hängt an seinem »Borschomi« wie der Junkie an der Nadel. Hunderttausende Russen leiden jetzt an Entzugserscheinungen. Selbst Alkoholiker – aktive ebenso wie a. D. – schwören auf das Quellwasser aus dem Kaukasus – und sitzen jetzt buchstäblich auf dem Trockenen.

Meine Restbestände im Regal hüte ich wie die USA ihre Goldreserven in Fort Knox. Ausschließlich in besonderen Notfällen gönne ich mir ein Schlückchen in homöopathischer Dosis; nur die besten Freunde bekommen etwas eingeschenkt. Wie viele Borschomi Fans auf Entzug habe ich inzwischen alle möglichen »Ersatzstoffe« ausprobiert – doch nichts kommt an Salzgehalt und dem echten Meerwassergefühl auch nur annährend an Stalins Lieblingsbrause heran. Nur für die Augen, nicht aber für den Gaumen ist jenes neue russische Mineralwasser ein Trost, das dem Original aus dem Kaukasus fast bis auf den letzten Pixel im Etikett gleicht. Und auch die Wässerchen aus der berüchtigte Jessentuki Quelle im – russischen – Nordkaukasus sind für den Magen das, was für den Dieselmotor Rapsöl ist – ein billiges Surrogat, das nicht zur gewohnten Leistung verhilft und auf Dauer an die Substanz geht.

Auslöser für die Mineralwasserkrise sind die ständigen Reibereien zwischen Russland und Georgien: Weil die frühere Sowjetrepublik in die Nato will und Moskau die kalte Schulter zeigt, reagierte der Kreml mit einem Wirtschaftsboykott. Offiziell hieß es plötzlich, das Borschomi Wasser sei gefährlich für die Gesundheit – obwohl es die letzten 100 Jahre für viele russische Herrscher ein Heilwasser war und schon Nikolaus II., Gott habe ihn selig, große Stücke darauf hielt, zumindest bis zur Revolution 1917. Gefährlich für die Gesundheit waren eher die zahlreichen Fälschungen: In gemeinen russischen Kellern, so hält sich hartnäckig die Legende, versetzten Menschen, denen nichts heilig ist, ordinäres Leitungswasser mit Kochsalz und füllten es in gebrauchte Borschomi Flaschen ab, die sie wiederum Flaschenhändlern abkauften.

Tatsächlich war die Qualität des Wässerchens durchaus Schwankungen unterlegen, und manchmal ließ sich ein merkwürdiger Beigeschmack ausmachen, wobei die Geschmacksnote bis hin zum ordinären Geschirrreiniger reichte. Doch ein echter Borschomi Abhängiger lässt sich davon nicht den Geschmack verderben. Und schon gar nicht die Hoffnung. In den letzten Wochen bahnt sich ein Tauwetter an zwischen Moskau und Tiflis. Die Luftblockade ist aufgehoben, erstmals seit anderthalb Jahren gibt es wieder eine direkte Flugverbindung zwischen den einstigen Brudervölkern. Jetzt liegt alles in den Händen des neuen Präsidenten Dmitrij Medwedew, der Anfang Mai offiziell seinen Dienstbeginn im Kreml hat. Liebe geht bekanntlich durch den Magen – und was läge da für den Juniorpräsidenten näher, als die Herzen von Hunderttausenden seiner Untergebenen im Sturm zu erobern, per Ukas, mit einem Handstrich: Dem Unterzeichnen eines »Borschomi Erlasses«.

Erste Hilfe in Kyrillisch

Reinhard Mey hat sich geirrt. Zumindest ein wenig. »Über den Wolken muss die Freiheit wohl grenzenlos sein«, singt der Liedermacher seit drei Jahrzehnten mit leuchtenden Augen. Würde der passionierte Flieger Mey öfter Kurs nach Russland nehmen, müsste er den Text seines wohl bekanntesten Liedes ändern.

Ich kauere mich in 10.000 Meter Höhe in meinen Sitz, irgendwo über Polen muss es wohl sein, als mir langsam dämmert, dass dieser Flug in Arbeit ausarten wird. Ja, normalerweise sind es außer den Piloten und dem Kabinenpersonal allenfalls Ärzte, die hoch über den Wolken Dienst am Nächsten verrichten müssen – und auch das nur in akuten medizinischen Notfällen.

Ich konnte nicht ahnen, dass ein Notfall ganz anderer Art meine Mithilfe notwendig machen würde, als ich mich, pünktlich vor Silvester, in einen Flieger gen Moskau setzte. Neben zahlreichen Geschenken hatte ich nur einen Neujahrsvorsatz im Reisegepäck: Mich nach dem Weihnachtstrubel in Deutschland wenigstens im Flieger etwas auszuruhen.

Pustekuchen. Die Bürokratur, die in Wladimir Putins Russland noch irrsinnigere Blüten treibt als unter seinen Vorgängern, holt einen inzwischen auch schon über den Wolken ein. Als ich unvorsichtigerweise ein Auge öffne, spricht mich die kräftige Frau vom Nachbarsitz an. Angst und Verwirrung stehen der Ärmsten ins Gesicht geschrieben. Habe ich im Halbschlaf irgendeine beängstigende Durchsage überhört? Haben wir ein Problem an Bord? Beängstigende Gedanken blitzen mir durch den schlaftrunkenen Kopf.

»Können Sie russisch? Dann helfen Sie mir bitte!«, sagt die Frau und sieht mich an wie eine Ertrinkende einen potentiellen Retter am Ufer, der unschlüssig ist, ob er springen oder doch lieber nur die Feuerwehr rufen soll. »Ist etwas passiert?«, frage ich zurück – offenbar mit einem derart beängstigten Gesichtsausdruck, dass wir prompt die Rollen tauschen und sie nun selbst anfängt, mich zu beruhigen: »Nein, nichts Furchtbares.« Dann ist sie wohl nur daran gescheitert, dem Aeroflot Steward klar zu machen, was sie trinken möchte, sage ich mir. Oder er antwortete ihr mangels Sprachkenntnis auf die mit bayerischem Akzent in deutschem Englisch gestellte Frage, wie das Wetter in Moskau ist, aus reinstem Herzen »Wir haben keinen Whiskey an Bord«.

»Ja, ich kann russisch« – kaum habe ich den Satz zu Ende gesagt, hält mir die Frau mit ihren riesigen Händen ein Blatt Papier vor die Nase. Nein, keinen Vertrag für eine Lieferung von Staubsaugern und auch keine Beitrittserklärung für eine Sekte, wie schon ein erster, flüchtiger Blick verrät: Es ist die Einreiseerklärung für Russland, die jeder Ausländer auszufüllen und bei der Passkontrolle abzugeben hat.

Man könnte nun klagen, dass selbst die Sowjets ohne solchen Schreibkram auskamen – von Gorbatschows und Jelzins Zeiten ganz zu schweigen. Doch der unter Putin eingeführte Papierkrieg zur Begrüßung von Russlandreisenden ist im internationalen Vergleich keine Besonderheit – auch der USA Urlauber muss sich sein Einreiserecht wacker erschreiben.

Eher ungewöhnlich ist indes, dass die Russen die Einreiseerklärung auf internationalen Flügen seit neuestem nur in kyrillischer Schrift austeilen. Da unser Aeroflot Airbus wohl zur Hälfte mit Deutschen besetzt ist, unter denen die Kyrillisch Kenner wohl ebenso an der Prozenthürde scheitern würden wie Russlands Liberale bei den Parlamentswahlen, sorgt das Papier im Flieger für eine gewisse Belebung und ersetzt rasch das fehlende Bordunterhaltungsprogramm.

Händeringend versucht ein Steward in gebrochenem Englisch dem Mann eine Reihe vor mir klar zu machen, dass die Ausfüllanleitung in Englisch auf der letzten Seite des Bordmagazins zu finden ist. Als nach einigen Minuten und stürmischen Erklärungsbewegungen mit der Hand, die mich eine Reihe weiter schon um meine körperliche Unversehrtheit zittern lassen, endlich der Funke überspringt, beginnen Steward und Passagier mit Beugeübungen: Sie suchen in den Rückenlehnentaschen der Vordersitze nach einem Bordmagazin, aus dem die Ausfüllerläuterung noch nicht herausgerissen ist. Vergeblich.

Von überall her ertönen Raschelgeräusche, die fast die Triebwerke übertönen: Sollte Aeroflot die kyrillischen Einreisekarten ausgedacht haben, um die Lesequote des Bordmagazins zu erhöhen – die Idee wäre ein voller Erfolg. Das Geschäftsmodell ließe sich exportieren: Die Deutsche Bahn etwa könnte ihre Fahrpläne auf Chinesisch drucken und eine Übersetzung dann in einem ihrer sonst eher zum Einpacken von Lebensmittelresten verwendeten hauseigenen Journale anbieten, die in ihren Zügen ausliegen.

Der Formularwahnsinn hat den Vorteil, dass ich mit einem Schlag der begehrteste Mann in den umliegenden Sitzreihen bin. Doch auch ich gerate in bürokratische Seenot. Damit sich Nichtrussen gegenüber Muttersprachlern nicht diskriminiert fühlen, ist das Einreiseformular so gehalten, dass es auch bei besten Sprachkenntnissen Fallstricke bietet: So ist etwa die »ID« Nummer des Visums anzugeben. Und wer soll schon ahnen, dass es sich dabei nicht um die Nummer handelt, die groß oben auf dem Visum steht, sondern um die Zahl unten im Kleingedruckten?

Um trotz fehlender englischer Version sicherzustellen, dass tatsächlich alle Passagiere die Einreisekarte ausfüllen, haben sich die Behörden am Moskauer Flughafen Scheremetjewo flankierende Maßnahmen einfallen lassen. Als ich nach meinem Arbeitseinsatz endlich wieder russischen Boden unter mir habe, darf ich ihn nicht betreten: Die Flugzeugtür bleibt nach dem Andocken noch zwanzig Minuten geschlossen.

Offiziell verrät uns Passagieren, die sich im engen Flugzeuggang auf den Beinen stehen, niemand den Grund für die Verzögerung. Die Frau von den Grenztruppen, die bei jedem Ein- und Aussteigen an jeder Flugzeugtüre nach dem Rechten sehen muss, habe Verspätung, so die Flüsterparole auf dem Gang. »Nein, da hat jemand seine Einreisekarte falsch ausgefüllt, und solange er das nicht korrigiert, dürfen wir alle nicht raus«, halte ich bitter dagegen. Einige Leidensgenossen lächeln gequält. »Nein, es ist ein Anpassungsprogramm«, erwidert ein junger Russe spitz: »Damit man sich noch vor dem Aussteigen an die Herrschaft und die Willkür der Bürokraten gewöhnt!«

Visum nur gegen Respekt

Die Töne aus dem Fernseher klingen barsch wie zu Sowjet Zeiten. »Wenn es jemanden gibt, den wir für ein Schwein halten, dann müssen wir unsere Position klar machen – dass wir ihn hier bei uns nicht sehen wollen«, knurrt Wladimir Pligin in die Kamera. Nein, keine Umfrage im Moskauer Bahnhofsmilieu und auch kein Interview bei einem Radikalen. Der Mann, der in den russischen Abendnachrichten so derbe Worte wählt, sitzt brav frisiert, mausgrau mit Krawatte in der Duma: ein Abgeordneter der Kremlpartei »Einiges Russland«, und Chef des Parlamentsausschusses für Verfassungsgesetzgebung.

Russlands putintreue Duma ist im neuen Jahr ganz in ihrem Element: Dass Tausende Rentner im ganzen Land aus Protest gegen die Sozialreform auf die Straße gehen, wollten die Abgeordneten nicht einmal erörtern. Statt mit den Problemen selbst befassten sie sich mit den Berichten über die Probleme: Die sollen positiver werden. Man müsse den Ausländern beibringen, wie sie zu schreiben haben über Russland, heißt es aus dem Parlament. Notfalls mit dem Holzhammer.

Pligin ist Autor eines Gesetzentwurfs, den die Duma jetzt in erster Lesung verabschiedet hat. Auslandskorrespondenten, nach dem Mord an dem US Journalisten Paul Klebnikow in Moskau ohnehin in Alarmstimmung, werden in Russland künftig auch um ihre Existenz fürchten müssen. Nach dem neuen Regelwerk können die Behörden künftig allen Ausländern die Einreise verweigern, die sich »klar respektlose oder unfreundliche Handlungen« gegenüber Russland und seinen Staatsorganen zu Schulden kommen lassen oder Russlands Ansehen im Ausland erheblich schaden. Zur unerwünschten Person kann jeder werden, der sich despektierlich über »allgemein anerkannte geistige, gesellschaftliche oder kulturelle Werte« Russlands äußert.

Was das Gesetz untersagt, ist Aufgabe jedes Journalisten: Respektlosigkeit gegenüber den Mächtigen wird an westlichen Journalistenschulen als Tugend gelehrt; ständige Freundlichkeit gegenüber der Regierung dagegen ist in einer freien Presse als Anbiederung verpönt. Zugespitzt könnte man sagen, dass jeder anständige Auslandskorrespondent in Konflikt mit dem neuen Gesetz kommen muss, wenn er seine Arbeit ernst nimmt.

Wie viele russische Gesetze ist auch das neue Werk so unklar formuliert, dass es die Apparatschiks nach Herzenslust auslegen können. Welche gesellschaftlichen Werte sind in Russland allgemein anerkannt im Sinne des Gesetzes? Die Korruption in höchsten Regierungsämtern? Jedenfalls gilt Bestechlichkeit unter Wladimir Putin eher als Tüchtigkeitsbeweis denn als Makel.

Was ist unfreundlich? Vorliegender Bericht? Fast jeder objektive Artikel über den Bürgerkrieg in Tschetschenien wird Russlands Ansehen im Ausland schaden. Was soll der Autor dann noch schreiben? Wie weit muss der Respekt gehen? Darf man noch über den Anzug des Präsidenten reden? Oder gar – um ein Beispiel aus Deutschland aufzugreifen – über dessen Haarfarbe?

Damit den Apparatschiks bei solchen trockenen Auslegungsfragen kein Gericht einen Strich durch die Rechnung machen kann, erlaubt das neue Regelwerk dem Präsidenten, der Regierung, dem Bundesrat und der Duma, selbst Richter zu spielen – und selbst zu bestimmen, auf wen das Gesetz zutrifft: In etwa so, als würde man in einem Fußballspiel eine Mannschaft gleichzeitig zum Schiedsrichter machen.

Kritiker wie der unabhängige Duma Abgeordnete Wladimir Ryschkow warnen bereits, das Gesetz selbst schade dem Ansehen Russlands im Ausland mehr, als es alle ausländischen Journalisten könnten.

Für Spott sorgt das neue Regelwerk auch in den wenigen noch verbliebenen kritischen Medien. »Hast Du Respekt vor mir?« fragt auf einer Karikatur in einer Moskauer Zeitung eine russische Bäuerin mit Wodka auf dem Tablett einen verschnupften Ausländer. »Hast Du Respekt vor mir?« fragen Russen, wenn sie ihr Gegenüber gegen heftigen Widerstand überreden wollen, noch einen Schluck Wodka zu sich zu nehmen. Nicht mitzutrinken gilt als Respektlosigkeit. Der Tenor: Wer sich nicht mangelnden Respekts gegenüber russischen Traditionen schuldig machen und sein Visum nicht aufs Spiel setzen will, ist künftig gut beraten, zu trinken.

Amtliche Geisterfahrer

Um ein Haar hätte Andrej Chartli Prügel bezogen. Der jungen Moskauer Unternehmer traute seinen Augen nicht, als ihm am 31. März mitten im Zentrum von Moskau ein großer schwarzer BMW mit Blaulicht entgegenkam – als Geisterfahrer, auf seiner Fahrspur. Der junge Moskauer Unternehmer konnte nicht ausweichen, die beiden Wagen kamen zum stehen. Chartli holte seine Kamera aus der Tasche, stieg aus seinem Mittelklassewagen und öffnete die Tür des BMW. Vor laufender Kamera bat er den Mann auf dem Beifahrersitz, sich vorzustellen. Der dicke ältere Herr wies ihn brüsk zurück – doch dafür sprang sein Chauffeur aus dem Wagen. Mit den Worten »willst du eins in die Fresse?« versuchte er, Chartli die Kamera abzunehmen. Doch ein anderer Fahrer, der nebenan im Stau stand, kam dem hageren Mann zur Hilfe; der BMW Chauffeur zog mit heftigen Schimpfworten ab – und so ist der Streifen jetzt im Internet zu sehen, und erhitzt die Gemüter von Hunderttausenden Russen.

Was Chartli erlebte, ist in Moskau Alltag: Ob Politiker, hohe Beamte oder Wirtschaftsbosse – wer etwas auf sich hält, umfährt den Dauerstau mit Blaulicht auf dem Dach. Um die Verkehrsregeln kümmern sich die »Bonzen Schleudern« nicht, ohne Tempolimit wechseln sie auf die Gegenfahrbahn. Bisher. Denn jetzt reißt den Russen der Geduldsfaden. Allen voran Sergej Kanajew vom Verband russischer Autobesitzer: Der 42-Jährige und seine Mitstreiter wollen mit Flugblättern, Videokameras und Hupkonzerten gegen das Feudalrecht auf Russlands Straßen ankämpfen. Kanajew hat dafür einen ganz persönlichen Grund: 2001 kam ein Freund von ihm ums Leben, als er mit einem Blaulichtwagen zusammenstieß.

Ganz offiziell dürfen in Russland 997 Limousinen mit Blaulicht fahren – Feuerwehr, Krankenwagen, Polizei und andere Dienste nicht mitgerechnet. Ob Richter an den Bundesgerichten, Abgeordnete, Vize Minister oder Generäle beim Geheimdienst FSB – die Liste der »Privilegierten« ist lang. Selbst mittlere Beamte im Kreml fahren mit dem Horn auf dem Dach – und sei es nur zum Besuch im Fitnessclub in der Mittagspause. Statt den 997 legalen Blaulichtern haben Kanajew und seine Vereinskollegen allein in der Hauptstadt 1.800 Wagen gezählt. Als der 42-Jährige bei einem Test einfach ein Blaulicht, das er für 1.000 Rubel, rund 25 Euro, auf einem Markt kaufte, an seinem Wagendach festmachte, passierte er die allgegenwärtigen Polizeikontrollstellen ungestört – und das, obwohl er 30 Kilometer lang gegen alle möglichen Regeln verstieß - unter anderem auf der Gegenfahrbahn.

»Diese Bonzen Wagen mit Blaulicht sind wie heilige Kühe, die Polizisten trauen sich kaum, sie anzuhalten, aus Angst vor Ärger mit ihren Vorgesetzten«, klagt Kanajew. »Alles ist korrumpiert, mit Geld oder Beziehungen kann man sich alles erlauben.« Auch Gennadij Gudkow, einer der wenigen Kremlkritiker im Parlament, biss sich an den Blaulichtern die Zähne aus: Seine Gesetzesinitiative, das Privileg abzuschaffen, wurde »zynisch ausgebremst, unter dem ebenso formalen wie unsinnigen Vorwand«, dass der Blaulichtverzicht Haushaltsgelder verschlingen würde. »Für unsere Nomenklatur ist das Martinshorn ein Statussymbol, das Macht und Einfluss symbolisiert, den Zugang zur Kaste der Macht«, klagt Gudkow: »Solche Privilegien gehen auf alte, sowjetische Traditionen zurück. In unserem Land herrscht die Nomenklatur und die Bürokratie, und sie kann sich alles erlauben.«

Mittlere Beamte und Geschäftsleute, die sich kein eigenes Blaulicht leisten können und Angst haben, es einfach illegal auf das Dach zu stecken, nutzen laut Gudkow gerne gegen »Bakschisch« die Dienste von Polizei, Katastrophenschutz und Krankenwagen. Mancher Notarztwagen ist demnach die meiste Zeit nur im Einsatz, um zahlungskräftige Fahrgäste mit Blaulicht schnell ans Ziel zu bringen. Die tragische Folge: Viele Moskauer lassen auch in wirklichen Notfällen Rettungsautos nicht die Vorfahrt; selbst nach den tragischen Bombenanschlägen Mitte März blieben einige Krankenwagen hoffnungslos im Stau stehen.

Auf die Hilfe von Verkehrspolizisten können die Retter dabei kaum helfen – die Ordnungshüter sind neben dem Kassieren von Bakschisch vor allem darauf konzentriert, den Bonzen den Weg freizuhalten. Diverse Buchstabenkombinationen auf dem Nummernschild signalisieren den Beamten, welcher Kaste ein Autoinsasse angehört – Kreml Beamte, Geheimdienstler, Polizisten oder Ministerielle etwa sind tabu. Erst kürzlich verlor ein Polizist einen »Spickzettel«, auf dem er sich notiert hatte, welche Regierungsautos er auf keinen Fall stoppen darf. Wenn Premier Putin oder Präsident Medwedew unterwegs sind, werden ganze Straßenzüge gesperrt, oft für eine halbe Stunde und länger.

Mehrmals kündigte die Regierung lautstark an, die Blaulichtflut einzudämmen – doch über medienwirksame Ankündigungen gingen die Aktionen kaum hinaus. Die Geduld der Russen kam aber ins Wanken, als Ende Februar der Mercedes S 500 von Anatolij Barkow, Vize Chef des Ölkonzerns Lukoil und General des Geheimdiensts, auf dem Lenin Prospekt frontal mit einem Kleinwagen zusammenstieß. Dessen beide Insassen, zwei bekannte Frauenärztinnen, Mutter und Tochter, starben; die Tochter hinterlässt einen behinderten Mann und ein anderthalbjähriges Kind. Barkow kam mit einer Fußverletzung davon. Die Polizei erklärte sofort die toten Frauen zu den Schuldigen; auf den Bändern der 15 Überwachungskameras vom Unfallort sei angeblich nichts zu sehen, hieß es. Dabei war der Kleinwagen stadtauswärts unterwegs, wo es um 8 Uhr morgens keine Staus gibt, während auf der Spur des Mercedes, stadteinwärts, der gesamte Verkehr im Stau stand. Lukoil, einer der reichsten Konzerne im Land, verkündete prompt, man habe mit dem Unfall nichts zu tun, die Hinterbliebenen hätten keinen Anspruch auf Hilfe.

Im Internet kam es zu einer Welle der Empörung. Der bekannte Rapper Noize MC veröffentlichte einen Song, in dem er Lukoil Vize mit Satanshörnern sagen lässt: »Macht Platz, Plebejer, kommt mir nicht unter die Räder, auf der Straße fahren Patrizier. Ich bin ein höheres Wesen.« So groß war der Unmut, dass Präsident Medwedew den Unfall zur Chefsache erklärte; der zuständige Ermittler musste nach mehreren anonymen Attacken auf sein Auto mitsamt Familie unter Polizeischutz gestellt werden.

Nach dem Lukoil Skandal werden jetzt immer mehr Zwischenfälle bekannt, die früher vertuscht wurden. Wie der Unfall von Natalja Baschkejewa am 7. Oktober 2009. Ihren Wagen rammte auf ihrer eigenen Fahrspur ein Mercedes S 600 mit Blaulicht. Dessen Fahrer leistete der schwer verletzten Moskauerin nicht einmal erste Hilfe. Später wurden alle Unfallprotokolle von der Militärstaatsanwaltschaft beschlagnahmt; auch auf den zahlreichen Überwachungsvideos vom Unfallort war angeblich nichts zu erkennen. In dem Mercedes saß ein Geheimdienstgeneral, mit seiner Frau, einer Bekannten und deren Sohn. Sie hatten Blumen dabei, und waren auf dem Weg zur Olympiahalle – wo zehn Minuten später ein Konzert von Elton John beginnen sollte. In den Unfallunterlagen heißt es später, der General sei zu einem dienstlichen Treffen in der Nähe der Olympiahalle unterwegs gewesen – genauere Angaben könnten nicht gemacht werden, da es sich um ein Staatsgeheimnis handle. Natalja musste die Behandlung ihrer schweren Verletzungen, unter denen sie bis heute leidet, aus der eigenen Tasche bezahlen. »Leider ist das typisch«, klagt Kanajew: »Bei solchen Unfällen sind immer die Normalsterblichen schuld.« Das gleiche Schicksal wie Baschejew erleiden jährlich hunderte Russen, schreibt die Nowaja gaseta: »Der Mittelstreifen ist längst zur Trennlinie geworden, die die Machthaber vom Volk trennt, das unsere Feudalherrscher für Pöbel halten.«

Andrej Chartli, der mit seiner Kamera den Blaulicht BMW filmte und nur knapp den Prügeln des Fahrers entkam, ist inzwischen zum Helden im russischen Internet avanciert. Blogger identifizierten auch den Apparatschik auf dem Beifahrersitz der Limousine – es war Wladimir Schewtschenko, früher Protokollchef von Präsident Boris Jelzin und heute formell Berater von Präsident Dmitrij Medwedew, eine Art Gnadenbrot in Form eines Postens. Wohin der betagte »Berater« eilte, wollte er nicht verraten. Im Internet konnten Blogger indes nachweisen, dass er es auch schon früher eilig hatte – und veröffentlichten Bilder, auf denen Schewtschenkos Limousine auf der Gegenfahrbahn zu sehen ist. »So etwas ist in keinem zivilisierten Land möglich«; empört sich Chartli: »Die Ureinwohner in Papua Neuguinea wetteiferten früher, wer den dickeren Ring in der Nase hat, unsere Apparatschiks wetteifern, wer den tolleren Dienstausweis hat.«

AUF DER STRASSE UND DARUNTER

Nächster Halt: Standesamt

Nichts macht einen am Morgen so hellwach wie ein gewagter Hechtsprung mit Anlauf: Nein, nicht etwa im Schwimmbad – sondern tief im Moskauer Untergrund, in der Metro. Der Waggon vor mir ist überfüllt wie der Expresszug von Warschau nach Berlin an einem Freitag, viele haben schon aufgegeben und warten auf dem Bahnsteig auf den nächsten Versuch. Neuer Zug, neues Glück.

Ein kritischer Blick auf die Uhr, und ich sehe, dass ich nur zwei Alternativen habe: Nach Landessitte zu spät kommen – oder ohne Rücksicht auf blaue Flecken, die CDs in meiner Tasche und meine Erziehung einfach mein ganzes Gewicht in die Wagschale werfen – genauer gesagt in den Waggon.

Es ist eine Punktlandung. Nur ein wandelnder Schnurrbart mit dem Oberkörper eines Olympia Ringers leistet hartnäckig Widerstand. Doch mit etwas Geschick habe ich mich schon mit der Tasche im Türrahmen verbarrikadiert, und die Hebelkraft ist auf meiner Seite: Sieg nach Punkten dank Erfahrung.

Es zischt, mit einem Krachen schließen die Türen. Uff, es hat nur den Mantel erwischt, keine Körperteile. Ich atme auf – kein Vergnügen für meinen Nachbarn, dessen Gesicht rund zehn Zentimeter Luftlinie von mir entfernt ist. Gott sei Dank habe ich die Zähne geputzt, fährt es mir durch den Kopf – und meine Nase sagt, dass dies nicht für alle Mitfahrenden gilt.

Moskaus U Bahn Züge sind chronisch überfüllt. Und das nicht nur zur Stoßzeit, in der sie im Ein-Minuten-Takt anrauschen. Angesichts von neun Millionen Passagieren täglich kommt es oft zu Staus: Riesige Menschentrauben schieben sich an manchen Stationen wie in Zeitlupe Richtung Rolltreppe, fünf Meter in der Minute, eingepeitscht von den Aufsehern: »Nicht so langsam! Steigen Sie schneller auf die Rolltreppe.« Passagiere mit Platzangst sollten aufs Auto umsteigen – auch wenn das mehr Zeit kostet: »Oben« herrschen in der Regel noch viel größere Staus als im Untergrund.

Doch das Zusammenschweißen der Menschen ist nur eine Seite der Moskauer Metro. In ruhigeren Stunden wirken die älteren Stationen mit ihren Kronleuchtern, Skulpturen, Marmor, Bronze und Gold wie Paläste. Trotz solch einem Luxus ist der »Eintrittspreis« bescheiden: Knapp 30 Rubel kostet das Ticket, rund 75 Cent, egal, wohin die Reise geht.

Doch es liegt sicher weniger an solchen Preisen als an der Pracht, wenn man als unbedarfter Besucher aus katholischen Weltgegenden schon mal versucht ist, in den unterirdischen Prachtbauten ein Kreuz zu schlagen. Spötter behaupteten denn auch, Stalin habe mit der U Bahn ab 1935 einen Kirchenersatz fürs Proletariat schaffen wollen. Eine U-Bahn-Station brachte es im Zweiten Weltkrieg zum KommandopPunkt, in dem der Diktator die Front befehligte, während die Züge hinter lichtdichten Vorhängen vorbeirauschten – so besagt es die Legende.

Auch heute bietet die U-Bahn so manchem Unterschlupf, der eigentlich nicht hinein gehört: Obdachlose nutzen vor allem während des Moskauer Tiefkühlwinters die Züge für ein warmes Schläfchen – bevorzugt die Ringlinie, weil es da keine Endstation gibt, an der Milizionäre mit Schlagstock unsanft die Rolle des Weckers spielen.

Unbeliebt ist die »Transportnaja Milizia« auch bei Auswärtigen – viele Moskaubesucher haben Angst vor dem Metrofahren, weil die Uniformierten an den Eingängen die »Registrierung« (eine Art Meldebescheinigung) kontrollieren – und im Zweifelsfall abkassieren.

Die meisten Moskowiter ertragen die kleinen Schwächen der Metro mit Gelassenheit und Humor – vor allem die Enge: Nichts bringt Männer und Frauen einander so nahe wie der öffentliche Personennahverkehr, sagen Spötter spitz. Tatsächlich sind Flirtszenen in der Metro fast so allgegenwärtig wie die Reklame. Und so manche Bekanntschaft im Untergrund endete über der Erde – vor dem Traualtar.

»Das ganze ist so, wie wenn man sein Gehalt bekommt mit der Auflage, man müsse es bis zum Monatsende ausgeben – und alle Scheine, die nicht ausgegeben sind, werden am 31. ungültig«, klagt der Moskauer Anwalt Nikolaj Gorbal. Doch die Hoffnung, dass sich unsere Lokalpolitiker in Deutschland am Einfallsreichtum ihrer Moskauer Kollegen ein Beispiel nehmen und mit »Haltbarkeitsdaten« für Nahverkehrstickets unsere leeren öffentlichen Kassen füllen, wäre naiv. Denn dazu müsste auch noch die Gerichtsbarkeit angetastet werden. Anders als die russischen Apparatschiks könnten es deutsche Politiker kaum ignorieren, wenn, wie in Moskau geschehen, das oberste Gericht im Land das Abkassieren mit dem Haltbarkeitsdatum für illegal erklärt; die Behörden der russischen Hauptstadt aber pfeifen bislang einfach auf den Richterspruch.

Chronische Verstopfung

Meine Geschwindigkeit ist guinessbuchverdächtig: Maximal 50 Meter sind es, die ich in der vergangenen Stunde vorangekrochen bin. Genauer gesagt: die der Fahrer meines Taxis vorangekommen ist. Seelenruhig sitzt er am Steuer wie ein Fakir. Donnerstag Abend, gegen 20 Uhr. Moskau steht.

»Erreichen wir den Flieger noch?« Meine aufgeregte Frage lässt den Mann am Steuer kalt: »Ich weiß nicht«, sagt er und zuckt gleichgültig mit den Achseln. Zweieinhalb Stunden sind es noch, bevor mein Aeroflot Jet Richtung Sibirien abhebt. Im Gegensatz zu mir, dem Ausländer mit der fehlenden Demut, weiß der Fahrer, dass am alltäglichen Stauschicksal auch die heftigsten Emotionen nichts ändern − und deshalb spart er sie sich. Ein einzelner Fahrer hupt verzweifelt gegen den Gleichmut an − doch keiner greift seinen Protest auf. Und das, obwohl der Stau mit an Sicherheit grenzender Wahrscheinlichkeit eine Kreml Gedächtnistunde ist: Der Verkehr in der Innenstadt kommt alltäglich zum Erliegen, weil ganze Straßenzüge gesperrt werden, wenn hochrangige Politiker auf dem Weg zur Arbeit, zu Treffen oder in den Feierabend sind. Jede derartige VIP Fahrt verursacht laut Experten Staus von 40 Minuten bis anderthalb Stunden.

Bei uns in Berlin würde eine Revolution ausbrechen, wenn die Menschen wegen Merkel oder Steinmeier jeden Tag stundenlang festsitzen müssten«, entfährt es mir. »Was, sperren die bei Ihnen nicht die Straßen? Das glaube ich nicht«, antwortet der Fahrer gleichmütig: »Das ist doch überall so.«

Es ist 20.15. Bis der Check-In Schalter für meinen Flug schließt, sind es zwar noch anderthalb Stunden. Doch wenn ich die Geschwindigkeit der letzten Stunde hochrechne, würde es noch Wochen dauern, bis ich am Flughafen Scheremetjewo-1 im Moskauer Norden ankomme. »Abwarten und Tee trinken«, meint der Fahrer:»Wenn Sie heute nicht fliegen, dann eben morgen«. Aber meine unruhige ausländische Seele macht das nicht mit: Ich werde fahnenflüchtig, steige aus dem Wagen, Richtung Metro. Ein Ausdauerlauf, mit vollem Kampfgepäck. Und wenig Hoffnung.

Schwer beladen wie ein Lastesel mache ich mich unter staunenden Blicken auf den Weg in den Untergrund, zum Sawjolowskij-Bahnhof. Von dort gehen jede Stunde zwei S-Bahnen Richtung Flughafen. Ich muss sie nur erwischen. Und mich dann vom Endbahnhof Scheremetjewo-2 oder Lobnja irgendwie bis Scheremetjewo-1 durchschlagen – und beten, dass es die Staugötter dort gnädig mit mir meinen.

Autofahren in Moskau ist in den letzten Jahren endgültig zum Roulettespiel geworden. Regelmäßig geht nichts mehr in der Stadt. Hoffnungslos feststeckende Notarztwagen mit Blaulicht gehören ebenso zum Straßenbild wie die gewaltigen Luxusschlitten mit Sirenen, die dem Stau über die Gegenfahrbahn entkommen. Selbst die Spieler von Spartak Moskau konnten ein Champions-League-Heimspiel gegen Inter Mailand nur retten, weil sie sich aus dem feststeckenden Mannschaftsbus in die Metro flüchteten: Nach dem Stress verloren sie das Match prompt mit 0:1. Rund 3,5 Millionen Autos sind heute in Moskau registriert, zehn Prozent davon jeden Tag unterwegs. Damit fahren in Moskau zwar fast dreimal weniger Wagen pro 1.000 Einwohner als in London oder New York. Aber mit 1.310 Kilometern ist auch das Straßennetz nur halb so groß, wie es sein sollte.

Bei ihrer Verkehrsplanung gingen Moskaus Stadtväter einst von 10 Autos pro 1.000 Bewohnern aus; schon in den 80er-Jahren stieg diese Zahl dann auf 80; heute kommen auf 1.000 Moskauer 286 Autos. Zur chronischen Verstopfung tragen nach Ansicht von Fachleuten auch gerade jene bei, die sie eigentlich verhindern sollten: Die Verkehrspolizisten, die eher auf Bakschisch schielen, statt Verstöße zu ahnden, die wenig Bares bringen, aber den Verkehr behindern – wie das Einfahren in blockierte Kreuzungen oder Falschparken auf der Fahrbahn. Statt Computern steuern zudem Verkehrspolizisten viele Ampeln, eine grüne Welle halten die Moskauer für eine Ökologiebewegung aus dem Westen.

Kein Wunder, dass statt den berüchtigten Politikwitzen vergangener Tage heute oft Verkehrswitze populär sind. Etwa: »Können Sie sich nicht schneller fortbewegen«, fragt der Fahrgast. Darauf der Taxifahrer: »Ich kann es, aber als Fahrer darf ich den Wagen nicht auf der Straße stehenlassen«. Zu den Stoßzeiten beträgt die Durchschnittsgeschwindigkeit in Moskau 8 bis 11 Kilometer pro Stunde. Im Zentrum stauen sich die Wagen zuweilen auch noch spät nach Mitternacht. Manche Fahrer nehmen die Staus als Videos mit ihren Handys auf – um beim Chef eine Ausrede für ihre Verspätung zu haben.

»Der Dauerstau wird immer mehr zum Problem für die Firmen, die Leute kommen immer später und fahren immer früher los, viele stecken drei Stunden am Tag fest, wir denken inzwischen über Heimarbeitsplätze nach«, berichtet ein Moskauer Unternehmenschef. Immer öfter sieht man teuer gekleidete »Bisnis-Meny« mitsamt Leibwächtern auf dem Weg in den Untergrund – zur Metro. Doch selbst dort ist der Moskowiter vor Staus nicht gefeit: Zu den Stoßzeiten bilden sich gigantische Warteschlangen vor den Rolltreppen. Wer unter Berührungsangst oder gar Klaustrophobie leidet, sollte den Untergrund meiden. In den Waggons teilen sich bis zu fünf Menschen einen Quadratmeter, die »Höchstzuladung« wird um 50 Prozent überschritten. Über der Erde ergeht es den »Passagieren« kaum besser: Das öffentliche Nahverkehrsnetz auf den Straßen ist in den letzten 17 Jahren um ein Drittel geschrumpft.

Moskaus Stadtväter wollen mit neuen Straßen, neuen Taxi Projekten und Busspuren dafür sorgen, dass Moskau entgegen kritischen Prognosen auch in drei Jahren nicht endgültig zu stehen kommt.

Ich will mich darauf nicht verlassen. Als ich schweißgebadet und mit schmerzenden Schultern mein ganzes Gepäck rechtzeitig in die »Elektritschka«, wie die S-Bahn in Moskau heißt, gehievt habe, schwöre ich mir, künftig wie bei allen anderen Fahrten auch, für den Weg zum Flughafen nur auf Metro und Zug zu setzen – auch wenn ich dann wegen des Gepäcks zuweilen notgedrungen auf Gewichtheber umsatteln muss.

Doch ein Garantiemittel ist auch der Umstieg nicht. »Haben Sie es eilig«, fragt mich der Taxifahrer, der mich vom Bahnhof Dubnja die letzten paar Kilometer zum Flughafen bringt und meine nervösen Blicke auf die Uhr bemerkt hat. Als ich nicke, bremst er. Ganz gegen die Tradition hält er an jedem Zebrastreifen an und lässt sich selbst von den Schwerlastern überholen. Offenbar will er einen Eilaufschlag. »Wo kommen Sie denn her?«, fragt er mich. »Was? Aus Deutschland? Die Deutschen haben so guten Fußball gespielt«, sagt er, und drückt plötzlich aufs Gas, als wolle er mit seinem alten Wolga Michael Schumacher Konkurrenz machen. Zehn Minuten, bevor der Check-In schließt, bin ich am Flughafen. Ich strecke ihm dankbar die Hand hin. Er schlägt ein – und antwortet auf Deutsch: »Auff Widersen!«

Babylonische Adressverwirrung

Die Warnung kommt in letzter Sekunde, und sie erspart mir Irrwege und Verwirrungen. »Zweite Wraschskij Gasse«, diktiert mir die sonnige Damenstimme am anderen Ende der Leitung den Weg in höhere Sphären – zur Residenz von einem der großen Wirtschaftsführer im Lande. Mit fast schon mütterlicher Fürsorge, die gar nicht zur Jugendlichkeit ihrer Stimme passt, fügt sie dann schnell hinzu: »Aber suchen Sie uns nicht in der Zweiten Wraschskij Gasse, denn zu unserem Eingang kommt man nur über die Erste Wraschskij Gasse.«

Man muss wohl einige Zeit in Moskau gelebt und oft in die Irre gelaufen und gefahren sein, um zu verstehen, wie segensreich die telefonische Warnung war. Denn wenn man eine Adresse bekommt, bedeutet das in Russland noch lange nicht, dass man weiß, wo man hin muss. Das erfuhr ich schmerzlich, als ich in meiner alten Wohnung am Krutizkij Wal, oder genauer gesagt eben nicht am Krutizkij Wal (doch das später) – fast eine Stunden länger als versprochen auf die bestellte Pizza warten musste – wobei ich noch den geringeren Schaden hatte, denn der arme Pizza-Kurier war einem Nervenzusammenbruch nahe, als er zu guter letzt und fast schon wider Erwarten doch noch ankam.

Dabei hatte ich, frisch eingezogen, bei der Bestellung einfach ganz unschuldig meine Adresse angegeben: Krutizkij Wal eben, dom – also Haus – 3, Korpus – also Gebäude – 2. Der arme Pizza-Kurier hatte deshalb keine Chance: Nicht nur, dass das Haus nicht am Krutizkij Wal stand – schlimmer noch, es war von diesem aus überhaupt nicht zu erreichen, zumindest nicht mit dem Auto. Der Haken an der Adresse liegt in dem unscheinbaren »Korpus 2«, also »Gebäude 2«, was besagt, dass es sich um ein Haus handelt, das in zweiter Reihe hinter dem Haupthaus steht –welches – nach den Gesetzen der Logik – wiederum »Korpus 1« in der Adresszeile haben müsste, aber nicht hat, weil dies wohl stillschweigend mitzulesen wäre.

Sie werden nun sagen: Wie verwirrend. Aber Hand aufs Herz bzw. auf die Karte: Beim Lesen noch weitaus weniger als wenn Sie irgendwo mit dem Auto dazwischen stehen würden, ohne Navigationsgerät. In meinem Fall standen sieben Häuser mit der Hausnummer drei nebeneinander – unter anderem das Haus 3, strojenje – Bau – 3, sowie Haus 3C, Bau 2. Zwischen meinem Haus – Krutizkij Wal 3, Gebäude 2 und dem »Leithaus« – Krutizkij Wal 3, Gebäude 1, stand aus unerfindlichen Gründen noch das Haus Simonowskij Wal 3. Man muss wohl mindestens vier Semester Geographie an der Lomonossow-Universität studiert haben, um hier den Durchblick zu bewahren.

Nach einigen bitteren Erfahrungen wurde ich bei jeder Bestellung und Einladung von Freunden zum nebenberuflichen Lotsen: Nachdem ich meine Adresse korrekt genannt hatte, kam sofort das Kleingedruckte: »Über die offizielle Straße ist mein Haus nicht erreichbar, Sie müssen in die Erste-Dubrowka-Straße fahren, und zwar zur Hausnummer eins, das Haus, das gegenübersteht, ist meines, und müsste eigentlich die Adresse »Erste Dubrowka 2« haben. Fragen Sie mich nun aber bitte nicht, warum es die nicht hat.«

Auch in meiner anderen Wohnung hatte ich kaum mehr Glück: Mein Haus, Narodnaja-Straße 13, war an der besagten Straße nicht zu finden – denn dort folgte auf das Haus 11 sofort das Haus 15. Wieder waren Erklärungskünste gefordert, wenn ich Gästen und Kurieren ersparen wollte, dass sie mehrmals die Straße auf- und abliefen und an den eigenen Rechenkünsten zu zweifeln begannen: »Das Haus steht nicht neben, sondern hinter dem Haus 11, und müsste eigentlich die Adresse Haus 11, Korpus 2 haben, aber statt dessen ist es Haus 13, Korpus 1. Fragen Sie mich bitte nicht, warum«

Trost fand ich bei Leidensgenossen, denen es noch schlimmer ergeht. So klagte etwa ein Moskauer im Internet, bei ihm in der »Akademik-Jangel-Straße« im Süden der Hauptstadt gebe es 15 – in Worten fünfzehn – verschiedene Korpusse, also Gebäude, und strojenje, also Bauten, mit einer einzigen Hausnummer – 14. Die Journalistin Jekaterina Lebedewa beschreibt in der »Komsomolskaja Prawda«, wie sie im Stadtteil Ismajlowo schier verrückt wurde bei der Suche nach dem Haus Nummer 12 in der 15.-Park-Straße. Sie fand zwar die Hausnummern 8, 10, 16 und 18 – aber 12 und 14 waren wie vom Erdboden verschluckt. »Die Nummer 14 ist in Wirklichkeit die Nummer 119«, eröffnete ihr ein Anwohner. Lebedewa machte sich auf den Weg in die Hinterhöfe, und fand dort – in unmittelbarer Nachbarschaft – die Häuser Nummer 10, 6/75 und 126; mit dem Rücken zur Hausnummer 10A stand Haus Nummer 128A, dahinter Haus Nummer 7, hinter dem wiederum Nummer 85/3 auszumachen war.

Selbst die Feuerwehr und die Notärzte hätten ihre liebe Not mit dem Adresssystem, klagt Lebedewa. Kein Wunder, gleicht doch manche Adresse eher einem verschlüsselten Morsefunkspruch oder einem Treffer im Schiffeversenken – etwa: Neunte Tschobowskaja Allee 9-9A-9B, Bau 1-2-3. Bis 1998 hatten laut Lebedewa die Baubehörde, die Polizei und die Post unterschiedliche Datenbanken, in denen ein und dieselben Häuser manchmal mit unterschiedlichen Adressen standen. Tauchten in solchen Fällen Schwierigkeiten auf, etwa beim Weiterverkauf einer Wohnung, wussten die zuständigen Beamten nur einen Ausweg: Eine »Bestätigung über die Adressidentifizierung«, in der sämtliche Adressen eines Hauses aufgeführt waren – offizielle wie inoffizielle. Inzwischen sorgt ein zentrales Register für Ordnung. Ihm zufolge gibt es 124.449 Gebäude mit eigener Adresse in Moskau, von denen wiederum 49.626 gleichzeitig zwei oder mehr Adresse haben. Fragen Sie bitte nicht, warum.

Es muss wohl an meiner deutschen Engstirnigkeit liegen, dass ich mich anfangs über das russische Adresssystem aufregte. Mehr noch: Ich war bösartig genug, dahinter den Hang zur Geheimhaltung und die Angst vor Spionen aus seligen Sowjetzeiten zu wittern. Denn wenn schon gestandene Russen nicht den richtigen Weg finden – wie hätte es ein US Agent schaffen sollen? Stellen Sie sich den Terminator vor, wie er zu seiner grausamen Mission in der Oberen Radischtschewskaja Straße 13S3-3A anrückt – und zweifelnd vor dem Haus 13/15 stehen bleibt.

Mit dem militärischen Tunnelblick verkannte ich völlig, dass ausgerechnet Russlands Wirtschaftswachstum, auf das wir neidisch hochblicken können, zu dem Adress-Babylon beigetragen hat: Bekam ein Gebäude vor Jahrzehnten seine Hausnummer von der nächsten Straße, auch wenn die einen Kilometer entfernt war, können aufgrund der regen Bautätigkeit in Moskau nun schon zwei neue Straßen und unzählige Häuser dazwischen aus dem Boden gewachsen sein.

Es dauerte Monate, bis ich die Vorzüge des russischen Adresssystems verstand – und zu schätzen lernte: Im Gegensatz zu unserer simplen, ja primitiven Nummerierung in Deutschland ist die russische Methode ein Garant für Freiheit und Menschenrechte – wenn man sie nur richtig nutzt: Etwa, indem man dem Taxifahrer korrekt erklärt, wie das Haus in Wirklichkeit zu finden ist – aber etwa der Schwiegermutter nur die offizielle Adresse gibt, nach dem Motto: Dauerlauf ist gut für die Gesundheit. Und wenn man sich vorstellt, wie viele Moskauer ihre Adresse vor dem Besuch des Gerichtsvollziehers rettete, oder ihnen zumindest eine Verschnaufpause verschaffte, wird klar: Das russische System bietet Datenschutz in höchster Vollendung.

Doch wie vielen russischen Errungenschaften droht auch dem ausgeklügelten Adressmaskierungssystem Gefahr – und sie kommt, wie fast alle schädlichen Dinge, aus dem Westen: Seit Navigationsgeräte auch östlich von Kaliningrad mehr und mehr zur Grundausstattung der Autos gehören und digitale Karten im Internet in Sekundenbruchteilen den richtigen Weg weisen, bietet auch eine echt russische Adresse keinen zuverlässigen Schutz mehr, dass unerwünschte Gäste sich auch wirklich verlaufen.

Unterirdischer Stress

Müdigkeit? Ermattung? Konzentrationsschwäche? Wer kennt das nicht! Und wer plagt sich deswegen nicht zuweilen mit einem schlechten Gewissen? Zu Unrecht, wie sich jetzt herausstellt. Denn zumindest für die Einwohner von Millionenstädten ist ein Argument gefunden, mit dem sich Mattigkeit jeder Art rechtfertigen lässt – und noch viel mehr. Auch wenn es auf den ersten Blick ungewöhnlich wirken mag – die U-Bahn ist schuld. Der Gang in den Untergrund verkürzt zwar die Fahrtzeit, und bringt, aufs gesamte Leben hochgerechnet, wohl ganze Wochen an zusätzlicher Freizeit. Doch erkauft wird das durch nichts Geringeres als das Seelenheil. Das zumindest glauben Moskauer Psychologen. Und sie wissen, wovon sie reden: Die Metro der russischen Hauptstadt ist eine der größten in der Welt, 8,5 Millionen Menschen gehen täglich in den Untergrund. Und genau das ist den Befunden zufolge gefährlich für ihre psychische Gesundheit – zumindest, wenn das Metro-Fahren bei ihnen chronischen Charakter hat.

Glaubt man den Erkenntnissen der Fachleute, die jetzt die Zeitung »Nowye Iswestija« veröffentlichte, ist es wohl bald an der Zeit, die Eingänge zu U-Bahn-Stationen ebenso wie Zigarettenschachteln mit Hinweisschildern zuzupflastern, auf denen Warnungen stehen nach dem Motto: »Metrofahren verkürzt Ihr Leben.«

Es sind gleich mehrere Faktoren, die den alltäglichen Gang in den Untergrund zum Gesundheitsrisiko machen. Der Krach, vor allem das ständige Getöse in den Waggons, wirkt bedrückend auf die Fahrgäste und kann zu »Acousticophobie« führen, zur Furcht vor lauten Geräuschen, warnt der Arzt Wjatscheslaw Lasarjew: »Wer einige Monate täglich ein oder zwei Stunde mit der Metro fährt, bekommt es mit chronischer Transportmüdigkeit zu tun.« Als eingefleischter Automuffel und Metrofahrer weiß ich nun endlich, woran es liegt, dass ich morgens meist nur schwer aus den Federn komme und auch tagsüber öfter gähnen muss, als mir lieb wäre.

Dabei ist morgendliche Mattigkeit noch eine eher harmlose Folge des Metrofahrens, wenn man den Psychologen glaubt. Der Lärm, der fast die Werte einer Kreissäge erreicht, kann demzufolge bei hartnäckigen Metrofahrern gar zu Depressionen führen. Gereiztheit sei ebenfalls eine mögliche U-Bahn-Folge, so die Psychologin Inna Igolkina: »Grundlosen Streit in der Metro zetteln vor allem Menschen an, die es im Leben auch so nicht einfach haben. Der Lärm verstärkt ihre Störungen, bringt ihre ohnehin unstabile Psyche aus dem Gleichgewicht.«

Belastend für die Seele ist auch die intime Nähe zu wildfremden Personen, mahnt Igolkina: Nicht nur den Augen, auch der Nase missfallen die unfreiwilligen Nachbarn oft (von den technischen Gerüchen, etwa der Schmiermittel, gar nicht zu reden). Der Rat der Psychologin: »Versuchen Sie im Waggon einen Platz auszuwählen, bei dem in Ihre Intimzone – also näher als 40 bis 50 Zentimeter – nur Menschen kommen, die ihnen angenehm sind.« Leichter gesagt als getan, zumindest zu den Stoßzeiten, die in Moskau den Löwenanteil der Zeit ausmachen. Denn da kann man schon mal am eigenen Leib spüren, wie dick der Geldbeutel des Nachbarn ist und ob fortgeschrittene Cellulite vorliegt.

Kein Wunder, dass derart große Nähe zuweilen zu Klaustrophobie führt, also Angst vor der Enge im geschlossenen Raum, zu Soziophobie, also Angst vor Kontakten, und zu Panikattacken, so hat das jedenfalls der Psychotherapeut Sergej Nasarow festgestellt. Auch Verfolgungswahn ist demnach verbreitet. So berichtet die »Nowye Iswestija« von einer 20-jährigen Moskauerin, die aufhörte, mit der Metro zu fahren, nachdem einmal ein Mitfahrer an der gleichen Station umstieg und dann mit ihr in die gleiche Tür des gleichen Waggons einstieg – was bei rationaler Betrachtung durchaus reiner Zufall sein konnte. Auch Kleptophobie ist verbreitet – die Angst, beklaut zu werden; Opfer sind in der Regel daran zu erkennen, dass sie ihre Tasche vor den Bauchnabel halten und ihren Blick nicht davon ablassen, also nach unten blicken wie reuige Sünder am Buß- und Bettag in der Kirche.

Weniger belastend ist der »akute Informationshunger«, dessen Opfer sämtliche Reklameaufkleber in den Waggons lesen, wieder und wieder, in einer Art Endlosschleife. Solche Metrofolgen steigern möglicherweise gar die Konsumfreude und kurbeln damit die Wirtschaft an. Gut gemeint, aber schlecht in ihrer Wirkung ist dagegen die Ansage »Achtung, Türen schließen«: Sie führt bei den Fahrgästen zu Nervosität, so glaubt jedenfalls Alexander Nemzow vom Moskauer Institut für Psychiatrie. Gar nicht zu reden von dem Stress, den jeder unplanmäßige Halt der Züge in den Tunneln auslöst: Er führt zu Angst und Ausweglosigkeit, hat Jana Dubeikowskaja festgestellt, Direktorin des Zentrums für angewandte Psychoanalyse.

Angesichts solcher Warnungen mit derart geballter Fachkompetenz müsste der Gesetzgeber eigentlich überlegen, ob er Metrobetreibern vorschreiben sollte, wie Pharmakonzerne mit ihren Pillen Beipackzettel mit ihren Tickets zu verkaufen, die auf Risiken und Nebenwirkungen aufmerksam machen. Dabei gehört die Trance, eine Art Wachschlaf, in den viele Fahrgäste fallen, laut Psychologen noch zu den angenehmeren Begleiterscheinungen, auch wenn man durchaus mal seine Haltestelle verpassen kann.

Dabei will der Wachschlaf gelernt sein – trotz aller Versuche gelang es mir bisher nicht, das Defizit in der Schlafbilanz auf diese Weise, quasi en passant, also im Vorbeigehen bzw. Vorbeifahren, aufzubessern. Auch ein Umsteigen auf den überirdischen Verkehr kommt für mich nicht in Frage – zu lange sind die Staus, zu dicht die Abgaswolken. Die Lage schien aussichtslos. Bis ich jetzt ein Wundermittel gegen diese schreckliche Müdigkeit, die das Metro fahren auslöst, entdeckt habe: Ich gehe früher ins Bett.

NACHRICHTEN AUS ABSURDISTAN

Selbstjustiz mit Viagra

Wie viel Unrecht geschieht den russischen Frauen! Zumindest in den Medien. Glaubt man(n) einigen Berichten, kommt man fast zu dem Schluss, dass »die Russin« Emanzipation für eine ansteckende Krankheit aus dem Westen hält, ihren Lebensraum vor allem in der Küche hat, sich dem Herren der Schöpfung in jeder Hinsicht unterlegen fühlt und einen nicht unwesentlichen Teil ihrer Zeit damit verbringt, sich männlicher Gewalt zu beugen und Schläge einzustecken. Zuweilen wird sogar boshaft auf eine alte russische Redensart verwiesen, die besagt: »Wer schlägt, liebt«, was so viel bedeutet wie: »Wer (s)eine Frau schlägt, liebt sie.«

Pustekuchen! Wie falsch die Vorstellung ist, dass sich die weibliche Hälfte der russischen Menschheit der Unterdrückung durch allgegenwärtige Machos stets kampflos ergebe, hat jetzt eine 28-Jährige aus der Kleinstadt Meschtschowsk 215 Kilometer südwestlich von Moskau bewiesen. Auch wenn Olga, wie die junge Dame heißt, dabei – je nach Lesart – vielleicht etwas über die Stränge schlug. Möglicherweise so sehr, dass ihr jetzt ein Aufenthalt im Gefängnis droht. Jedenfalls trauten die Polizisten, als sie der Sache nachgehen mussten, ihren Augen und Ohren nicht mehr; sicherlich mussten sie ihr wohl eher traditionelles Rollenbild einem Update unterziehen.

Es war ein ganz gewöhnlicher Samstag in dem kleinen Schönheitssalon, der Olga gehört, und in dem sie als Frisörin selbst Hand an den Kunden legt. Wie immer an Wochenenden war viel los, die Kasse klingelte, und Olga und ihre Mitarbeiter freuten sich schon auf den verdienten Feierabend. Bis plötzlich ein kräftiger junger Mann hektisch in den Salon stürmte, eine Pistole zog und die samstägliche Idylle empfindlich störte mit seiner Forderung, alle mögen sich nicht nur auf den Boden legen, sondern ihm auch noch sämtliches Geld aushändigen.

Viktor J., so der Name des Räubers, war zu diesem Zeitpunkt noch eindeutig der Übeltäter, und er freute sich wohl schon in Gedanken auf seine Beute. Wie konnte er ahnen, wie schnell und nachhaltig sich die Rollen binnen kürzester Zeit ändern würden – und genau das beginnen sollte, was er selbst später als Martyrium, Olga hingegen als romantisch gemeinsam verbrachte Zeit bezeichnete. So jedenfalls berichtet die russische Internetzeitschrift »Life« über den Vorfall.

Kurzum, der 32-Jährige hatte nicht den blassesten Schimmer, dass es sich bei seinem eher zart wirkenden Opfer um eine Sambo-Kämpferin handelt, die immerhin den gelben Gürtel besitzt. Wie erbeten nahm sie ihre Schürze vom Leib, nahm ihre gesamten Tageseinnahmen aus derselben und streckte sie dem Eindringling entgegen mit den Worten: »Hier, nimm!« In Viktors Augen leuchteten wohl schon die Rubelzeichen, und mitsamt Pistole schritt er voller Vorfreude auf sie zu. Dann ging alles ganz schnell. Mit einem gekonnten Schlag auf den Solarplexus setzte Olga den Räuber außer Gefecht, zog ihn an sich und schmiss ihn über ihre Schultern auf den Boden. Seelenruhig fesselte sie den völlig entgeisterten Bösewicht mit der Schnur ihres Föhnes, stopfte ihm einen Knebel in den Mund und zog ihn in ein Nebenzimmer.

»Lasst uns weiterarbeiten, gleich kommt die Polizei«, spornte Olga die Zeugen ihres Triumphes an, die vor lauter Erstaunen wie eingefroren waren. Doch zum Leidwesen des Übeltäters – oder zu seiner Freude, so die Darstellung Olgas, kam es ihr offenbar gar nicht in den Sinn, ihn vorschriftsgemäß den Hütern des Gesetzes auszuhändigen, damit diese ihn einer gerechten Strafe zuführen. Oder auch nicht. Denn manchmal drücken Russlands Polizisten gegen entsprechendes Bakschisch auch ein Auge zu, und vielleicht hat Olga genau davor Angst gehabt und deshalb wie viele ihre Landsleute eher auf Do-it-yourself-Justiz gesetzt.

Nach Schließung des Salons jedenfalls kam Olga, so die Darstellung Viktors, zu ihm ins Nebenzimmer, um ihm auf eigenwillige Art Gerechtigkeit widerfahren zu lassen: »Zieh die Unterhosen aus! Entweder mache ich mit Dir alles, was ich will, oder Du fährst jetzt gleich zur Polizei«. Viktor glaubte wohl, dass die Beamten ihn weniger pfleglich behandeln würden als Olga – mithin ein folgenreicher Trugschluss. Jedenfalls ließ er sich, so seine Darstellung, mit rosa Plüschhandschellen an den Heizkörper fesseln. Um die »Bußfertigkeit« des Räubers zu festigen, scheute Olga weder Mühe noch Kosten, und verköstigte ihn mit Viagra. Drei Tage lang, so umschreibt das Portal »Life« das weitere Geschehen schamhaft, habe Olga den – zumindest nach eigener Darstellung – unglücklichen Mann »vollständig benutzt.«

Als die Frisörin Viktor nach drei Tagen mit den Worten »Geh jetzt, ich will Dich nie mehr sehen!« frei ließ, war er seinen Angaben zufolge nicht nur »ausgepresst wie eine Zitrone« – er machte sich auf den Weg ins Krankenhaus, um einen Riss an einem Ort zu heilen, der in Russland gemeinhin als »männliche Würde« bezeichnet wird. Viktor war in seiner Würde derart stark verletzt, dass er sich – obwohl er ja selbst Strafe zu fürchten hatte – nach dem Krankenhaus direkt auf den Weg zur Polizei machte und, mit einem ärztlichen Befund untermauert, von Hand eine Anzeige schrieb. Olga, so klagt er da, »hat Handlungen gewalttätiger Art an mir vollzogen, und mir Wunden intimen Charakters zugefügt«, deren genaue Beschreibung folgt, aber aus verständlichen Gründen hier verschwiegen sei.

Die Vorgeschichte verschwieg Viktor, und so waren die Polizisten etwas perplex, als ihnen am nächsten Tag Olga bei ihrer ersten Vernehmung erzählte, wie es zu dem schicksalsträchtigen Treffen gekommen war. »So ein Fiesling«, beklagte sich die junge Frau laut »Life« bei den Beamten: »Ja, ein paar Mal haben wir miteinander....Aber ich habe ihm neue Jeans gekauft, habe ihn gefüttert, Getränke für ihn gekauft, Tausend Rubel (ca. 25 Euro) habe ich ihm gegeben, bevor er ging. Hoffentlich bekommt er jetzt seine Strafe«. Von den Polizisten eingehend befragt, gestand Viktor, dass ihn seine »Peinigerin« eher wie einen Kurgast behandelt hat. Mehr noch: Sie wusch ihm sogar seine Sachen.

Wie das juristische Nachspiel ausgeht, ist noch offen. Laut Polizei droht beiden jetzt eine Haftstrafe. Einer der zuständigen Beamten äußerte bereits eine Idee, wie eine Bestrafung aussehen könnte – politisch ebenso unkorrekt wie juristisch: »Schade, dass sie sich nicht in einer Zelle treffen werden, das wäre ein gutes Paar.« Egal, wie strittig der Fall juristisch auch sein mag – unstrittig beweist er, dass den Russinnen in Sachen Frauen-Power niemand etwas vormachen kann.

Wahlurne als Wundermittel

Wunder geschehen ja angeblich immer wieder, aber wenn man plötzlich selbst eines erlebt, und sei es auch nur ein kleines, tut man sich schwer, daran zu glauben. Und vielleicht ist das auch ganz gut so.

Aber alles der Reihe nach. Mein Miniwunder kam quasi im Zeitraffer und begann mit umfangreichen Bauarbeiten. Da, wo im Erdgeschoss meines Hauses früher die Botschaft des Kongos bescheiden in ein paar Zimmern residierte – um nicht zu sagen vegetierte. Hinter den windschiefen Fenstern und vergilbten Vorhangresten war immer ein undurchdringlicher Dschungel zu sehen – wenn auch einer aus Akten Papier und Staub, der Tische wie Böden fast gleichermaßen hoch zu bedecken schien. Die Visa Anträge von Jahrzehnten mussten hier ihre letzte Ruhe gefunden haben; jedenfalls sah ich beim Vorbeimarschieren in allen Jahren niemals jemanden, der diese Ruhe durch Betriebsamkeit störte.

Wie auch immer das geschehen konnte, und wie auch immer die zuständige Denkmalschutzbehörde das zulassen konnte – diesem Museum der 60er Jahre rückte jetzt plötzlich eine Malerbrigade auf die Pelle, und übertünchte die gediegene Patina von jahrzehntelangem diplomatischen Schweiß schneeweiß. Die Fahne verschwand, das Botschaftsschild, und der Polizeiposten, der rund um die Uhr neben der Eingangstür Wache schob, mitsamt seinem Häuschen, das so groß war wie eine Telefonzelle. Männer im Blaumann rissen die alten Holzfenster, die ihren letzten Anstrich wohl noch unter Chruschtschow bekommen hatten, aus den roten Ziegelwänden und bauten genormte deutsche Plastikfenster ein. Im Inneren installierten sie Steckdosen deutschen Standards, moderne Lichtschalter und Lampen westlicher Bauart.

All das hatte mich zwar verwundert, aber weiß Gott noch nicht den Eindruck eines Wunders gemacht. Wandel sind wir hier in Moskau gewöhnt. Wo gestern noch eine Botschaft war, kann morgen ein Fitnessstudio entstehen. Insofern wartete ich gespannt auf das, was da kommen möge. Mein insgeheimer Wunsch: Eine Sauna, ein Friseur oder eine Eckkneipe.

Als plötzlich wieder die Mechaniker an der Exbotschaft anrückten und an der Außenwand zwei riesige Kästen mit Ventilatoren für eine neue Klimaanlage befestigten, hielt sich mein Staunen in Grenzen: Gemein sterbliche Hausbewohner müssen zwar auf angemessene Kühlung verzichten, weil es heißt, die Stromversorgung sei zu schwach für Kühlgeräte (obwohl die bescheideneren unter ihnen nicht mehr Strom verbrauchen als ein Bügeleisen), aber dass die einen ins Schwitzen geraten, und die anderen nicht, dass es gleiche und gleichere gibt, daran gewöhnt man sich. Umso mehr, wenn man in einem Haus wohnt, das dem Außenministerium gehört.

Doch je näher das vergangene Wochenende rückte, umso mehr wundersame Dinge taten sich. Der Frühlingsputz fiel plötzlich besonders gründlich aus, selbst der Asphalt wurde geschrubbt, Blumen angepflanzt, und der altersschwache Zaun frisch gestrichen. Unser Chefhauswart verschob den lange geplanten Urlaub, auf den er sich so gefreut hatte. Er wurde von Tag zu Tag aufgeregter, die wenigen Haare standen ihm immer mehr zu Berge, und wenn ich ihn sah, murmelte der sonst stets sehr freundliche Mann etwas von »Wahlen« und »Lokal«, statt zu grüßen. Ich hoffte, dass doch ein Lokal einziehen würde.

Immer öfter fuhren Männer mit ernsten Mienen und dunklen Anzügen und Uniformen vor. Wird es eine Mafia Bude?, fuhr es mir durch den Kopf. Und dann dieser Sonntagmorgen! Lange werde ich ihn nicht vergessen. Schon das Aufwachen verlief nicht nach Plan – es war kein Lärm, der mich weckte, ich wachte, viel später als sonst, von selbst auf. Als ich schlaftrunken aus dem Fenster blickte, kam ich zu dem Schluss, ich müsse noch träumen: Der fliegende Markt, in den sich die Straße vor meinem Haus jedes Wochenende verwandelt, war wie vom Erdbo-

den verschwunden. Keine Spur von den unzähligen Verkaufs-
ständen, auf denen vom Kochtopf und Bettwäsche über Kerzen
für die benachbarte Kirche und chinesische Potenzmittel bis
hin zum Rettich und Kürbis alles verkauft wird, was das Herz
begehrt, und was nicht. Statt den schreienden Markthändlern
herrschte auf der Straße plötzlich feiertägliche Ruhe. Und da
war auch keine Spur mehr von weggeworfen Kartons, Verpa-
ckungen und Gemüseresten. Selbst die beiden mobilen Biotoi-
letten waren verschwunden, diese blau-weißen Plastikhäuschen
von der Größe einer Litfaßsäule, die an den Markttagen unweit
von meinem Fenster eine Geruchsnote verbreiten, die mich an
die Ferien auf dem Bauernhof in Kindheitstagen erinnern.

Und nicht nur das: Von den wilden Parkern, die sonst bevorzugt den Gehweg vor dem Haus zuparken, war keine Spur
zu sehen. Kein einziges Fahrzeug weit und breit. Eine russische
Version des autofreien Sonntags, glaubte ich schon fast. Oder
»Unser Dorf soll schöner werden«. Und auch keine Spur von jenen Zeitgenossen, die den Grünstreifen vor meinem Haus gerne als billigen Barersatz nutzen, was vor allem dann erfreulich
ist, wenn sie nach der fünften Flasche Bier mit der Lautstärke
eines Stadionsprechers darüber diskutieren, welche Stürmer
der Spartak-Trainer beim letzten Spiel hätte einwechseln sollen,
wer mit wem wann intimen Verkehr hatte, haben könnte oder
nicht, und, vor allem, wer den Nachschub übernimmt, will sagen, als nächster Bier holt. Statt dieses vertrauten sonntäglichen
Unterhaltsprogramms war da nichts als beinahe schon himmlische Ruhe. Entsprechend glückselig war meine Stimmung beim
Frühstück.

Und entsprechend groß fiel meine Überraschung aus, als
ich danach aus dem Haus ging: Da stand ein Notarztwagen,
mehrere Polizeiwagen waren da, überall Männer in Uniform,
einige sogar mit baumelnder Kalaschnikow, und mehrere Fern-
sehteams. »Was ist passiert?«, fragte ich verwundert einen der
Wachleute unseres Hauses, von denen ich bis heute nicht weiß,
ob sie uns nun bewachen oder überwachen. »Durdom«, zischte

der hagere Mann zwischen seinem mickrigen Schnurrbart heraus und schüttelte mit einem ironischen Lächeln den lichten Kopf: »Ein Irrenhaus«.

Bei genauerem Hinsehen entpuppte sich das »Irrenhaus« als Wahllokal. Wo früher die Diplomaten aus dem Kongo ihren aussichtslosen Kampf gegen die Papierberge und den Zerfall führten, stand nun eine Wahlurne – und zwar für die Parlamentswahl in der abtrünnigen georgischen Teilrepublik Südossetien, um die im August der Krieg zwischen Russland und Georgien tobte. Exilsüdosseten in Moskau können hier fernab der Heimat ihre Stimme abgeben. Die Unabhängigkeit des Landflecks mit einer Einwohnerzahl, die je nach Schätzung zwischen 30.000 und 70.000 variiert, haben bislang nur Russland und Nicaragua anerkannt. Aus Dankbarkeit für den Frühlingsputz und das sonntägliche Idyll freue auch ich mich über die Souveränität des Zwergenstaats – in diesem Moment. Noch mehr zu freuen schienen sich die Wahlhelfer. Schon am frühen Nachmittag versammeln sie sich in einem Nebenraum um einen Tisch, auf dem zahlreiche leere Kognakflaschen stehen.

Inzwischen ist der Sonntag vorbei, und die Freude hat nachgelassen. Das Verkehrschaos tobt wieder, der Gehsteig wird wieder zugeparkt, und die Bierfreunde sind wieder lautstark am Diskutieren. Kritiker sprechen jetzt von Wahlbetrug, nennen den Urnengang eine Farce, weil der Präsident Eduard Kokoity, ein früherer Ringer mit der Statur eines in die Jahre gekommenen, etwas überernährten Klitschko, viele Gegner quasi in den Schwitzkasten nahm und erst gar nicht zur Wahl zuließ. Angeblich wurden viele Menschen dazu gezwungen, wählen zu gehen; der Kampfsportler im Präsidialamt fuhr denn auch einen ebenso rauschenden wie umstrittenen Sieg ein. Die Zweifel, ob diese Wahlen fair waren, wiegen schwer. Ich persönlich glaube nach allem, was ich in vielen Jahren erlebt habe – Wahlbetrug live inklusive – nicht daran. Aber selbst wenn nicht alles lupenrein demokratisch gewesen sein sollte – das kleine Wunder in meinem Haus zeigt, dass auch eine Scheindemokratie durchaus ihre Vorzüge hat – und zumindest besser ist als ein System ganz ohne Wahlen. Denn die Blumen, die neuen Fenster, der neue Anstrich – all das ist mir und meinen Nachbarn geblieben.

»Kultur der Vergewaltigung«

Der Hass trifft den Zeugen. Der 30-jährige Dichter Nikolaj Nikiforow hat die Polizei alarmiert, als er glaubte, sein Freund vergewaltige eine Frau. Nun beschimpfen ihn Blogger und Kollegen als Verräter, die Moskauer Künstlerszene schneidet ihn. Der mutmaßliche Täter, Ilja Truschewskij, Maler und Bildhauer mit gutem Draht zu den Mächtigen, schwimmt dagegen auf einer Welle der Sympathie.

Die Causa Truschewskij wirkt wie absurdes Theater: Während in Deutschland der Wetterexperte Jörg Kachelmann seit Monaten wegen Vergewaltigungsverdachts im Gefängnis sitzt und seine Karriere als ruiniert gilt, lässt sich der Russe mal als Held feiern, mal als Opfer bemitleiden. Auf freiem Fuß kann er auf seinen Prozess warten - obwohl er öffentlich Zeugen und Kritiker beschimpft und einschüchtert.

Auf seine Webseite stellte Truschewskij Fotos des mutmaßlichen Opfers (»besoffene Idiotin«) mit dem Aufruf, die Betrachter mögen sich dazu selbst befriedigen. »Jeder weiß doch, dass ich auf brutalen Sex stehe«, posaunt Truschewskij und fragt provokativ: »Glaubt jemand, dass sie mitkam, um Gedichte zu lesen?«

Als Truschewskij Ende April dieses Jahres in einer Bar die 18-Jährige kennen lernte, zu sich nach Hause einlud und sie dann, wie sie behauptet, gemeinsam mit einem Freund vergewaltigte, beklagte sich einer seiner Mitbewohner lediglich über den Lärm: Die Frau schreie zu laut, man solle bitte die Tür schließen.

Der Dichter Nikiforow, als Gast im Nebenzimmer einquartiert, lief zur Polizei. Die Beamten lachten. Als sie dann doch mit zum Tatort kamen, wurden auch sie Zeugen des Missbrauchs. Aber sie fragten Nikiforow lediglich, warum er »bei dem Spaß nicht einfach mitgemacht« habe.

Das Gesicht des Mädchens war angeblich von Blut überströmt, ihr Körper mit blauen Flecken übersät. Auf der Wache sollen sich die Ordnungshüter dann gemeinsam mit Truschewskij über sie lustig gemacht haben. In der Anklage ist nur noch von »versuchter sexueller Gewalt« die Rede.

Jede dritte russische Frau hat Schätzungen zufolge schon einmal sexuelle Übergriffe erlebt. »Wir haben eine Kultur der Vergewaltigung«, klagt die Frauenrechtlerin Jewgenija Otto: »Die meisten Opfer fürchten sich, zur Polizei zu gehen. Die schützt eher die Täter und nimmt oft die Anzeigen gar nicht an.« Missbrauch, ein Kavaliersdelikt, schuld ist immer die Frau. Gewalt werde in der russischen Gesellschaft toleriert, erklärt der Soziologe Igor Kon: »Gleichberechtigung war immer nur Propaganda. In Wirklichkeit haben wir den Sexismus und den Machokult vergangener Zeiten bewahrt. Der russische Mann sieht sich als dominant.«

Auf Verständnis können Vergewaltiger auch von höchster Stelle hoffen. In dem Irrglauben, die Mikrofone seien ausgeschaltet, kommentierte 2006 der damalige Präsident Wladimir Putin die gerade bekannt gewordenen Vorwürfe gegen seinen israelischen Kollegen Mosche Katzav mit den Worten: »Er hat sich als sehr kräftiger Mann erwiesen! Zehn Frauen vergewaltigt! Wir alle beneiden ihn!«

Auch Ilja Truschewskij bekam Unterstützung von oben: Eine der Führerinnen des kremlnahen Jugendverbands »Naschi« (Die Unsrigen) erklärte öffentlich, der Künstler sei unschuldig. Von dem bekannten Moskauer Art Center »Winsawod« erhielt der 28-Jährige zur »moralischen Unterstützung« einen Preis, der sonst an verfolgte Künstler verliehen wird.

Drill statt Flirt

D ie Einladung war so verlockend, dass sie Andrej Dolgow (Name geändert) nicht ausschlagen konnte. Ob er sich nicht an sie erinnern könne, fragte die junge Frau am anderen Ende der Telefonleitung: Sie sei Mascha, und sie seien doch gemeinsam in den Kindergarten gegangen. Der junge Moskauer Student hatte keine Mascha in Erinnerung – doch die Stimme der jungen Frau klang so verlockend und viel versprechend, dass er nicht nein sagen konnte.

Sie stehe gerade unten vor seinem Haus und würde ihn gerne sehen, sagte »Mascha«. Kaum hatte Dolgow die Wohnungstüre geöffnet, wartete ein Abenteuer, das ganz anderer Art war als erhofft. Statt einer jungen Frau warteten Milizionäre im reiferen Alter: Sie brachten den jungen Mann ins nächste Moskauer Wehrersatzamt, wie die russische Zeitung »Nowye Iswestija« berichtete.

Pünktlich zum Herbst-Einberufungs-Termin am 1. Oktober klagen Menschenrechtler und die wenigen noch kritischen Medien über neue, rüde Methoden der Wehrersatzämter im Kampf um Rekruten. Früher machte die Staatsgewalt nach dem Fischereiprinzip mit groß angelegten Passkontrollen etwa an Metrostationen Jagd auf Männer im verdächtigen Alter. Mancher junge Russe schwamm nichts ahnend ins Netz und kam erst zwei Jahre nach seiner U-Bahn-Fahrt nach Hause – wenn er abgedient hatte. Heute dagegen setze die Armee im Kampf um Nachwuchs auf verfeinerte List und Tücke, so die Kritiker.

Die russische Wehrpflichtarmee ist wegen fast schon traditioneller, brutaler Misshandlungen der jüngeren Jahrgänge und teilweise haarsträubender Zustände berüchtigt. Generationen von Russen schwören felsenfest, ihnen sei zur Senkung sämtlicher Lüste Brom ins ohnehin kaum genießbare Armeeessen untergemischt worden. Viel schwerer wiegt indes, dass Einsätze in Krisengebieten wie in Tschetschenien drohen. Wer es sich leisten kann, ist in der Regel bereit, hohe Bestechungsgelder zu bezahlen, um dem Kommiss vom Messer zu springen. Weniger Betuchte suchen ihr Heil im Versteckspiel. Doch die Armee rüstet auf.

Alexander Nikolajew (Name geändert) in Wolgograd wollte sich nach einem Zeitungsbericht bei seiner Oma vor den Häschern der Armee verstecken. Laut Verfassung dürfen die nämlich nicht in Privatwohnungen. Alexanders »Babuschka« wies den Militärs denn auch tapfer die Tür, als sie vorsprachen. Nicht ahnen konnte die alte Frau dagegen die Gefahr, als am nächsten Tag ein Mann im T-Shirt und abgewetzter Trainingshose vor der Tür stand: »Bei mir fließt Wasser von der Decke in meine Wohnung.« Kaum war das Schloss geöffnet, entpuppte sich das vermeintliche Überschwemmungsopfer als Wehrkommissar.

»Dass sich die Militärs als Freunde oder Nachbarn des Wehrpflichtigen verstellen, ist einer der verbreitetsten Tücken, um ihn aus dem Haus zu holen«, berichtet Valentina Melnikowa, die in Moskau den Verein »Soldatenmütter« leitet: »Jeder hat Freunde, die Alexej, Iwan oder Natascha heißen, und deshalb fallen viele Jungs schnell auf solche Fallen rein«. Die Soldatenmütter raten zu radikalen Mitteln: Sie empfehlen Wehrpflichtigen, jeden Kontakt zu vermeiden mit Menschen, die sie nicht kennen.

Im Zweifelsfall müssen junge Russen laut Zeitungsberichten denn auch auf attraktive Jobangebote verzichten. Der Moskauer Alexej Wasinenko (Name geändert) hatte nach der Kunstschule ein Stellengesuch im Internet veröffentlicht. Kurz danach lud ihn eine »angenehme Frauenstimme« zu einem Vorstellungsgespräch ein: »Wir suchen einen talentierten Designer, der uns mit der Internetseite helfen könnte.« Das war vielleicht nicht mal gelogen: Im Eifer der Vorfreude übersah Alexej lediglich, dass es sich bei der Adresse um die des Wehrersatzamtes handelte. Als er sich dessen an der Eingangstür bewusst wurde, war es zu spät zum Weglaufen: Alexej bekam tatsächlich einen neuen Job – nur bei der Armee und so gut wie unbezahlt.

Russlands Armee weist die zahlreichen Medienberichte über solche Tricks und Tücken ebenso zurück wie die Miliz. »Das sind alles nur Anekdoten«, klagt ein Sprecher des Moskauer Militärbezirks der Presse. »Nie würde ein Milizionär sich als Mädchen verstellen, um einen Wehrpflichtigen auf die Straße zu locken«, zitiert eine Zeitung einen Milizsprecher.

Dabei reichen angeblich auch schon anonyme Anrufe ohne besondere Verstellkünste aus, um besonders hartnäckige Militärmuffel in Uniform zu zwängen. In Chabarowsk im Fernen Osten hatte es das Militär auf einen beliebten Fernsehmoderator abgesehen. Der 22-Jährige ließ alle Post ungeöffnet: Ohne Empfangsbestätigung ist eine Einberufung nicht rechtskräftig. Die Wachleute seines Senders gaben den Militärs Hausverbot. Bis eines Tages ein Unbekannter anrief und dem Journalisten sensationelle Enthüllen anbot – »ohne Telefon und Zeugen«. Der junge Mann kam nicht zurück – statt Informationen gab es Handschellen und später Kommissbrot.

Gartengrill im Weltall

D as Weltwunder war eine Notgeburt. Als die Sowjetunion vor 50 Jahren, am 4. Oktober 1957, den ersten künstlichen Erdsatelliten startete, hielt die Menschheit den Atem an: Der »Sputnik-Schock« erschütterte die USA, wurde zu einem Wendepunkt im Kalten Krieg und bedeutete den Beginn des Raumfahrtzeitalters. Doch erst heute wird klar, wie sehr die sowjetischen Forscher und Politiker damals von ihrem eigenen Erfolg überrascht waren: Der Sputnik (Wegbegleiter), der die Welt veränderte, war anfangs nur ein besseres Abfallprodukt – und wäre um ein Haar auf der Erde geblieben, wie einer der letzten lebenden Augenzeugen jetzt FOCUS berichtete.

»Wir haben den Satelliten nie besondere Bedeutung zugeschrieben, für uns war das eine Spielerei, ein völliger Nebenkriegsschauplatz«, erinnert sich Boris Tschertok. Der 95-Jährige ist einer der Geburtshelfer des Sputnik: Er war Stellvertreter von Sergej Koroljow, dem legendären Vater der russischen Raketen- und Raumfahrttechnik. »Alles drehte sich Anfang der 50er-Jahre darum, wer zuerst Interkontinentalraketen startet, es war ein erbitterter Wettlauf zwischen uns und den Amerikanern«, berichtet der Greis mit den jung gebliebenen Augen, der noch heute an einer Moskauer Hochschule den Physik-Lehrstuhl leitet und jeden Tag mit dem Auto zur Arbeit fährt. Die Raketen waren so wichtig, weil Atombomben bis dato nur von Flugzeugen abgeworfen werden konnten – und anders als die USA hatte die Sowjetunion keine Langstreckenbomber, mit denen sie Amerika erreichen konnte.

Eben diese gefühlte Sicherheit – unerreichbar zu sein für die sowjetische Atombombe – war in den USA mit einem Schlag vorüber, als die Nachrichtenagenturen vor 50 Jahren den geglückten Start von Sputnik meldeten. Das rauschende »Piep, piep, piep« des Satelliten konnten Amateurfunker wochenlang in der ganzen Welt hören – bis zuerst die beiden Funksender den Dienst einstellten und dann der Erdtrabant nach drei Monaten im All plangemäß verglühte. In Westeuropa empfing die Volkssternwarte Bochum als Erste das Signal.

»Wie kann man sich in Ruhe schlafen legen, wenn über einem ein roter Satellit kreist?«, sorgten sich die Amerikaner. Bislang hatten sie die Sowjetunion eher für ein rückständiges Agrarland gehalten, dem sie weit überlegen waren. Dieses Weltbild war nun ins Wanken geraten.

Unvermutete Wirkung. »Wir selbst haben nicht im Geringsten geahnt, dass wir so einen Schreck auslösen können«, sagt Tschertok und lächelt spitzbübisch. Auch der Kreml hat den eigenen Erfolg völlig unterschätzt: Die Parteizeitung »Prawda« vermeldete den Start nur mit einer kleinen Meldung. Erst als der Satellit im Westen alle Schlagzeilen beherrschte, begriff die Sowjetführung ihren Triumph – und ließ auch die sowjetischen Blätter nachlegen.

»Chruschtschow war ganz begeistert«, erinnert sich Tschertok und strahlt: »Er sagte, die Satelliten seien in Friedenszeiten sogar wichtiger als Raketen – wegen der Wirkung auf die Bevölkerung. Man brauche keine Atombomben werfen, denn man könne mit Hilfe dieser Technik die Überlegenheit der UdSSR zeigen.« Chruschtschows Einsicht brachte der Welt vielleicht etwas Entspannung – für Tschertok hatte sie unangenehme Folgen.

Nachdem er und seine Kollegen in der kasachischen Steppe in Baikonur Tag und Nacht gearbeitet hatten, sollten sie als Belohung für Sputnik Heimaturlaub bekommen. Doch daraus wurde nichts. Chruschtschow ordnete an, zum Jahrestag der Oktoberrevolution im November dem Westen nochmals einen »Sputnik-Schock« zu versetzen. »Er wollte etwas ganz Neuartiges, wir rauften uns die Haare«, erinnert sich Tschertok. »Und dann hatte Koroljow die Idee, erstmals ein Lebewesen ins All zu schicken – einen Hund. Ohne Konstruktionsplan, mit bloßen Händen erklärte er den Technikern, wie sie die Kapsel bauen sollten.« Das war das Todesurteil für die Hündin Laika – auf Deutsch Kläffer. Am 3. November 1957 startete sie an Bord von

Sputnik 2 und verstarb nach wenigen Stunden an Überhitzung. »Alles war in Eile gebaut, wir konnten so schnell keinen wirklichen Thermoschutz konstruieren«, erzählt Tschertok. »Eine Rückkehr Laikas war leider ohnehin nicht geplant, das wäre technisch nicht machbar gewesen.«

Laika berührte dann aber im Westen in erster Linie die Tierschützer – während die US Raketenbauer schon eifrig daran waren, die Scharte auszuwetzen. »Wir waren selbst schuld am ›Sputnik-Schock'«, glaubt Jerry Clubb, als US Wissenschaftler einst Mitarbeiter von Wernher von Braun, dem Raumfahrtpionier, der die deutsche V2 Rakete, später die US Mondflugrakete Saturn V entwickelte. »Wir wären schon viel früher fertig gewesen, hätten schon Monate vor den Russen einen Satelliten ins All schießen können«, beteuert der drahtige Mann, der heute als NASA Vertreter in Moskau arbeitet und auch Tschertok besucht hat – den Konkurrenten von einst. »Aber US Präsident Eisenhower wollte nicht, dass ein Deutscher diesen Erfolg für sich verbuchen kann. Deshalb blockierte er von Braun nach Kräften und unterstützte ein Konkurrenzprogramm der Navy, das aber stockte.« Erst nach dem »Sputnik-Schock« bekam von Braun die nötigen Mittel und Ressourcen – und brachte knapp vier Monate später den Satelliten Explorer 1 in den Orbit.

Clubb und seine Landsleute wird es trösten, was ihnen Tschertok verrät: dass auch Sputnik keine reine Erfolgsgeschichte war, aller Propaganda zum Trotz. »Eines der Raketentriebwerke startete nicht rechtzeitig«, erinnert sich Tschertok. »Erst Sekundenbruchteile bevor die automatische Abschaltung, die ich selbst entwickelt habe, aktiv geworden wäre, sprang es an.« Auch nach dem Start gab es Probleme: »Die Rakete verbrauchte den Treibstoff zu schnell, das Triebwerk der zweiten Stufe ging zu schnell aus – und wir erreichten nicht die vorgesehene Höhe. Sputnik ging 90 Kilometer zu niedrig auf Umlaufbahn.« Was Tschertok heute verrät, war damals ein Staatsgeheimnis.

Improvisierter Erfolg. Niemand durfte auch erfahren, dass

Sputnik gleich in zweierlei Hinsicht eine Notgeburt war. »Die Militärs gaben die Erlaubnis zum Start nur, weil wir damals keinen funktionierenden atomaren Sprengkopf hatten«, so Tschertok. »Wir hatten damit sozusagen eine Rakete frei – die wäre sonst nämlich für die Bombe reserviert geblieben.« Zudem hätte eigentlich ein ganz anderer Satellit ins All starten sollen, mit zahlreichen wissenschaftlichen Geräten für Forschungsaufgaben an Bord. »Aber die Akademie der Wissenschaften hatte Verspätung, sie brachte das Ding nicht fertig«, berichtet der Konstrukteur, der nach dem Zweiten Weltkrieg zwei Jahre lang in Deutschland die Arbeiten der deutschen Raketenforscher für Moskau auswertete. »Um den Amis zuvorzukommen, ließ unser Chef Koroljow eine simple Metallkonstruktion entwickeln, eine Kugel mit einem Radiosender darin. Die Forscherleistung war die Raketentechnik, nicht der Satellit. Der war ein ganz einfaches Gerät, das man in jeder Schulwerkstatt bauen kann.« Die Kugel mit 58 Zentimeter Durchmesser und 83,6 Kilogramm Gewicht gleicht mit ihren vier Antennen einem leicht überdimensionierten Gartengrill.

Die piepsende Gerätschaft war dennoch ein Wendepunkt im Kalten Krieg. Die Sowjetunion hatte zumindest psychologisch die USA eingeholt, und Moskau saß Washington fortan bei Verhandlungen auf Augenhöhe gegenüber. Bei den blockfreien Staaten hatte Moskau gewaltig an Prestige gewonnen – der Kommunismus galt nun als leistungsfähig. Die Amerikaner wiederum zogen ihre Lehren aus der Niederlage, die ihr Selbstverständnis als führende Nation ins Wanken gebracht hatte: Sie starteten Reformen in der Bildung und legten den Grundstein für ein gigantisches Weltraumprogramm, das unzählige Milliarden verschlang – und später den ersten Menschen auf den Mond brachte. Dann endlich war die »Sputnik-Schmach« ausgewetzt.

Bis heute ist die Raumfahrt für viele Staaten ein Prestigeobjekt. Ähnlich wie einst die Sowjetunion versuchen heute Schwellenländer wie Pakistan und der Iran, mit Satellitenstarts einen eigenen kleinen »Sputnik-Schock« zu erzeugen. »Selbst Nordkorea verkündete einen Start, aber der wurde nirgends registriert, es war wohl ein Bluff«, glaubt der Moskauer Weltraumfachmann Igor Afanassjew.

Unter Wladimir Putin, der Russland in Sowjet-Tradition wieder zu alter Größe bringen will, erfährt auch die lange darbende russische Weltraumindustrie wieder neue Aufmerksamkeit. Der machtbewusste Waffenliebhaber im Kreml bündelte die Raumfahrtbranche unter dem Dach mehrerer Staatsfirmen und will die militärischen Fähigkeiten Russlands im Weltall verbessern. Es gibt sogar ehrgeizige Pläne für einen bemannten Flug zum Mars. »Die Propagandawirkung der Raumfahrt ist auch heute noch nötig für die eigene Bevölkerung«, meint Afanassjew.

Ruinöses Rennen. Dabei zahlte die Sowjetunion einen enormen Preis für ihre Forschung und rüstete sich letztendlich zu Grunde. »Denkt daran, jede Rakete kostet so viel Geld wie der Bau einer Kleinstadt«, mahnte einst Koroljow seine Mitarbeiter. Die Sowjetbürger mussten selbst für einfache Grundnahrungsmittel Schlange stehen – und die Propaganda tröstete sie mit Sprüchen à la »Dafür haben wir Raketen«.

Auch Koroljow, Tschertok und ihre Kollegen mussten der sozialistischen Mangelwirtschaft mit Kreativität und Improvisationskunst oft ein Schnippchen schlagen. Nicht immer ging es dabei streng nach wissenschaftlichen Regeln oder gar Etikette zu, wie Tschertok mit verschmitztem Lächeln verrät: »Beim Start einer R9-Rakete hatten wir ein Loch in einem Schlauch, flüssiger Sauerstoff trat aus.« Eigentlich hätte der Start gestoppt werden müssen, weil so ein Leck hochgefährlich ist und ein Brand droht. Doch Tschertok beobachtete durch sein Fernrohr, wie der Leiter des Testzentrums neben der Rampe hinter einen Schuppen ging, und dann seine Baskenmütze in das Loch im tiefgekühlten Schlauch steckte. Tschertoks Augen strahlen: »Die Rakete startete problemlos. Später verriet er uns, was er gemacht hatte: Er und seine Mitarbeiter hatten auf die Mütze uriniert – und dann machten sie aus der Kopfbedeckung mit

Hilfe des gefrorenen Urins eine Dichtung.« Nach dem Start holte sich der Leiter die Mütze wieder, wusch sie und trug sie noch jahrelang.

Knackis rocken sich frei

Sie kamen als Gefangene auf die Bühne und verließen sie als freie Bürger: Die fünf Sieger beim »Gefangenen-Musik-Wettbewerb Rote Kalina« im Haus der Kunst im russischen Rostow erhielten als Hauptpreis ihre Entlassungspapiere.

Der russische »Knast-Grand-Prix« ist wohl weltweit einmalig: In zahlreichen Gefängnissen im ganzen Land finden Vorausscheidungen statt. Polizisten bringen die 23 Sieger in Handschellen per Gefangenentransport zum Finale; hinter der Bühne stehen schwer bewaffnete Sondereinsatzkommandos bereit – für den Fall der Fälle.

Auftreten müssen die meisten Knackis in Häftlingskleidung; viele Lieder besingen den trüben Alltag hinter Gittern. »Meine Strafe rieselt vor sich hin wie Schnee, aber irgendwann wird auch der tauen«, singt etwa Wladimir Basykin. Zur Auflockerung treten auch einige mehr oder weniger bekannte echte Schlagersternchen von »draußen« vor den Saal, in dem Mitgefangene und Beamte sitzen.

Gleiche Chancen für alle gibt es bei dem Stacheldraht-Schlager-Event nicht: Nur wer »wegen weniger schweren Straftaten« hinter Gittern sitzt und sich gut führt, darf sich in die Freiheit singen – obwohl nach Ansicht von Beobachtern manche »schwere Jungs und Mädchen« mindestens ebenso überzeugten wie die späteren Sieger – etwa eine junge Frau, die einsitzt, weil sie ihren Freund umbrachte.

Offiziell soll der Wettbewerb talentierten Knackis helfen, wieder einen »Platz in der Gesellschaft« zu finden. Einige der Vorjahressieger haben inzwischen in Restaurants und Theatern Arbeit als Sänger gefunden. Zwei Ex-Knackis haben bereits eigene Soloalben eingespielt. Die Justizbehörden denken nun schon an Gastauftritte der »Gefangenen Chöre« in Deutschland und der Schweiz.

Eine der Siegerinnen bekam neben ihren Entlassungspapieren gleich einen Vertrag mit dem Staatsfernsehen. Die Erstplazierte, verurteilt wegen Drogenhandels, empfahl ihren zurückgebliebenen Zellengenossinnen, sich ein Beispiel zu nehmen – und mit dem Singen anzufangen.

Neben dem Knast-Grand-Prix fördert Russland auch andere Talente der Häftlinge: In vielen Gefängnissen können sich inhaftierte Schneiderinnen bei »Couture Wettbewerben« messen. Unlängst kam ein Sammelband von Häftlingsgedichten auf den Markt.

In Russland sitzen zirka 700.000 Menschen hinter Gittern – fast ein halbes Prozent der Bevölkerung. Der Alltag in den »Gefängnissen«, auf russisch »Zonen« und »Lager« genannt, gilt als besonders hart und grausam; die Zellen sind oft überbelegt, geschlafen wird deswegen teilweise in Schichten. Grausame Misshandlungen von Häftlingen gelten als üblich. Weit »gereiste« Gefangene spotten, im Vergleich zu russischen Knästen seien Gefängnisse in Westeuropa fast Hotels.

Matt mit Messer und Gabel

Wer träumt ihn nicht, diesen Traum? Es einmal im Leben allen zu zeigen. Gegen den Weltmeister in den Ring zu steigen und als Sieger heraus zu kommen. Ist diese Sehnsucht bei Hobby Boxern und Freizeitringern aus verständlichen Gründen eher theoretischer Natur, so birgt solch ein Duell mit dem Besten der Zunft für Feierabend Schachspieler deutlich weniger Gefahren.

Zumindest theoretisch. Denn im vorliegenden Fall hätte der Zweikampf für Igor Gavrilov, meinen Freund und Fotografen, durchaus mit einem oder zwei blauen Augen enden können. Igor ist im Umgang mit Kameras und Pixeln weitaus geübter als im Führen von, nun ja, wenn nicht Damen, so doch Springern, Läufern und Türmen.

Insofern hätte eigentlich keine Gefahr bestehen dürfen für den Mann, den Igor auf seiner Reise durch Russland begleitete: Garri Kasparow, der beste Schachspieler aller Zeiten, fünfzehn Jahre lang Weltmeister und in Russland ein Volksheld wie Beckenbauer in Deutschland. Wegen ständiger Autogrammwünsche bringt er es zu Fuß auf maximal drei Meter in der Minute.

Wer so erfolgsverwöhnt ist, wird schnell leichtsinnig. Hätte Kasparow mit seiner genialen Inspiration nicht spüren müssen, dass der Mann, der sich neben ihn an den Tisch setzte, zu einer ebenso ungewöhnlichen wie unabwendbaren Attacke ansetzen und den König matt setzen würde?

Bühne für den Zweikampf der anderen Art war ein etwas heruntergekommenes Cafe mit mehr Fliegen als Gästen, am anderen Ende Russlands und der Welt: In der russischen Hafenstadt Nachodka am Japanischen Meer, neun Flugstunden und sieben

Zeitzonen von Moskau entfernt.

Mutig, wie sowohl Fotografen als auch Schachspieler nun einmal sein müssen, scheuten die beiden kein Risiko für Leib und Magen, fügten sich mannhaft in ihr Schicksal und bestellten etwas zu essen. Ein Hühnerkotelett der Weltmeister, ein Schweinekotelett der Fotograf. Mit diesem Eröffnungszug war der Grundstein für den bitteren Ausgang der Partie gelegt.

Die russische Küche ist im Gegensatz zu ihrem amerikanischen Gegenpart generell nicht für Expressabfertigung berühmt. Am Japanischen Meer drohte die Bestellung gar zur unendlichen Geschichte zu werden. Der Weltmeister jedoch neigt kulinarisch eher zu Blitzpartien, zumindest auf Reisen. Und so machte er das, was er auch am Schachbrett besser kann als jeder andere: Druck.

Prompt kam einige Minuten später eine schmalbrüstige Bedienung aus der Küche; das einsame Tellerchen, das sie so sorgsam wie ein kleines Kind in ihren Händen hielt, machte angesichts des gewaltigen Trosses, mit dem der Weltmeister gekommen war, einen jämmerlichen Eindruck. »Ein Kotelett«, fragte die junge Dame so schüchtern, als sei sie hier nicht in der Arbeit, sondern bei ihrem ersten Rendezvous.

Der Weltmeister war so in seine taktischen Analysen vertieft, dass er Igor den nächsten Zug überließ. »Schwein?« fragte mein Fotograf mit hungriger, grimmiger Miene und sehr bestimmt. Offenbar so bestimmt, dass die junge Frau in ihrer Schüchternheit gar keine andere Wahl hatte, als den Teller nickend vor Igor abzustellen und lautlos zu entschwinden.

Vor den Augen des hungrigen Weltmeisters, seiner fünf Leibwächter und einer Handvoll Berater und Gäste verzehrte Igor in aller Ruhe und mit unschuldiger Miene seine Portion. Der Weltmeister spielte nebenan immer nervöser mit Messer und Gabel. »Garri, wir müssten schon lange beim nächsten Termin sein«, goss ein Berater Öl ins Feuer.

Fünf Minuten später startete Kasparow eine letzte, verzweifelte Attacke:»Wo ist mein Kotelett?«fragte er eine der Frauen am Tresen, die er aufgrund ihrer wohlernährteren Figur als die Chefin des Schuppens ausgemacht hatte.»Aber Herr Kasparow, wir haben uns doch für Sie extra beeilt und Ihre Portion als erste gebracht. Die anderen Portionen sind noch nicht so weit«, sagte die Frau unschuldig.

Es folgte einer jener Momente, die in Actionfilmen immer den Schlägereien vorausgehen. Wie von einem unsichtbaren Regisseur angewiesen, vereinigten sich plötzlich alle Blicke auf Igor. Es waren dunkle Blicke. Dass sie auch von Kasparows fünf muskelstrotzenden Leibwächtern stammten, gab der Szene etwas Beunruhigendes.

Igor blieb der letzte Bissen fast im Mund stecken. Statt die Hände in Unschuld zu waschen, wischte er sich mit ihnen die glänzenden Lippen ab.»Schwein, sie hat Schwein gesagt, nicht Huhn«, rechtfertige er sich sodann und bemühte sich um eine Unschuldsmine wie ein Mönch, der in der Fastenzeit mit einer Leberwurst ertappt wird und sagt, er wolle sie doch nur zum Opferaltar bringen.

Just in diesem Moment, als ein Gegenangriff geradezu in der Luft lag, wechselten zwei Figuren des Weltmeisters die Farbe.»Es stimmt, er hat extra gefragt, ob es Schwein ist«, kamen zwei von Kasparows Leibwächter Igor zur Hilfe.

Doch war das wirklich eine triftige Ausrede? Schon aufgrund seiner äußeren Maße darf man felsenfest davon ausgehen, dass Igor kein Vegetarier ist. Man würde ihm vielleicht abnehmen, dass er eine Gurke nicht von einer Zucchini unterscheiden kann – aber ein Schwein von einem Huhn?»Ich habe keinen Unterschied geschmeckt«, schwor Igor. Er kann von Glück sagen, dass ihm der Koch in diesem Moment nicht zuhörte – dessen Zorn wäre vielleicht noch größer ausgefallen als der von Kasparow.

Der Weltmeister ertrug die Schlappe mit Fassung. »Gut für meine Linie, und schlecht für seine«, meinte er mit einem versöhnlichen Blick auf Igors üppige Rundungen. »Allem Anschein nach hat Garri nicht viel verloren, und vielleicht hat Igor sogar unsere Arbeit übernommen, indem er dieses unidentifizierbare Stück Fleisch unschädlich machte«, kommentierte einer der Leibwächter spitz: »Und er kann jetzt noch seinen Enkeln erzählen, wie er den Schachweltmeister bezwang. Er muss ja nicht hinzufügen, dass es nicht am Schachbrett war, sondern am Mittagstisch.«

Albtaum im Kofferraum

So hatte sich Igor sein Ende nicht vorgestellt. Gar gegrillt zu werden wie ein Brathähnchen im Backofen, noch dazu einem ohne Fenster – war es das, was er verdient hatte? So ein im wahrsten Sinne des Wortes anrüchiger, banaler Ausklang für ein Leben, das vor Geistesfunken und Gedankenblitzen sprühte wie ein Feuerwerk?

Gut, Igor war, trotz aller angeblichen Bemühungen, nie frei von Sünden (und das, obwohl die Sündenschwelle bei ihm als Orthodoxen weitaus höher liegt als etwa beim gemeinen Katholiken). Er hatte auch niemals auf einen Heldentod mit Staatsbegräbnis gehofft, oder ein friedlich-schnarchendes, finales Einschlafen im Kreis aller Enkel und Urenkel. Für solche Träumereien stand Igor – mein Fotograf mit dem Rauschebart zwischen den Ohren und dem Schalk im Nacken – seit jeher viel zu tief mit beiden Beinen im matschigen Moskauer Boden – was auch kein Wunder ist bei seiner gewaltigen Statur, die schon zu Sowjetzeiten alle Berichte des Klassenfeindes über Versorgungsmängel Lügen strafte.

Vielleicht lag es am Benzindampf, der ihm zu Kopf stieg, dass Igor plötzlich sentimentale Gedanken in den Sinn kamen, die bei ihm sonst meistens durch die Sorge um das Mittagessen oder die Suche nach dem nächsten Zigarettenkiosk überlagert wurden. An seine Frau dachte er, so zärtlich, wie schon lange nicht mehr, beteuert Igor treuherzig und schlägt sich die gewaltige Hand wie eine Baggerschaufel gegen die Brust.

Genauso muss er gegen das Metall geschlagen haben. Immer wieder. Und immer schwächer. In der Hoffnung, dass ihn doch noch jemand hören würde. Dass sich der Kofferraumdeckel doch noch öffnen würde, bevor ihn die höllische Hitze endgültig garen und der Luftmangel für immer lähmen konnte. Anfang der 8oer-Jahre muss es gewesen sein, und 40 Grad im Schatten habe es draußen gehabt, beteuert Igor: »Und drinnen wohl das doppelte; ein Brutkasten war fast ein Kühlschrank dagegen.«

Gut, wie Männer im Allgemeinen und russische im Besonderen neigt Igor manchmal zum Übertreiben, wenn es um die Einschätzung von Größenordnungen geht. Aber dass es damals, in der ärgsten Mittagshitze im Hochsommer in Aschchabad, der Hauptstadt von Turkmenistan am Rande der Karakum-Wüste, ganz im Süden der Sowjetunion, nicht kalt gewesen sein kann, dürfte man selbst der »Prawda« abnehmen.

»Ich hörte Stimmen, da muss jemand in der Nähe gewesen sein, aber niemand kam, um mich zu retten«, erregt sich Igor noch heute: »Ich spürte, wie mein Hemd eins wurde mit meiner Haut, und wie meine Lungenflügel anfingen, sich ineinander zu verkleben. Ich schien mich aufzulösen und in meine Atome zu zerfallen. Jetzt weiß ich, wie sich ein Stück Fleisch in der Mikrowelle fühlt.«

Wie so oft hatte Igor statt dem Glück des Tüchtigen das Pech im Unglück gehabt – als wäre es nicht schlimm genug, in einem Kofferraum festzusitzen: Das Schicksal hätte ein Einsehen haben können, und Igor sein Märtyrium – quasi in der Business- statt in der Economy-Klasse – in einem ausländischen Wagen absitzen lassen können, etwa einer weißen Limousine schwäbischer Bauart. Deren Kofferraum wäre nicht nur geräumiger gewesen, er hätte auch nicht so bestialisch nach Benzin gestunken. Auch ein Lada hätte seine Vorzüge gehabt – vielleicht wäre ein kräftiger Schlag gegen die Kofferraumhaube zur Befreiung ausreichend gewesen.

Nicht so bei der Mischung aus Apparatschik Kutsche und Altmetallsammlung, in die es Igor verschlagen hatte: Einen Wolga. Zu allem Unheil war der Panzerschrank auf Rädern auch noch »energiesparend« ausgelegt – oder genauer gesagt, schwarz lackiert: Igor saß nicht nur im Grill, sondern sozusagen im Turbogrill.

So wäre unserem Fotokünstler, wie sie Igor in Russland nennen, um ein Haar seine Bekanntheit zum Verderben geworden

– denn schwarze Wolgas waren in der Sowjetunion das, was für deutsche Politiker wie Rudolf Scharping Mallorca Abstecher und die Bundeswehrflugbereitschaft sind – unabdingbares Statussymbol.

So war der Fahrer, den das turkmenische Zentralkomitee für Igor abgestellt hatte, denn auch durch und durch höflich – aber etwas einfach gestrickt. Als sich plötzlich mitten auf dem Basar einer von Igors selbst zusammengeschraubten Bausatzfilmen aus der Kartusche gelöst hatte – seine »Valuta« (Devisen) gab Igor damals lieber für Zigaretten als für Westfilme aus – fragte er nichts ahnend, wo es eine Dunkelkammer gebe.

Als der Turkmene mit den Schultern zuckte, machte Igor den Fehler, der seine Frau beinahe zur Witwe gemacht hätte: Freudig-stolz über seinen Einfall zeigte er auf den Kofferraum: »Da drinnen!« Das Gepäckabteil sei höchstens etwas für Flüchtige oder Schmuggelgut, aber nicht für ehrbare Leute, konnte der Fahrer noch entgegnen, da saß Igor schon auf der Bodenwanne wie ein Fakir auf dem Nadelbrett: »Keine Widerrede! Schließ mich da rein und mache wieder auf, wenn ich klopfe.«

Den ersten Teil von Igors Anweisung hatte der Fahrer noch geflissentlich ausgeführt. In der Pose eines Embryos tauschte Igor mit einer Fingerfertigkeit, die man ihm angesichts seines Umfangs nie zutrauen würde, blitzschnell die Kartusche aus. Die Sache war erledigt, jetzt nichts wie raus!

»Dsing, dsing!«: Als nach dem ersten Klopfen keine Reaktion kam, dachte Igor noch an einen Scherz. Nach zehn Minuten Sturm- und Dauertrommeln gegen den Kofferraumdeckel wären ihm die Tränen gekommen beim Gedanken an die Hinterbliebenen, wenn er nicht schon seine gesamte Körperflüssigkeit in Form von Schweiß von sich gegeben hätte. Am Schluss reichten seine Kräfte gerade noch für ein eher zaghaftes Klimpern an der Karosserie.

Als er plötzlich ein Klicken im Schloss hörte, glaubt Igor wohl schon, der heilige Petrus sei gekommen, um ihn zu richten. Stattdessen stand der Fahrer mit einem unbedarften Lächeln vor ihm. Er hatte Glück, dass Igor zu schwach war, um körperliche Gewalt anzuwenden, ja selbst für einen seiner berüchtigten verbalen Gewaltakte fehlte ihm die Kraft.

»Ich bin Zigaretten holen gegangen, und da habe ich einen Bekannten getroffen, den ich schon ewig nicht mehr gesehen habe. Den konnte ich nicht einfach stehen lassen, ohne mit ihm zu plaudern«, meinte der Fahrer mit entwaffnend unschuldiger Miene: »Waren Sie etwa schon fertig mit dem Filmreparieren?«

Als Igor wieder halbwegs denken konnte, bemerkte er, dass um den Wagen herum eine gewaltige Menschenmenge stand: »Die müssen alle gehört haben, wie ich klopfte, und sie müssen auch gemerkt haben, dass da ein Mensch im Kofferraum kurz vor dem Verenden ist.« Aber Igor saß in einem schwarzen Wolga mit Nummernschildern des Zentralkomitees, in Turkmenistan, wo heute ein grotesker Personenkult um den Präsidenten blüht. »Egal, ob da im Kofferraum einer stirbt oder nicht«, meint Igor bitter: »Keiner würde es wagen, einen Wagen von einem Parteibonzen auch nur anzurühren.«

Krokodil im Klo

Ausgerechnet auf der Toilette hat Igor Gavrilov das Fürchten gelernt. Dabei ist er nach Jahrzehnten an vorderster Journalistenfront als Fotograf so hart im Nehmen wie ein russischer T52 Panzer: Vom Erdbeben in Armenien über die Katastrophe in Tschernobyl bis hin zu Afghanistan. Überall hätte der Mann mit der Statur eines Holzfällers und dem Charme einer Elfe gemeine Angriffe von hinten erwartet – nur nicht auf so einem heimeligen Örtchen wie dem WC, noch dazu in einem Hotel, dem besten Haus am Platz – was aber nicht viel heißt in Duschanbe, im tiefsten Asien.

Die Direktorin, Gebieterin über ein knappes Dutzend Zimmer, konnte nicht ahnen, dass Igor nicht nur ein Mozart der Fotografie ist – sondern ein Schelm vor dem Herrn, neben dem die meisten TV Komiker so schal wirken wie Wasser gegenüber Wodka. So traf die Frau, deren Frisur so hoch gesteckt war, dass man darunter ein Versteck für die Dollar Barbestände vermuten konnte, fast der Blitz, als sich Igor nach dem Frühstück – genauer gesagt nach zwei Spiegeleiern mit Wurst – lautstark in der Lobby bei ihr beklagte: »In Ihrem Klo hat mich ein Krokodil gebissen!«

In Duschanbe, der Hauptstadt der früheren Sowjetunion Tadschikistan, ist allerhand Exotisches zu finden – aber Reptilien im WC? »Ausgeschlossen, ich versichere Ihnen, dass wir nie so ein Tier im Haus hatten!« Kakerlaken höchstens, schien sie noch dazu sagen zu wollen, doch Igor hatte sie schon wieder unterbrochen: »Als ich mich gestern auf die Kloschüssel setzte, spürte ich, wie mich jemand in den Hintern beißt.« Die Hoteldame verzog derart die Miene, dass das zentimeterdick aufgetragene Make-Up abzubröckeln drohte: »Ausgeschlossen! Hatten wir nie!«

Mit größter Mühe konnte Igor sein Schmunzeln hinter seinem blonden Bart verstecken: »Sie werden doch nicht verlangen, dass ich Ihnen als Beweis die Wunde zeigen!« Die Direktorin machte erschrocken einen Satz zurück; dabei drohte sie angesichts ihrer gewaltigen Körpermaßen das Gleichgewicht zu verlieren:»Um Gottes Willen, bleiben Sie angezogen, ich bin verheiratet, mein Mann würde Sie umbringen, und mich dazu. Lieber suchen wir das Krokodil. Wo soll es denn hergekommen sein?«

Der erste, schmerzhafte Biss kam gleich nach der ersten Tuchfühlung mit dem WC, berichtete Igor, und nur durch einen hastigen Hechtsprung habe er sich retten können. Als er einen zweiten Versuch wagte, erging es ihm nicht besser. Nach dem dritten Mal bewaffnete sich Igor mit seinem Pantoffel, hielt ihn in Schlagbereitschaft und war fest entschlossen, das Plätzchen unter die Lupe zu nehmen und den Übeltäter – ob vier- oder mehrbeinig – niederzustrecken.

Doch schon beim Anheben der Klobrille löste sich das Rätsel: Das giftgrüne Plastik war gebrochen. Die heimtückische Bruchstelle war mit bloßem Auge nicht zu sehen – dafür umso heftiger zu spüren, sobald sie unter dem Druck des Körpergewichtes wie eine Zange in die zarte Haut kniff.

»Na Sie machen Witze, so was kommt halt mal vor, das ist doch nicht tragisch – von wegen Krokodil«, wies die Direktorin Igor streng, aber doch lächelnd zurück. Zu früh:»Nach den Bissen hatte ich die Niagarafälle im Bad«, klagte Igor weiter. Die Dame war geographisch offenbar nicht allzu bewandert, und so musste sich Igor deutlicher ausdrücken:»Das ist zwar eine Nasszelle, aber muss es deswegen so stark von der Decke tropfen, dass ich das Wasser gar nicht mehr aufdrehen muss, um zu duschen?« Wieder ließ sich die Direktorin nicht beirren: »Ach ja! Stimmt! Machen Sie sich deshalb keine Sorgen, das ist normal. Das ist der Engländer, der über Ihnen wohnt, der geht so oft ins Bad.«

Igor ließ nicht locker. Anspruchsvoll, wie er ist, beklagte er sich nun auch noch darüber, dass es im ganzen Hotel nur ein einziges Telefon gab.»Und wenn Ihre Mitarbeiterinnen dieses einzige Telefon den ganzen Tag belegen, um sich bei ihren Verwandten nach deren Nachtschlaf, den Preisen für Radieschen auf dem Markt und dem Fernsehprogramm zu erkundigen, macht es den Hotelgästen den Kontakt mit der Außenwelt nicht gerade leichter«, monierte Igor.

Endlich stieß er auf Verständnis. »Regen Sie sich nicht auf«, sagte die Hoteldirektorin mit einem stolzen Lächeln: »In einem Jahr wird alles viel besser – dann bekommen wir Interpol in unser Hotel.« Igor zuckte zusammen: »Das ist eigentlich genau das, was wir nicht unbedingt brauchten!« Nein, nein, meinte die Dame strikt, mit Interpol werde alles viel bequemer. Igors Blick verfinsterte sich. In Gedanken sah er wohl Drogenhandel und dunkle Mafia Geschäfte. »Wo sind wir da nur hingeraten?« schien er sich zu fragen. Doch die Dame beruhigte ihn: »Das wird sehr bequem!« Was an Interpol bequem ist? »Na ja, da kommt dann ein Kabel in jedes Zimmer und man braucht das Telefon nicht mehr.« Ob sie nicht doch etwas anderes meint? »Nein, nein, Interpol heißt das, glaube ich«; sagt sie: »Oder so ähnlich. Oder Interset. Oder Internet!«

Wunderwaffe aus dem Fotolabor

Igor Gavrilov wollte nur das Beste – dem Westen Angst machen. Stattdessen bekam es der Moskauer Focus Fotograf mit einem Mal selbst mit der Angst zu tun. Wie sollte er auch ahnen, dass er gerade der mächtigen russischen Waffenindustrie auf abenteuerliche Art eine Niederlage beigebracht hatte – ohne jede böse Absicht. Zumindest behauptet er das.

Es muss irgendwann Anfang der 8oer Jahre gewesen sein. Igor arbeitete damals noch brav bei der Zeitschrift »Ogonjok«, einer journalistischen Speerspitze der Revolution aus dem Verlag der allmächtigen Prawda. Was für Christen Fronleichnam und Allerheiligen ist, waren für die militanten Kommunisten die Feiertage zu Ehren der einzelnen Streitkräftegattungen – von der Flotte bis hin zu den Luftlandeeinheiten hatte jeder halbwegs größere Verband seinen eigenen Ehrentag. Die wurden nicht nur mit Toasts gefeiert – sondern auch mit Berichten.

So nahm das Schicksal seinen Lauf. Die Redaktion schickte Igor zum »Tag der Luftverteidigungsstreitkräfte« im April ins südrussische Tuapse am Schwarzen Meer. Am Beispiel der örtlichen Luftlandeeinheit sollte Igor die Macht und Stärke der sowjetischen Flugabwehr verewigen. Doch das Bild, dass sich ihm bot, war eher jämmerlich: »Alles war völlig heruntergekommen, selbst das Wetter passte nicht für Fotoaufnahmen, die Einheit erregte eher Mitleid als Furcht, an den Soldaten baumelten die Hosen unanständig tief, irgend ein Gaul war unterwegs, aber es war nicht auszumachen, ob er Treibstoff zu den Raketen transportierte oder Futter.«

Auch als die Hängehosen Soldaten Igor ihren ganzen Stolz präsentierten, machten sie damit keinen Eindruck: »Die zeigten mir die Raketen, mit denen wir dem Westen drohen wollten – aber das wirkte wie der letzte Mist. Eine kleine Rakete auf einer Halterung, einer Rampe, die mir absolut kein Vertrauen einflößte in Punkto Tragkraft und Stabilität.«Die ganze »Installation«, wie Igor den Stolz der russischen Flugabwehr verächtlich betitelte, wäre in seinen Augen allenfalls dazu geeignet gewesen, bis zum nächsten Bauernmarkt zu fliegen und dort die Tomaten über dem Marktplatz zu verteilen. Um die Aufgabe der Redaktion – die Überlegenheit der russischen Flugabwehr zu demonstrieren und so den verfaulenden Westen zu beeindrucken und zu erschrecken – war das Raketlein zu schwindsüchtig.

Der kommunistische Journalismus nahm es mit dem sowjetischen Realismus nicht immer so ganz genau, und so kam Igor auf den sündigen Gedanken, der Schlagkraft der Luftabwehr auf seine Art nachzuhelfen. Sozusagen als »Geburtstagsgeschenk« zum Luftabwehrtag nahm Igor das Miniungetüm aus den verschiedensten Winkeln auf – und montierte dann in der Dunkelkammer drei Bilder so übereinander, dass die ohnehin wackelige Trägerkonstruktion auf seinem Foto plötzlich drei Raketen trug – und damit wenigstens halbwegs bedrohlich wirkte, wohl nicht zuletzt deshalb, weil sie auch den Kampf gegen die Schwerkraft zu verlieren drohte.

Und so hoffte Igor denn auch auf ein paar lobende Worte, als ihn Tage später plötzlich Kollegen von der obligatorischen Rauchpause auf dem Redaktions Korridor ans Telefon riefen: »Die Militärzensur ist dran für Dich!« Wie es sich gehört für einen anständigen Staat, gab es in der Sowjetunion für alle halbwegs wichtigen Bereiche einen Zensor – und Militärfragen waren natürlich besonders wichtig.

»Sind Sie Igor Gavrilov?«, fragte der Oberst am anderen Ende der Leitung unverdächtig. »Und haben Sie die Flugabwehreinheit in Tuapse besucht?«, ging die Fragestunde weiter. »Und dabei die Rakete Nummer soundso vorgeführt bekommen?« Igor beteuert heute, er erinnere sich nicht mehr an die Nummer des Raketentyps, aber vielleicht steckt ihm auch nach all den Jahrzehnten einfach der Schreck noch zu sehr in den

Knochen und sein Unterbewusstsein weigert sich, diese geheime Information herauszugeben. »Wer hat Ihnen unsere neue Rakete gezeigt? Wer war das?« – »Ich habe das selbst zusammenmontiert, ich habe auf eine Rampe noch zwei Raketen belichtet, um unseren Feind im Westen richtig zu erschrecken.«

Am anderen Ende der Leitung war ein kurzes Schweigen entstanden. In diesem Moment sah sich Igor jedenfalls in Gedanken noch mit einem neuen Orden an der breiten Brust. Bis sich die Lautstärke der Stimme aus dem Hörer plötzlich verfünffachte und auch die Redakteurskollegen in den Nachbarzimmern noch mithören konnten. »Gavrilov, Du Hundesohn, ich werde Dich eigenhändig zusammenmontieren«, brüllte der Oberst: »Und mit Dir eigenhändig den Westen erschrecken, soll Dich der Teufel holen«

Nach diesen Worten war nur noch ein Knacken in der Leitung zu hören. Igor musste das Telefonat als beendet ansehen. Seine geniale Fotomontage erschien nie, und Igor schwante, dass er irgendetwas falsch gemacht habe. Nur konnte er nicht ahnen, was. Bis er ein halbes Jahr später die Ehre hatte, auf dem Roten Platz die Parade zum Jahrestag der Oktoberrevolution zu fotografieren. Russlands größte Waffenschau.

Und Igor ahnte noch nichts Böses, als plötzlich aus den Lautsprechern eine Ankündigung zu hören war: »Und jetzt fährt als nächstes auf dem Roten Platz unsere neueste Entwicklung in der Luftabwehr vor, die bislang streng geheim war, eine Installation aus drei Raketen auf einer Rampe...« Igor wäre beinahe vom Kreml Turm gefallen, von dem aus er die Parade fotografierte. Offenbar konnte er Gedanken lesen – zumindest die von Russlands Waffenentwicklern: Was er im Fotolabor zusammenmontiert hatte, glich wie ein Haar dem anderen der neuen Wunderwaffe, die da unten auf dem roten Platz vorfuhr. Doch kaum fuhr Igor der Schreck aus den Gliedern, fühlte er einen Stolz in sich, der mehr wert war als jeder Orden: Was der Westen mit Millionen Menschen und Milliarden Ausgaben jahrzehntelang nicht schaffte, hatte er ganz allein vollbracht, binnen kürzester Zeit: Moskaus mächtiges Militär im Rüstungswettlauf zu überholen.

TRÄNEN STATT LÄCHELN

Bewusstsein und zwei Zähne verloren

E s ist sinnlos, wegzulaufen. Der Schrecken holt einen auch in 2.000 Kilometer Entfernung ein, am Frühstückstisch, im Heimaturlaub: ein Anruf aus Moskau. Marina Litwinowitsch, eine gute Bekannte und prominente Oppositionelle, ist in der Nacht auf offener Straße brutal zusammengeschlagen worden, bis zur Bewusstlosigkeit.

Die junge, attraktive Frau mit den melancholischen Augen, die gerade Unterschriften für den Rücktritt des Verteidigungsministers sammelt und die Internetseite »Die Wahrheit über Beslan« betreibt, hat zwei Zähne verloren. Marinas Gesicht ist entstellt, der Körper übersät mit Schrammen und Hämatomen. Sie hinkt.

Ich sitze in einer anderen Welt, in Deutschland, am Frühstückstisch. Und ich bekomme keinen Bissen mehr herunter. Ich spüre Angst. Die Einschläge kommen näher. Wer wird der Nächste sein? Werde ich Marina wieder erkennen, wenn ich sie wieder sehe? Und dann ertappe ich mich bei einem schrecklichen Gedanken: dass ich mich freue. Freue, dass Marina überlebt hat. So weit ist es schon, das Klima der Angst in Moskau.

»Ich wurde überfallen, weil ich versuche, die Wahrheit über die Geiselnahme im Nord-Ost-Musical in Moskau und das Kindermassaker von Beslan ans Licht zu bekommen«, glaubt Marina, die im Jahr 2000 noch für Wladimir Putin Wahlkampf betrieb, dann die Seiten wechselte und dann Ex Schachweltmeister und Kremlgegner Garri Kasparow beriet. Sie sei neuen, wichtigen Enthüllungen zu den Geiselnahmen auf die Spur gekommen, beteuert sie. Auf dem Weg von ihrem Büro zu ihrem Auto schlugen ihr Unbekannte am Montagabend so brutal von hinten auf den Kopf, dass sie sofort das Bewusstsein verlor. Nicht einmal an ihre Peiniger erinnert sie sich.

Einer ganzen Reihe von Oppositionellen erging es zuletzt ähnlich: Der Schachweltmeister und Kremlkritiker Garri Kasparow kam noch glimpflich davon. Ein Mann schlug ihm ein Schachbrett auf den Kopf, Unbekannte warfen mehrfach Eier auf ihn, manchmal von der Polizei regelrecht eskortiert und beschützt – die Täter, nicht Kasparow. Kasparows Weggefährte Iwan Starikow schlugen Unbekannte im Oktober krankenhausreif. Im Oktober 2003 wurde der kritische Journalist Otto Lazis niedergeschlagen. Im gleichen Jahr kam der kritische Duma Abgeordnete und Mafia Jäger Jurij Schtschekotschichin unter mysteriösen Umständen ums Leben.

Die Liste ließe sich fortsetzen. Die Opposition ist überzeugt, dass die Übergriffe gelenkt sind. »Der Angriff auf Marina Litwinowitsch ist politisch motiviert, es geht darum, die Opposition einzuschüchtern,« sagt Kasparow. »Die Handschrift der Regierung« machte Ex Vizepremier Boris Nemzow bei der Attacke aus.

Natürlich gibt es für solche Vorwürfe keine Belege. Aber es gibt Indizien. Etwa, dass in der Regel die Angreifer keinerlei Beute machen. Bei der Attacke auf Litwinowitsch öffneten sie nicht einmal ihre Tasche – in der ein Notebook und die Geldbörse waren. Nicht gerade ein typisches Verhalten für gewöhnliche Straßenräuber.

Doch selbst wenn sich Kasparow irrt und der Angriff nicht von oben gesteuert ist: Die staatlich gelenkten Medien und kremltreue Politiker in Russland schüren eine Atmosphäre des Extremismus, des Hasses und der Intoleranz. So unterstellte etwa die neu geschaffene »Gesellschaftskammer« Kasparow Nähe zu Faschisten. Wer den Kreml kritisiert, wird zwischen den Zeilen schnell zum Agenten des Westens oder gar zum Volksfeind. So bereitet die staatliche Propaganda das Feld, auf dem Prügel an die Stelle der Politik und der Diskussion treten.

Als der berühmte Moskauer Satiriker und Kremlkritiker Viktor Schenderowitsch im Herbst für das Parlament kandidierte, schob ihn ein Mann mit besten Kontakten zur Regierung zur Seite und mahnte ihn: Dass er gegen die Regierenden kandidiere, stoße auf Missfallen – und der Familienvater solle sich Sorgen um seine Angehörigen machen – schließlich könnte seine Frau in einen Autounfall verwickelt werden.

Im Internet rufen Leser zur Gewalt gegen kritische Autoren auf – ungestört und unzensiert, auch auf staatlichen Seiten: »So ein Vieh gehört umgebracht. Ich würde dieses Lausei auf dem Lokus erschießen.« Die unfreundlichen Zeilen an meine Adresse nahm ich früher gelassen und lachte schon mal drüber. Nach der brutalen Attacke auf Marina Litwinowitsch ist mir das Lachen im Halse stecken geblieben.

Gespenstische Ruhe in Tiflis

D ie Nachricht der Hoteldirektion ist gut gemeint – und doch alles andere als erfreulich. »Werte Gäste«, heißt es in dem Schreiben, das auf dem Tisch im Zimmer liegt, »wie Sie wissen, ist die Situation in Georgien im Moment sehr angespannt«. Weiter unten folgen dann konkrete Anweisungen: Im Ernstfall, heißt es da, möge der Gast so ruhig wie möglich bleiben, und ohne jedes Gepäck schnellstens über die Treppen in das zweite Kellergeschoss kommen. Dort, so heißt es dann weiter, werden Hotelmitarbeiter warten und weitere Instruktionen erteilen.

Tiflis, am fünften Tag nach Beginn des Krieges. Auf den ersten Blick macht die georgische Hauptstadt einen ganz alltäglichen Eindruck. Unbekümmert spazieren Jugendliche durch die malerische Altstadt, der Verkehr schlängelt sich wie immer chaotisch und schnell am Ufer der Kura entlang, und hoch oben glänzt der Fernsehturm über der schönsten Stadt des Kaukasus, beleuchtet wie ein Christbaum.

Nur beim genaueren Hinsehen sind die Spuren des Krieges zu entdecken: Da ist ein Auto, in dem Männer mit schwerem Gepäck im geöffneten Kofferraum sitzen – Flüchtlinge aus den Kriegsgebieten. Da sind immer wieder Menschen zu sehen, die georgische Flaggen über ihren Schultern halten. Da versperrt plötzlich ein Absperrgitter auf dem Rustaveli Prospekt, Tiflis‹ mit Bäumen gesäumter Prachtstraße, den Weg – ein paar Dutzend Demonstranten haben sich vor dem Parlament versammelt. Und alle haben es viel zu eilig, um sich zu interessieren, für oder gegen was sie demonstrieren.

Im Stadtteil Saburtalo stehen ein paar Hundert Menschen vor dem Ministerium für Flüchtlinge – viele direkt auf der Fahrbahn. Es sind Flüchtlinge aus den Kriegsgebieten. Ein paar Dutzend Polizisten stehen hilflos daneben, einige diskutieren mit den Flüchtlingen. Als ein Vizeminister auf die Straße kommt, gibt es tumultartige Szenen. Menschen schreien auf ihn ein, Frauen weinen und kreischen. »Wie kann unser Präsident den Sieg feiern, wo wir in größter Not sind«, ruft eine Frau. Ihre Stimme überschlägt sich.

Die Flüchtlinge erzählen schreckliche Geschichten von Bombenangriffen auf ihre Häuser, von Übergriffen auf die Zivilbevölkerung. Sie sind ständig am Telefonieren, suchen Kontakt mit Verwandten, die zurückgeblieben sind in dem Kriegsgebiet. Männer mit rot unterlaufenen Augen zeigen Bilder und Videos des Schreckens, die sie mit ihren Mobiltelefonen aufgenommen haben. Bilder der Zerstörung. Blut ist zu sehen. Und Leichen.

Plötzlich sind aufgeregte Schreie aus der Menge zu hören: Eine russische Panzerkolonne sei auf dem Anmarsch nach Tiflis, heißt es. Eine Fehlinformation? Propaganda? Wahrheit? Wenig später bestätigen ausländische Journalisten die Truppenbewegungen. »Jetzt müssen wir schnell zum Tanken fahren, bevor es riesige Warteschlangen vor den Tankstellen gibt«, warnt ein georgischer Freund. »Jetzt kann jedes falsche Wort Panik auslösen in der Stadt.«

Wie am Montag: Als sich die Berichte über vorrückende russische Panzer verdichtet hatten, kam es zu einem riesigen Ansturm auf die Tankstellen, Ladenbesitzer in ganz Tiflis verriegelten hastig Türen und Fenster, bis es zur Entwarnung kam. Diesmal dauert das mulmige Gefühl nicht lange: Die Panzerkolonne, so die erlösende Nachricht, ist von der Hauptstraße Richtung Tiflis abgebogen nach Südossetien.

Tiflis wirkt mit einem Schlag wieder ruhig und beschaulich. Doch wie lange noch? Wenn sich die Lage in Zentralgeorgien nicht bald entspannt, kann es in kurzer Zeit zu großen Versorgungsproblemen kommen: Die georgische Hauptstadt wird im Wesentlichen über die Magistrale versorgt, die an der offenbar von Russen besetzten Stadt Gori vorbeiführt. Wie lange können Laster und Züge noch passieren? Oder wann wieder? Und auch der Güterhafen von Poti, zentraler Umschlagplatz am Schwarzen Meer, ist offenbar durch Bombenangriffe weitgehend zerstört.

Größere Hamsterkäufe gab es bislang nicht in Tiflis. Die Georgier, die in ihrer Geschichte immer wieder von fremden Herrschern erobert wurden, ertragen den Krieg mit einer gefassten Ergebenheit in ihr Schicksal. In Tiflis ist die Erinnerung wach an den blutigen Bürgerkrieg Anfang der 90er-Jahre; in der Hauptstadt lagen damals viele Gebäude in Schutt und Asche. Irgendwann, so die Meinung, die überall zu hören ist, musste es zum Konflikt mit Russland kommen.

Die Georgier galten ihren großen Nachbarn im Norden bislang anders als etwa die Balten traditionell wohl gesonnen. Dennoch hat man in diesen Tagen in Tiflis ein etwas beklemmendes Gefühl, wenn man mit den Menschen russisch spricht. Doch offenbar zu Unrecht. »Die einfachen Russen leiden unter dem Krieg genauso wie wir«, sagt die Verkäufern in einem kleinen Laden im Tifliser Stadtteil Wake auf russisch mit einem starken georgischen Akzent und tiefer Stimme, und steckt mit einem bitteren Lächeln noch einen Schokoriegel als Dreingabe in die Einkaufstasche: »Sicherheitshalber, zum satt werden, wer weiß, ob es die noch lange gibt.«

Heiße Munition

Es ist ein ungleicher Kampf. Auf der einen Seite die gewaltige Feuerbrunst. Auf der anderen Seite Michail, wie er genannt werden möchte, mit seinen Kameraden, bewaffnet mit Schaufeln und Äxten. Mit den Schaufeln schlagen sie auf den glühenden Boden, schütten Sand und Erde auf die Flammen, und mit den Äxten versuchen sie, glühende Bäume zu fällen. Verzweifelte Versuche, dem Feuer irgendwie Herr zu werden. Sie schütten Wassereimer auf die Flammen und heben Gräben aus, in der Hoffnung, die Brände am Weiterkommen zu hindern. Was an Feuerwehr und Technik fehlt, müssen die Wehrpflichtigen mit ihren Händen wettmachen.

Michail und seine Kameraden sind im Gebiet von Nischnij Nowgorod stationiert, rund 400 Kilometer östlich von Moskau. Sie bewachen ein altes Munitionsdepot, das auch ohne Brände schon ein Hochrisikoobjekt ist, wie Michail berichtet: »Die meiste Munition hier hat ihre Haltbarkeitsdauer längst überlebt. Die Offiziere sagen, bei jeder unvorsichtigen Bewegung kann etwas hochgehen.« Inzwischen hat der örtliche Befehlshaber eine neue Parole ausgegeben: »Solange das Feuer zwischen zehn und fünf Kilometern entfernt ist, bekämpfen wir es, wenn es näher kommt, suchen wir das Weite.« Was dann mit der Munition passiert? Michail hat keine Ahnung.

Was in Michails Kaserne vor sich geht, ist typisch für die Lage in Russland in diesen Tagen. Die verheerenden Waldbrände halten weite Teile des Landes in Atem und haben Schäden von umgerechnet elf Milliarden Euro angerichtet. Inzwischen bedrohen die Flammen auch mehrere Atomanlagen. Rund um die Wiederaufbereitungsanlage von Majak im Ural, berüchtigt für ihre vielen Pannen, wurde der Ausnahmezustand verhängt. Ebenfalls bedrohlich nahe rückten die Flammen Sneschinsk, einem Zentrum zur Entwicklung von Atomwaffen, ebenfalls im Ural. Angespannt ist die Lage auch in Sarow 500 Kilometer östlich Moskau. Erst kürzlich hatte die staatliche Atombehörde mitgeteilt, dass radioaktives Material von dort in Sicherheit gebracht wurde. Jetzt heißt es, das Material sei schon wieder zurück in der Anlage – dabei wüten die Brände in der Umgebung weiter. Umweltschützer sorgen sich, die Feuer könnten auch auf die westrussische Region Brjansk übergreifen. Sie ist vom Reaktorunglück im benachbarten Tschernobyl 1986 radioaktiv verseucht, Brände könnten verstrahltes Material in die Luft wirbeln.

So sehr die Nachrichten die Menschen im Westen beunruhigen – die Mehrzahl der Russen lassen sie offensichtlich kalt. Vor allem Ausländer in Moskau wundern sich, mit welcher Gleichgültigkeit viele Anwohner auf die Katastrophe reagieren. Würden in anderen Ländern schon Proteststimmen und Rücktrittsforderungen gegen die Politiker laut, so nimmt die Mehrzahl der Russen das Unheil mit dem landestypischen Fatalismus entgegen, ohne erkennbare Emotionen. Die Straßencafés sind gut besucht wie eh und je, die Menschen gehen spazieren, ja sie rauchen sogar, als sei die Rauchbelastung in der Luft nicht schon hoch genug. »Es wird schon alles gut werden«, meint etwa die junge Moskauer Verkaufsmanagerin Anastasia: »Wozu soll ich mich auch aufregen, das bringt doch nichts, dadurch wird die Lage auch nicht besser.«

Weniger gleichgültig zeigen sich Geschäftsleute. Die Preise etwa für Ventilatoren sind seit Beginn der »Jahrtausend Hitzewelle« bis um das Siebenfache gestiegen. Die Anti-Monopol-Behörde will diesen Preisanstieg prüfen. Wie die Verkäufer zog sich auch der Moskauer Bürgermeister Juri Luschkow den Unmut der Menschen zu. Während seine Stadt bereits in den Rauchschwaden zu ersticken drohte, blieb Luschkow, dessen Frau es mit Immobiliengeschäften in der von ihm regierten Stadt zur Milliardärin brachte, im Urlaub im Ausland. Erst nachdem auch in den kontrollierten Medien erste kritische Stimmen laut wurden, kehrte der raubeinige Stadtvater zurück. Als eine seiner ersten »Amtshandlungen« ordnete der Hobbyimker im Rathaus an, seine Bienenstöcke im Moskauer Umland in Sicherheit zu bringen. Mit der Hilfe für Zweibeiner klappte es indes nicht so gut: Die Stadtverwaltung brüstete sich, sie habe 123 klimatisierte Anti-Smog-Räume eingerichtet. Nachforschungen von Journalisten förderten zu Tage, dass die Mehrzahl davon nur auf dem Papier besteht oder keine Klimaanlage hat.

»Moskau ist zum Leben nicht mehr geeignet«, klagte Wladimir Schirinowski, Vizechef der Duma und als Polit Clown bekannt: »Es ist eine große Gaskammer.« Blogger kommentierten mit Galgenhumor: »So etwas hatten wir nicht mehr seit 1812, als wir Moskau selbst in Brand steckten, um es nicht Napoleon zu überlassen.« Laut städtischem Gesundheitsamt sterben in Moskau doppelt so viele Menschen wie in der Jahreszeit üblich; inoffiziell ist gar von vierfach gestiegenen Todeszahlen die Rede. Die Leichenhäuser sind überfüllt, zum Teil müssen zwei Leichen in eine Kühlkammer gepfercht werden. Gerüchten zufolge werden mancherorts Tote nur noch gegen Geld aufgenommen. Mediziner berichten hinter vorgehaltener Hand, dass ihnen ihre Vorgesetzten untersagten, bei Krankschreibungen Umwelteinflüsse als Ursache zu nennen.

Obwohl die russischen Behörden den Bränden nicht Herr werden und es an elementarster Ausrüstung fehlt, hat Moskau ein Hilfsangebot der EU bislang nicht angenommen. Russland ziehe es vor, bilateral Staaten um Hilfe zu bitten, sagte eine Sprecherin der zuständigen EU Kommissarin Kristalina Georgieva. »Der Mehrwert der EU wäre eine bessere Planung und Zusammenarbeit.« Just daran schien es den russischen Behörden in den vergangenen Wochen zu fehlen.

Die meisten Russen erfahren davon jedoch nichts. Präsident Dmitrij Medwedew und Premier Wladimir Putin nutzen die Feuer zum Aufpolieren ihres Images, betreiben Katastrophentourismus vor laufenden Kameras. Damit unterscheiden sie sich nicht wesentlich von Regierungschefs in andere Ländern. Nur kommt in Russland die Opposition mit kritischen Fragen abseits des Internets erst gar nicht zu Wort. Und es gebe einiges, worüber Kremlkritiker gerne sprechen würden in diesen Tagen. Etwa, dass es Putin war, der mit neuen Gesetzen den Schutz des Waldes wesentlich gelockert hat – nicht zuletzt auf Druck von Firmen wie dem russischen Holzgiganten Ilim Pulp, zu dessen Gründern und Hauptaktionären wiederum ein enger Freund Putins gehörte – Präsident Dmitrij Medwedew. Heikle Details, die tabu sind in Russlands großen Medien.

Statt solche kritischen Themen zu erörtern, lässt das Staatsfernsehen lieber siegreiche Löscharbeiten inszenieren. Zwischen den Dörfern Djadkino und Woskresenskoje, unweit von Moskau, hatten fünf Waldarbeiter bis zum vergangenen Wochenende die Torfbrände soweit zurückschlagen können, dass sie nur noch unter der Erde weiter glühten. Um ein Weiterbrennen zu verhindern, musste die Glut nur noch mit Wasser begossen werden. Prompt rückten zwei Feuerwehrwagen und sechs Wasserlaster des Katastrophenschutzministeriums an, mitsamt Fernsehleuten. Vor laufender Kamera löschten sie dann das, was eigentlich schon längst gelöscht war. Und Millionen Fernsehzuschauer sahen später, wie einer der Ministeriellen sagte, man habe unter größten Opfern die beiden Dörfer gerettet.

Angesichts solcher Szenen haben kritische Beobachter mehr Hoffnung auf den Heiligen Petrus und einen kräftigen Regen als auf die Rettungskräfte. Laut Wetterbericht ist eine Abkühlung derzeit aber nicht in Sicht. Wenigstens brachte am Dienstag aufkommender Wind in der Hauptstadt zumindest zeitweilig eine gewisse Erleichterung, und die Moskauer konnten wieder halbwegs durchatmen. Doch vieles spricht dafür, dass es nur eine kurze Verschnaufpause ist.

20 Jahre Tschernobyl – Tour durch die Hölle

Eine einzige Fingerbewegung kann einen in die tiefsten Abgründe stürzen. Es war wohl Unsicherheit, die mich dazu verleitet hat, auf meinen Geigerzähler zu drücken. Ausgerechnet hier. Mitten in der Hölle. Wo es wohl besser wäre, nicht zu wissen, was um einen herum alles strahlt – wenn man schon verrückt genug war, sich hier hineinzubegeben. Der Ort ist vor allem deshalb so heimtückisch, weil man die Gefahr nicht sehen kann, nicht riechen, nicht schmecken: im Unglücksreaktor von Tschernobyl, unter dem Sarkophag, der Schutzhülle aus Beton, die todesmutige Bauarbeiter nach dem Unfall 1986 hastig über den vierten Block zogen.

Als ich auf den Geigerzähler blicke, stockt mir der Atem. »Überdosis«, steht auf dem schwach beleuchteten Display. Mit zitternder Hand schalte ich die Skala um. Zum ersten Mal: von Milliröntgen pro Stunden auf Röntgen pro Stunden. Um ein Haar lasse ich den Dosimeter aus der Hand fallen vor Schreck: Eine glatte »Zehn« zeigt er. Dieses verdammte Ding. Mir bricht der kalte Schweiß aus. Zehn Röntgen!!!! Das muss verdammt viel sein!!! »Warum um alles in der Welt hast du Idiot dich hier hineinbegeben«, schießt es mir durch den Kopf.

In Romanen habe ich von jenen Schicksalsmomenten gelesen, in denen einem binnen Sekundenbruchteilen das ganze Leben durch den Kopf schießt, in denen die Zeit stehen bleibt, in denen ein Moment zur Ewigkeit wird. Hier, im Unglücksreaktor, sehe ich all die Szenen der letzten Tage vor mir, zwischen zwei Schritten: Wie ich mir überlegte, ob ich mich wirklich in diese Hölle wagen sollte. Wie ich mit meinen Zweifeln rang. Wie mir Igor, unser Fotograf, abriet: »Ich habe meine Nachkommen schon in die Welt gesetzt, aber du hast da drinnen nichts verloren!«

Vielleicht wollte ich Igor etwas beweisen. Oder es war Wladimir Kaschtanow. Der Fremdenführer des atomaren Schreckens. Ein Mann mit einem Lächeln, mit dem er ungeschminkt in jedem Hollywood Film Tom Cruise an die Wand spielen könnte; wofür auch immer er Werbung machte – man würde hastig in den nächsten Supermarkt springen und es sich kaufen.

»Ihr bekommt höchstens zehn Milliröntgen pro Stunde ab, versprochen!« – hatte uns Kaschtanow versichert, und seine Zähne blitzten. Vorne, in der heruntergekommenen Umkleide, die an einen fünftklassigen Fußballverein erinnerte. Wir mussten uns ausziehen, alles, bis auf die Unterhose. Dann bekamen wir weiße Hemden, die viel zu weit waren, blaue Jacken, Handschuhe, weiße Socken, zwei weiße Hosen, für mich zu groß, für Igor zu eng, ein weißes Kopftuch, einen roten Helm. Schroffe Baumwolle gegen die Angst. »Ihr seht aus wie deutsche Soldaten vor Stalingrad«, machte sich einer der »Tschernobyler« lustig – in Anspielung auf frierende deutsche Soldaten, die sich in ihrer Not alles um den Leib schlugen, was sie finden konnten, bis hin zu Frauenkleidern. Humor ist das einzige Gegengift gegen die Strahlen.

Zehn Röngten zeigt der Dosimeter immer noch. Ist das Hollywood Lächeln von Kaschtanow nichts wert? Seine ganzen netten Worte. »Furcht ist doch nur etwas für Leute, die sich nicht auskennen mit Radioaktivität«, sagt er, und grinst die Angst weg. Je tiefer er uns in den Bauch des Ungeheuers führt, umso weicher werden meine Knie. Endlose Gänge, goldfarben gestrichen. Ausgelegt mit Kunststofffolie. Knirschen unter den Füßen.

Nach der zweiten Sicherheitsschleuse führt Kaschtanow uns in etwas, was einmal ein Treppenhaus war. Beton hängt von den Wänden. Plastikplanen bedeckten die Stufen. Schreckliche Farben. Rost, herunterhängende Kabel überall, aufgeplatzter Beton. Selbst der Geruch ist gespenstisch.

Ob den Spinnen die Radioaktivität nichts ausmache, frage

ich Kaschtanow und zeige auf die ganzen Spinnweben an der Wand. Wieder lächelt er. Glaube ich zumindest. Denn die weißen Zähne sind hinter dem Mundschutz verschwunden: »Keine Sorge, das stammt nicht von Spinnen, die überleben hier nicht. Es ist ein Mittel, das den Staub an die Wände bindet. Der Staub ist ja hoch radioaktiv hier.«

Zehn Röntgen. Die Zahl geht mir nicht aus dem Kopf, leuchtet rot blinkend in meinen Gedanken. Immer wieder blicke ich ängstlich auf das Dosimeter. Ich zittere immer stärker und drücke mir die Atemschutzmaske noch fester ins Gesicht. Als ob die etwas helfen würde. Ich haste nach oben – so gut, wie es die Treppe zulässt. Ich mache einen rasanten Sprung über eine gebrochene Stufe.

Eine Ewigkeit vergeht, bis es endlich wieder hinausgeht aus dem Treppenhaus, in einen langen Korridor. Hier sei es halbwegs »sauber«, verspricht Kaschtanow. «Mein Dosimeter macht mir Kopfschmerzen«, sage ich und halte ihm das Ding bang vor die Nase.»Das kann nur ein Messfehler gewesen sein. Oder ein falscher Tritt auf der Treppe, an eine Stelle, die verseucht ist.« Beim zweiten Satz schlägt mein Herz bis zum Hals. Kaschtanow mustert mein Gerät. Und plötzlich ist da wieder dieses Lächeln unter dem Mundschutz zu erahnen.»Oh, es ist ein Messfehler: In der Dunkelheit haben sie einfach das Komma übersehen, weil auf dem Display beim Umschalten alles verrutscht. Nicht zehn Röntgen pro Stunde, sondern zehn Milliröntgen.« Ein Himmelreich für Kaschtanows Lächeln. Selbst wenn zehn Milliröntgen pro Stunde immer noch das Tausendfache der natürlichen radioaktiven Strahlung sind.

Kaschtanow holt Plastikschläuche aus seiner Tasche. Wir müssen sie über die weißen Schuhe ziehen: »Sonst kommt ihr da mit einer zu hohen Dosis raus«, sagt er. Die nächste Tür geht auf. Dunkelheit. Eine Metallleiter. Im Licht einer Taschenlampe tasten wir uns hoch. Die Luft ist feucht. Wir hangeln uns an einem Geländer vorwärts. Durch die Löcher im Dach des »Sarkophags« – die es gar nicht geben dürfte – dringt allmählich etwas Licht ein. Licht wie aus einer anderen Welt. Wände, so schief wie der Turm von Pisa. Die Decke auf Trägern, die halb weggebrochen sind. Wasser tropft in die gespenstische Stille. Der zerstörte Maschinensaal. Wohin wir blicken – nur Trümmer.

»Das Ding kann jeden Tag einstürzen, und dann sind wir wieder da, wo wir 1986 waren«, sagt Kaschtanow. 50.000 Milliröntgen pro Stunde zeigt der Geigerzähler. Igor, mein Fotograf, geht noch weiter. Ich taste mich zurück, in der Eile finde ich die Taschenlampe nicht. In der Dunkelheit komme ich nicht weiter. Ich muss zurück. Dorthin, wo die 50.000 Milliröntgen strahlen. Endlich – die Taschenlampe. Sie geht nicht. Keine Batterien. »Igor, hast du Batterien?« Eine Ewigkeit vergeht. Nichts wie raus hier!

22 Meter weiter. Der »Zentrale Schaltraum« des vierten Blockes. Das Schaltpult, auf dem die diensthabenden Ingenieure im April 1986 vergeblich gegen den Gau ankämpften. Die Kontrollwände Grau in Grau, zäh mumifiziert mit »Spinnweben« – der ekligen, hellbraunen Antistaubflüssigkeit. Alle Schalter sind ausgebaut, Löcher überall, Brandflecken. Die Farbe ist abgesplittert, die Knöpfe angeschmort. Rost. Kabel baumeln von den Wänden. So muss es nach einem Atomkrieg aussehen. 40 Meter sind es von hier noch zum Reaktor. Zu dem, was übrig geblieben ist. Zum Epizentrum dieser atomaren Hölle. Damals, in der Nacht des GAUs, ging einer der Ingenieure von hier hinüber in den Reaktorraum, um nach dem Rechten zu sehen. Er sah nur noch die Sterne über sich.

Die Strahlung im Reaktorkern erreicht heute noch 2.500 Röntgen pro Stunde – eine tödliche Dosis. Zehn Minuten waren wir im Sarkophag. Eine Ewigkeit. Als wir herauskommen, sehen wir die Silhouette von Pripjat am Horizont – der Geisterstadt. Bis zum Unglück lebten hier 50.000 Menschen in Plattenbauten. Im Kindergarten liegen noch die Puppen am Boden. Die kleinen Betten sind noch bezogen. Spielzeug überall. Knetmasse. Kindergasmasken. Leninbilder. Totenstille.

Auf dem Rückweg überall tote Dörfer. Tschernobyl, die mutierte Stadt. 6.500 Menschen leben heute noch hier, in Schichten: Mit Bussen werden sie angefahren, für vier Tage, dann dürfen sie sich »draußen« drei Tage erholen. Sie übernachten in den alten Häusern, die heute »Gemeinschaftsunterkünfte« sind. Mitten in der »Todeszone« – wie sie das Sperrgebiet von 30 Kilometern um das Kraftwerk nennen: die Kraftwerksangestellten, die Waldarbeiter, die Wissenschaftler, die Feuerwehrleute, die hier noch Dienst schieben müssen. In einer Welt ohne Kinder, ohne alte Menschen. Ohne Feste, ohne Geburten, ohne Hochzeiten, nur mit Todesfällen. In einer Welt der leeren, zerfallenen Häuser, in der es kaum Autos gibt, nur gelegentlich Lastwagen.

Nach sechs Tagen in Tschernobyl glauben wir unseren Augen nicht, als nach einer halben Stunde zum ersten Mal »lebendige« Dörfer in den dreckigen Zugfenstern auftauchen. Spielende Kinder. Verkehr auf den Straßen. Neu gestrichene Häuser. Es ist, als seien wir aus einem Albtraum erwacht.

Keine Kontrollen in Beslan

Mutterseelenallein steht der Metallsuchrahmen im Flughafen bei Beslan, und auch das Gepäckdurchleuchtungsgerät ist verwaist. »Ist da jemand?« Alle unsere Rufe bleiben ungehört. Niemand will uns nach Waffen und Sprengstoff durchsuchen. Eine Woche ist vergangen seit dem blutigen Geiseldrama in der fünf Kilometer entfernten Schule, zwei Wochen sind es seit den tödlichen Sprengstoffanschlägen auf zwei Flugzeuge, und in Moskau hat Präsident Wladimir Putin erhöhte Wachsamkeit versprochen. Doch am Flughafen von Beslan ist Sicherheit Fehlanzeige: Ohne jede Kontrolle gehen wir in den Warteraum – direkt am Rollfeld.

Erst kurz vor dem Abflug kommt ein Mann vom Sicherheitsdienst: »Alle noch mal zurück zur Kontrolle!« Mit strenger Miene lässt er einige Taschen gleich mehrmals über das Band laufen. Dabei ist diese Kontrolle nur noch eine Farce: Gefährliche Gegenstände hätten Übeltäter schon längst heimlich in der Toilette des Wartesaals deponieren können. Ich mache die Probe aufs Exempel: Statt sie mit zur Kontrolle zu nehmen, lasse ich eine Tasche neben dem Ausgang zum Rollfeld stehen. Niemand bemerkt sie; ich nehme sie dann seelenruhig mit in den Flieger – ohne dass jemand reingeschaut hätte.

Ist der Schlendrian etwa das erste Resultat von Wladimir Putins Ankündigung, dass wieder die Polizei statt privaten Sicherheitsdiensten die Kontrollen in den Flughäfen übernehmen sollen? Die chronisch unterbezahlten Ordnungshüter sind in Russland oft nur dort zu finden, wo Bakschisch blüht – was bei der Sicherheitskontrolle am Flughafen nicht unbedingt der Fall ist.

Umso aufmerksamer ist unsere Stewardess, ein blonder Wolkenkreuzer in blauer Uniform. Wacker kämpft sie gegen die Arithmetik an, vergleicht immer wieder die Zahl der Bordkarten und der Passagiere, zählt ein ums andere Mal von neuem: Nach 15 Minuten meldet sie beruhigt nach vorne, dass alles okay ist: »Es stimmt überein! Sechs Leute, sechs Papiere!«

Doch all das ist nichts im Vergleich zur Ankunft in Moskau! Es war ein rauer Flug. Der Zahn der Zeit hatte schon die halbe Innenverkleidung unserer Tupolew 154 abgenagt, und weil auch die Klimaanlage schon bessere Zeiten gesehen hat, befahl der Pilot, am Boden die Türen aufzulassen – »für den Durchzug« (die Fluggesellschaft, »Sibir«, scheint beweisen zu wollen, dass Recycling auch in der Luftfahrt möglich ist – auch wenn ich keinen Grünen Punkt an dem Flieger entdeckte).

Als ich endlich wieder festen Boden unter den Füßen habe, traue ich meinen Augen nicht mehr: Wie in einem billigen Spionagethriller steht uns beim Ausstieg ein strammer Mann in Kunstlederjacke – der typischen KGB Uniform – gegenüber, und filmt mit seiner Amateurkamera alle, die aus dem Flugzeug gestiegen sind. Zehn Meter weiter stehen zwei Tische; dahinter vier Polizeioffiziere. Per Hand schreiben sie auf leere Blätter Namen, Passnummer und Geburtsdatum aller Passagiere aus dem Kaukasus auf.

Weil zu viele Maschinen ankommen, läuft die Hälfte unbeachtet vorbei. Auf die Frage, was es für einen Sinn macht, die Passagierlisten aus dem Computer noch einmal per Hand abzuschreiben, schüttelt die Frau Oberleutnant nur entschuldigend die Schultern: »Anweisung von oben!«

»Hauptsache, es wird irgend etwas unternommen«, scheint das Hauptmotiv der Sicherheitsbehörden zu sein, wenn die Apparatschiks im Kreml mal wieder zur Mobilisierung rufen. Nach ein paar Tagen, spätestens ein paar Wochen herrscht dann wieder Dienst nach Vorschrift.

Derjenige, der schwarze Augen und Haare hat, muss in der gefährlichen »Aktivitätsphase« allerdings mit Nebenwirkungen rechnen. Wie ich, als mich einst mehrere Polizisten aus dem Auto zogen, auf den Boden schmissen und mit ihren Kalaschnikows verprügelten. Das war 1994, zu Beginn des ersten Tschetschenien Krieges.

Vielleicht liegt es an den ersten grauen Haaren: Anders als mein deutscher Freund Sascha, der bei seiner Terminplanung immer diverse Stopps bei den allgegenwärtigen Polizeiposten in der U-Bahn einkalkulieren muss, wenn er seine Intellektuellen-Brille Zuhause lässt, falle ich trotz dunklen Teints mittlerweile meist durchs Fahndungsraster. Nur nicht bei jenem hartnäckigen Polizisten an der MetrosStation Taganka mit der schlecht sitzenden Uniform, dessen Gürtel fast auf Kniehöhe baumelt. Doch selbst der entschuldigte sich neulich höflich, als ich ihn auf sein barsch dahin gezischtes »Papiere!« noch barscher antwortete: »Wann lernen Sie endlich, Korrespondenten von illegalen Einwanderern zu unterscheiden?«

Wer wirklich südliche Gesichtszüge hat, sollte sich so kesse Antworten nicht erlauben. Wie Magomed Tolbojew. Der hoch dekorierte Held Russlands und Testpilot aus dem kaukasischen Dagestan geriet vergangene Woche bei einer Passkontrolle in der Moskauer Metrostation »Wychino« in Tuchfühlung mit zwei Polizisten. »Hau ab von hier, Du Schwarzer, und richte Deinen Stammesgenossen aus, dass wir sie alle ersticken!«, grüßten die beiden Ordnungshüter − und verhalfen dem früheren Kommandeur des sowjetischen Raumschiffs Buran zu einer unsanften Landung.

Offiziell prüfen die Polizisten bei ihrer legalen Wegelagerei die »Registrierung«: jeder Nichtmoskauer muss sich in langem Warteschlagen bei den Behörden in der Hauptstadt melden − obwohl das Verfassungsgericht diese Praxis verboten hat. De facto sind die Kontrollen aber eher ein Sold-Zuschuss-Programm für die Polizei: Es ist in der Regel nur eine Frage des Bestechungsgeldes, wie schnell man ohne Registrierung weiter kommt.

Kritische Russen sind denn auch skeptisch, wenn Präsident Putin jetzt neue, strengere Gesetze verspricht. Er sollte dafür sorgen, dass zumindest die alten eingehalten werden. Und dass sie auch für alle gelten — auch die Polizei. Doch wer so etwas sagt in Putins Russland, gilt schon fast als Terroristenfreund.

ALS POSSE

Scheidung im Weltall

Russland hat sich von den Knien erhoben: Dass diese Aussage – in den vaterländischen Medien Gott sei Dank allgegenwärtig – nicht nur eine Werbekampagne des Kremls ist, sondern unbestrittene Wahrheit, ist längst bekannt. Dass Russland sich nicht nur auf der Erde vom Boden erhebt, sondern selbst im Weltraum, ist eine neue Erkenntnis. Zu verdanken ist sie ausgerechnet eher vaterlandslosen Gesellen: Den Journalisten der »Nowaja gaseta«, die einen Großteil ihrer Seiten dazu verschwenden, das großartige Wiedererstarken Russlands zur Weltmacht zu vermiesen.

Gennadij Padalka, Träger des Heldenordens und verdienter Kosmonaut, wie die Astronauten auf Russisch heißen, berichtete kurz vor seinem Start ins All in einem Interview mit dem Blatt davon, wie der neue Patriotismus außerirdische Ausmaße erreicht. Seit dem Start der Internationalen Weltraumstation 1998, als im Kreml mit Boris Jelzin noch ein Höfling Washingtons saß, bis 2005 herrschte im All ein verwerfliches Durcheinander. Bei den internationalen Treffen in himmlischen Höhen war Gleichmacherei wie zu Sowjetzeiten angesagt. Egal ob Russe, Amerikaner, Deutscher oder Franzose – die Nationalität machte keinen Unterschied, jenseits der Atmosphäre waren in ihren Raumanzügen alle Menschen gleich.

Diesem »Bardak«, wie hier in Russland ein Tohuwabohu genannt wird, haben gesunde patriotische Kräfte nun ein Ende gesetzt. Die astronomische Lotterehe ist vorüber, »die ›Scheidung‹ läuft in vollen Zügen«, berichtet Kosmonaut Padalka, der schon viele Monate im All verbrachte, in der Nowaja gazeta.

Wurde früher gegessen, was auf den Tisch kam, gibt es inzwischen die Anordnung, dass russische Astronauten nur noch russisches Essen zu sich zu nehmen haben. Die armen Amerikaner dagegen sind weiterhin dem Chaos ausgesetzt, und bleiben der Nahrung ihrer europäischen Kollegen schutzlos ausgesetzt. Nicht nur am Tisch herrscht jetzt Ordnung. Auch die Ausscheidungsprozesse sollen streng getrennt erfolgen: »Selbst bei den Toiletten gibt es die Empfehlung, nur die eigenen, nationalen zu benutzen«, eröffnet Padalka Einblicke in Alltagssphären der Himmelsstürmer, die dem breiten Publikum sonst verborgen bleiben. Auch das Krafttrainingsgerät an Bord ist jetzt für die russische Besatzung tabu – da es von den Amerikanern an Bord gebracht wurde. Könnte sich ein waschechter russischer Patriot wirklich an fremdländischem Gerät stärken?

Wie sinnvoll die Trennung nach nationalem Vorzeichen ist, lässt sich am besten am Beispiel Padalkas selbst ablesen. Die lange Zeit auf engstem Raum mit ausländischen Kollegen im All hat offenbar selbst auf ihn – Träger des Heldenordens – zersetzenden Einfluss, und beförderte dekadente westliche Sichtweisen: »Früher konnte man jede Küche probieren, die Kosmonauten haben so etwas Neues entdeckt, und leckeres Essen verbessert die Stimmung«, behauptet Padalka in dem Interview, als sei eine Weltraumstation ein Vergnügungspark.

»Das gemeinsame Essen hat die Besatzungen einander immer näher gebracht«, sagt der Kosmonaut. Er mag Recht haben. Die Frage ist nur, ob das Näherbringen sinnvoll ist. Bei Padalka führte es offenbar zu Ansätzen von Vaterlandsverrat. Er kündigte gegen die irdischen Apparatschiks zivilen Widerstand im All an. Entgegen aller Vorschriften will er dort oben weiter eng mit den Amerikanern zusammenarbeiten. Offenbar selbst beim Essen. Dabei sind Speisen »made in USA« nicht nur, wie allgemein bekannt, für den Magen gefährlich– sie scheinen auch die Geisteshaltung in Mitleidenschaft zu ziehen. So klagt Padalka, jetzt zum dritten Mal im All, doch tatsächlich, dass der russische Teil der Weltraumstation den anderen weit unterlegen sei, dass es seit 18 Jahren keine Neuerungen gebe und die russische Weltraumtechnologie der westlichen je nach Bereich um sieben bis 30 Jahre hinterher hinke. Als ob die saubere Trennung nach nationalem Vorzeichen nichts Neues sei!

Kalter Krieg im Internet

Der Schlag unter die Gürtellinie war als Frage getarnt. »Halten Sie sich für einen Schüler von Doktor Josef Goebbels, der einst sagte, je unverschämter eine Lüge ist, umso leichter glauben die Leute daran, oder sind Sie selbst zu dieser Weisheit gekommen?«

Nein, diese »Frage« stammt nicht aus dem Protokoll der Nürnberger Kriegsverbrecherprozesse – sondern aus einem Leserbrief auf der Internetseite »Inosmi« in Russland. Das Portal, das zur staatlichen Nachrichtenagentur RIA Nowosti gehört, übersetzt täglich ausländische Presseberichte ins Russische. In einem Forum stellt es sie im Internet zur Diskussion – die oft eher einem »Online-Pranger« für ausländische Journalisten gleicht.

Die überwiegende Mehrheit der Leserbrief-Schreiber wittert ganz im Stile des Kalten Krieges eine Verschwörung des Westens gegen Moskau. Die Auslandskorrespondenten, so heißt es immer wieder, wollten Russland gezielt in den Schmutz ziehen. Eine Auffassung, die auch viele Kreml Politiker teilen – und verbreiten.

»Diese Berichte sind doch alle auf Bestellung gegen Geld geschrieben. Ich habe sie zwar selbst nicht gelesen, aber ich glaube das trotzdem«, beklagt sich etwa ein »Inosmi«-Leser ganz wie zu Sowjetzeiten. Damals durfte man Bücher von Regimekritikern zwar nicht lesen, musste sie aber paradoxerweise doch verurteilen.

»Leider sind es viele Menschen in Russland nicht mehr gewohnt, kritische Töne zu hören, in unserem Fernsehen fallen die der Zensur zum Opfer«, erklärt der Moskauer Soziologe Leonid Sedow empörte Reaktionen auf Berichte von Auslandskorrespondenten: »Statt sich über die Missstände aufzuregen, die Journalisten beschreiben, und gegen diese Missstände anzukämpfen, greift man lieber die Journalisten selbst an.«

Sedow sieht in den erbosten Reaktionen eine Spätfolge der Sowjet-Propaganda. Der abstrakte Trost, dass sie Teil einer Großmacht seien, geachtet und gefürchtet in der Welt, sollte die Sowjet-Bürger über ihre Armut und ihre Rechtlosigkeit hinwegtrösten. Letztere Probleme habe Wladimir Putin nicht beseitigen können; dafür verabreiche er aber anders als Boris Jelzin zumindest wieder die alte Großmacht-Illusion als Narkose – statt die Menschen zu Eigenständigkeit und Stolz auf eigene Leistungen anzuregen.»Wenn man diese Großmacht-Illusion mit Kritik gefährdet, geht das für viele ehemalige Sowjetbürger bis zur Schmerzgrenze ans eigene Selbstbewusstsein«, glaubt der Soziologe Sedow:»Und wer Schmerzen hat, schreit.«

Ernsthafte Diskussionen und Argumente sind auf dem Forum denn auch seltener zu hören als wilde Konterattacken.»Das System in Deutschland beruht auf der totalen Lüge, die soll er doch kritisieren, statt die Nase in unsere Angelegenheiten zu stecken«, so der Rat eines Lesers.»In jungen Jahren bin ich ausgesiedelt nach Deutschland. Eine Dummheit! In Eurem halbtürkischen Deutschland regieren die Türken und die Juden.«, schreibt ein «ehemaliger Russlanddeutscher.«

In Wirklichkeit richte sich der Unmut von russischen Lesern oft weniger gegen den Inhalt der Berichte – mit dem sie durchaus einverstanden seien– als dagegen, dass sie ein Ausländer schreibe, glaubt der Autor eines Leserbriefes– und benennt keinen anderen als Alexander Puschkin als Kronzeugen. «Ich verachte meine Heimat selbstverständlich von Kopf bis Fuß«, schrieb der russische Nationaldichter schon vor Jahrhunderten:»Aber es ärgert mich, wenn ein Ausländer mit mir dieses Gefühl teilt.«

Weil sie Kritik nicht als Angriff auf Missstände, Beamtenwillkür und autokratische Entwicklungen auffassen, sondern als Attacke gegen Russland und damit sich selbst, laufen manche Leser sogar verbal Amok.»95 Prozent der deutschen Frauen, die ich gesehen habe, hatten Männerfiguren, waren geschmacklos angezogen und hatten leichte Ähnlichkeit mit Ferkeln. Habe ich recht?« fragt ein Leser mit dem Namen Alexander. Vereinzelt sind gar Drohungen zu lesen: »So ein Vieh gehört umgebracht. Ich würde dieses Lausei auf dem Lokus erschießen.«

Doch noch schockierender als solche Drohungen war – wenn auch auf ganz andere Weise – die Reaktion eines deutschen Kollegen. Er werde sich jetzt doch noch einmal überlegen, ob er wie geplant Russland besucht, schrieb er, als er von den Attacken im russischen Internet gelesen hatte. »Um Gottes Willen«, so meine prompte Antwort, »ziehen Sie aus dem Fehlverhalten einzelner keine Rückschlüsse auf das Land – sonst stünden wir Deutschen wohl noch viel schlechter da!«

Unzählige wunderbare Erlebnisse mit den Menschen in Russland, mit ihrer Herzlichkeit, ihrer Gastfreundschaft, ihrem Humor und ihrer Freundlichkeit wiegen ein paar Entgleisungen im Internet nicht nur tausendmal auf – sie lassen sie vergessen. Aber gerade diese einfachen Menschen, die Russland so liebenswert, so besonders machen, sind es, die unter der Bürokratiewillkür, Rechtlosigkeit und sozialer Ungerechtigkeit am meisten leiden. Allein ihretwegen wäre es falsch, zu schweigen. Sich der perfiden Taktik zu beugen, Kritik an den Regierenden mit Kritik an den Regierten gleichzusetzen.

»Es gibt so viele Angriffe wegen kritischer Berichte, Vorwürfe der Käuflichkeit. Aber bei aller Kritik sagt niemand, was er sich denn für Artikel wünschen würde«, schreibt ein Leser auf dem Forum der Internetseite »Inosmi«: Vielleicht wünschten sich diese Leute, dass Auslandskorrespondenten schreiben wie einst die Journalisten der Prawda. Auch zu Sowjetzeiten habe man den Korrespondenten vorgeworfen, dass sie sich zu wenig mit »guten« Themen befassten – etwa fleißigen Ernteeinsätzen und Heldentaten der Miliz. Aber, so die nachdenkliche Frage des Lesers, »welche Informationen werden wir noch haben in Russland, wenn nur noch gute Nachrichten erlaubt sind?«

Tatsächlich ist in Russland das alte sowjetische Bild vom

Journalisten als PropagandamMittel noch weiter verbreitet als die Idee von der Presse als vierter Macht. Genauso, wie ein Staatsanwalt sich eher auf Übeltäter denn auf gesetzestreue Bürger konzentrieren sollte und ein Arzt nicht nur Gesunde behandeln darf, sind auch Journalisten im Zweifelsfall eher dafür da, Missstände aufzudecken, als Regierungen zu loben. Und was könnte schlechter dastehen als ein Land, in dem die Presse nur noch Gutes zu berichten hat?

Vielleicht sieht es eine schweigende Mehrheit der Russen ähnlich. »Lassen Sie sich nicht unterkriegen, wenigstens Sie müssen weiter die Wahrheit schreiben« – so lautet eine Bitte, die Auslandskorrespondenten heute in Russland öfter hören – selbst von Leuten aus dem System.

Es gibt Momente, die einen erstarren lassen. Worte, die mehr sagen als jeder Artikel. Mehr Auftrag sind als jeder Arbeitsvertrag. Da war dieser Mann mit den starren Augen, die hinter den Tränen wie leblos wirkten. In der Schule von Beslan war gerade sein einziger Sohn ums Leben gekommen: »Ich habe alles verloren, was ich hatte, deshalb habe ich jetzt keine Angst mehr. Schreiben Sie! Alles, was ich sage! Unsere eigenen Journalisten lassen uns nicht zu Wort kommen. Nur noch von Ihnen, von den Ausländern, können unsere Herrscher im Kreml erfahren, was man mit uns macht, was ihre Leute uns antun.«

»Steig mir auf den Schwanz«

Meine Karriere als Hilfspolizist hat nur ein paar Sekunden gedauert, und um ein Haar hätte sie mir eine Tracht Prügel eingebracht. Dabei tat ich nur das, was man als braver Staatsbürger eigentlich tun muss. Und ausgerechnet die Diener des Gesetzes drohten mir dafür mit Hieben. Aber Schwarz und Weiß, Gut und Böse verschieben sich, wenn man mit Kremlkritikern unterwegs ist in Russland. Um so mehr im Kaukasus.

Dabei bin ich noch mit einem blauen Auge davon gekommen. Oder, genauer gesagt und viel wichtiger: Mit einem sauberen Hemd. Im Gegensatz zu dem Mann, den ich begleitete: Garri Kasparow. Der beste Schachspieler aller Zeiten. Im März hat er seine Karriere beendet. Er hat ganz Russland zu seinem Schachbrett gemacht, statt gegen Großmeister kämpft er jetzt gegen den Präsidenten. »Unser Land ist unter Putin auf dem Weg zur Diktatur, ich kann nicht zusehen und schweigen«, sagt er. Und fährt durchs Land, um Putins Gegner hinter sich zu sammeln.

Der Kreml schlägt zurück. Einen der Schläge bekomme ich ab. Aus Zufall sicher, und Gott sei Dank nur als Streifschuss. Die Mittagssonne brennt unerbittlich auf den Asphalt vor dem Kulturpalast der Stahlarbeiter in Wladikawkas, wenige Kilometer von Beslan entfernt. Die Staatsmacht hat Kinder aufmarschieren lassen gegen Kasparow. Hastig organisieren sie ein Schülerfest, um den Auftritt des Kremlkritikers mit lauter Kindermusik zu übertönen und ihn auf den Gehsteig abzudrängen. Stundenlang müssen die Kinder »feiern«, bis zur Erschöpfung.

Ich spreche gerade mit schwarz gekleideten Frauen, Opfern des Kindermassakers in Beslan, die sich mit Tränen in den Augen und überschlagender Stimme beklagen, dass die Behörden vertuschen und sie einschüchtern, dass sie nachts Anrufe von Geheimdienstlern bekommen, die befehlen, zu schweigen. Weil sie Angst haben vor dem Staat, hoffen sie auf Kasparow: »Helfen Sie uns, die Wahrheit zu erfahren und die Schuldigen zu bestrafen.«

Plötzlich zucke ich zusammen: Ich spüre einen Schlag auf meine Schulter. Instinktiv ducke ich mich weg. Ich sehe, wie ein Ei von mir abprallt und auf den Asphalt platscht. Ein Querschläger – das Ei hätte Kasparow treffen sollen, der buchstäblich einen Eierwurf weiter mit seinen Anhängern spricht.

Ein paar Meter weiter sehe ich den Eierwerfer. Ein Halbwüchsiger. Er holt gerade zu einer neuen Attacke aus. Ich falle ihm in den Arm. Er stiert vor sich hin; er wehrt sich nicht, wirkt geistig abwesend, wie ein Drogenabhängiger. Genau in diesem Moment rennen die Milizionäre, die gerade noch völlig untätig die Eierattacke beobachtet haben, auf mich zu. Ohne Mühe halte ich den Eierwerfer fest, er leistet kaum Widerstand. »Hier, das ist der Übeltäter«, rufe ich den Milizionären zu. Ich bin überzeugt, dass sie sich jetzt gleich den jungen Mann schnappen und seine Personalien aufschreiben werden.

Umso größer ist meine Überraschung, als sich die Ordnungshüter nicht auf den Gesetzesbrecher, sondern auf mich stürzen. »Lass den sofort los!«, schreien sie mich an, als wäre ich derjenige, der etwas angestellt hätte. »Aber das ist doch der Eierwerfer! Sie müssen ihn festhalten, nicht mich«, sage ich. Keine Reaktion. Der Halbwüchsige läuft davon, die Milizionäre sehen seelenruhig zu. Ich reiße mich los und renne dem Eierwerfer von neuem hinterher. Ich hole meine Kamera aus der Tasche und versuche, ihn zu fotografieren.

Ein Mann in Zivil rennt auf mich zu, zerrt mich am Arm und versucht, mich in den Polizeigriff zu bekommen. »Ich will den Täter fotografieren und Beweise sichern, lassen Sie mich los«.

»Du Hure, was bildest Du Dir ein, wer Du bist, Du wirst jetzt gleich etwas erleben«, brüllt mich der Mann in Zivil an. Sofort kommt ihm ein Milizionär zu Hilfe, hält mich am anderen Arm fest und reißt mir meine Kamera aus der Hand. Ich sehe gerade noch, wie der Eierwerfer ein paar Meter weiter seelenruhig durch die Reihen der Miliz davonläuft.

»Das ist Widerstand gegen die Staatsgewalt«, herrscht mich

der Mann in Zivil an – und gibt damit seine Tarnung auf. »Welche Staatsgewalt? Sie sind also vom Geheimdienst?«, hätte ich zurückfragen sollen. »Was Sie da tun, ist Strafvereitelung im Amt, und Behinderung der Presse«, sage ich stattdessen. Ich reiße meine rechte Hand frei und zücke meinen Journalistenausweis, ausgestellt vom russischen Außenministerium.

Das Papier macht wenig Eindruck. »Steig mir auf den Schwanz! Gehe zurück nach Deutschland und kommandiere dort«, schreit mich ein Mann in einem weinroten Hemd an, der sich gerade noch etwas abseits gehalten hat. Der freundliche Herr mit dem gepflegten Umgangston ist der Sprecher des nordossetischen Innenministeriums, wie sich später herausstellt. Zuständig für die Kontaktpflege und die Information der Presse.

Warum seine Milizionäre die Eierwerfer in Schutz nehmen, frage ich ihn. »Was geht es Dich an?« schnauzt er zurück: »Steck Deine Nase nicht in fremde Angelegenheiten«. Kasparow wischt sich ein paar Meter weiter die Eier vom Sakko. Die Eierwerfer unterhalten sich am anderen Ende des Platzes mit Männern in Zivil; die Miliz steht seelenruhig daneben. Etwas später starten die Eierwerfer vor den Augen der Ordnungshüter eine neue Attacke auf das Schachgenie.

»Die Miliz beschützt die Täter«, schreit eine der Beslan Frauen im Trauergewand fast hysterisch: »Und uns rufen sie nachts an und sagen, wir sollen schweigen. Als ob der Tod unserer Kinder in der Schule nicht genug wäre. Was ist das für ein Staat?«

Die Medien werden am nächsten Tag berichten, dass Kasparow versucht habe, aus der Tragödie von Beslan billig politisches Kapital zu schlagen und die Opfer auszunutzen. Dass sich die Menschen in Nord-Ossetien das nicht bieten ließen und sich der spontane Volkszorn durch Eierwürfe entladen habe. »Niemals in seinem Leben hat der Schachkönig so eine Erniedrigung erlebt«, schreibt die staatliche Nachrichtenagentur RIA Nowosti fast genüsslich: »Ohne diese Form des Pro-

testes rechtfertigen zu wollen, muss man eingestehen, dass die
Emotionen der Eierwerfer nachvollziehbar sind.«

Sex statt Diskussion

Protestnoten, Geheimdienstaktionen und Bissigkeiten nach dem Bruderkuss auf dem roten Teppich sind als Kampfmittel in der Außenpolitik weltweit bekannt. Bald könnte das Genre um einen »Akt« ganz anderer Art reicher werden: Russische Nationalisten wollen per Pornofilm die internationalen Beziehungen aufmischen.

In Moskau soll demnächst ein Schmuddelstreifen entstehen, in dem der georgische Präsident Michail Saakaschwili und die ukrainische Ministerpräsidentin Julia Timoschenko kaum verschlüsselt die Hauptfiguren geben. Das Drehbuch: Nach einem Treffen in Moskau kommt es im Hubschrauber zu heißen Liebesszenen zwischen Staatsmann Michail und Staatsfrau Julia mit dem Haarkranz – gespielt von einem Pornostar. Die Handlung beruhe auf echten Begebenheiten, versichern die Produzenten dreist.

Das Filmprojekt ist Höhepunkt einer Entwicklung, die sich in Moskau seit Jahren abzeichnet: Kompromittierendes Material über angebliche sexuelle Eskapaden und Zügellosigkeiten von politischen Gegnern sei Moskaus neues Mittel im Kampf um Einfluss und Macht, klagt die Moskauer Oppositionszeitung »Nowaja gaseta«.

So neu freilich ist das Phänomen nicht. Ihren Anfang nahm die Tradition noch unter Präsident Boris Jelzin, als der aufmüpfige Generalsstaatsanwalt Juri Skuratow es Ende der 90er-Jahre wagte, wegen Korruption gegen den Kreml zu ermitteln. Prompt wurde er mit einem freizügigen Sex-Video erpresst, dass ihn angeblich in inniger Pose mit Prostituierten zeigte.

Als der Chefermittler weiter gegen den Jelzin-Clan ermittelte, kam der anrüchige Streifen ins Fernsehen. Statt über Korruption im Kreml diskutierte Russland über die Sitten des Generalstaatsanwaltes. Der behauptete später gar, die ganze Sache habe der Geheimdienstchef ausgeheckt. Der hieß damals Wladimir Putin.

Es wäre politisch unkorrekt, Parallelen zu ziehen zu den aktuellen Sex-Skandälchen. Fakt ist indes, dass die Revolutionen in Georgien und der Ukraine der herrschenden Klasse in Moskau ein gewaltiger Dorn im Auge sind. Fakt ist auch, dass seit einiger Zeit ein Tabu gebrochen wird: Russische Medien berichten offen über angebliche Liebschaften von Präsident Saakaschwili – bis hin zum Vorwurf, er habe seine Pressesprecherin geschwängert. Themen, die eigentlich tabu sein sollten – müssten doch die Zeitungen weltweit Sonderbeilagen drucken, wollten sie über alle moralischen Verfehlungen der Mächtigen berichten.

Der geplante Porno über »Julia und Michail« ist ein neuer schmutziger Höhepunkt im »Kompromat-Krieg«. Hinter dem Film steht der ultranationalistische Dumabgeordnete Alexej Mitrofanow. Ihm werden wie seinem Parteichef Schirinowski gute Kontakte zu Geheimdienst und Kreml nachgesagt. Unlängst machte er von sich reden mit dem Vorschlag, statt des Volkes solle das kremltreue Parlament den Präsidenten wählen.

Kritiker sehen hinter Mitrofanow und seinen Parteigenossen nicht nur politische Pausenclowns, sondern auch die »Männer fürs Grobe« des Kremls. Das mag übertrieben sein. Tatsache ist dagegen, dass heute in Russlands nicht viel berichtet wird über Dinge, die nicht den Segen von oben haben. Mitrofanows Pornopläne fanden breiten Anklang in den Medien.

Die ukrainische Botschaft war denn auch wenig amüsiert und nannte die Filmpläne »amoralisch«. Die Filmemacher rechtfertigen sich damit, dass Timoschenko auch im Playboy zu sehen war; nicht hinzugefügt haben sie allerdings, dass die Ikone der ukrainischen Revolution darauf züchtig bekleidet blieb.

Einen wohl nicht ganz ernst gemeinten erotischen Gegenschlag drohten ukrainische Filmemacher im Internet an: Einen Film über eine sehr innige Beziehung zwischen Putin und dem ehemaligen ukrainischen Präsidentschaftskandidaten Viktor Janukowitsch, den der Kreml einst heftig unterstützte. Arbeitstitel des Streifens »Der süße Wolodja und der hellblaue Witja«. Das Wort hellblau ist im russischen gleichbedeutend mit homosexuell.

Gebell statt Kritik

Russland ist auf den Hund gekommen. Zumindest das Staatsfernsehen. Während die Kritiker von Präsident Wladimir Putin dort kaum noch zu Wort kommen, rücken die Vierbeiner des Kreml Chefs zunehmend ins Rampenlicht – frei nach dem Motto: »Bellen statt diskutieren«. Das jüngste Beispiel: Der Besuch von Italiens Ministerpräsident Silvio Berlusconi in Putins Sommerresidenz in Sotschi.

Aus der Hundeperspektive erfuhren Russlands Fernsehzuschauer über den Gipfel der beiden Freunde: »Die ersten, die die Italiener zum Abschiedsfrühstück begrüßten, waren die beiden Zwergpudel von Ljudmilla Putina, Rodeo und Toska« (auf deutsch: Sehnsucht) – mit diesen Worten begann das Staatsfernsehen seinen Bericht. Sodann erfuhr der politisch interessierte Russe, dass sich Präsidenten-Labrador Conny reservierter zeigte als die Pudel der First Lady und nur mit dem Schwanz wedelte.

Wie einst im alten Rom Seher aus den Eingeweiden von Vögeln die Zukunft lasen, so könnte Journalisten im modernen Russland bald drohen, dass sie aus dem Wedeln von Hundeschwänzen politische Neuigkeiten entnehmen müssen: So viel in dem Gipfelbericht über die Vierbeiner und die Begrüßung die Rede war – so wenig verrieten die Fernsehmacher über die politischen Hintergründe des Zweier Treffens.

Tatsächlich machen Putins Hunde immer öfter das, wofür in funktionierenden Demokratien die Opposition zuständig ist: die Begleitmusik. Während in Deutschland Hans-Walter Steinmeier und Claudia Roth die Kanzlerin in den Nachrichten auf Schritt und Tritt mit kritischen Worten flankieren, sind im Umfeld von Wladimir Putin mit steigender Frequenz die Vierbeiner im Bild.

Bei den Duma Wahlen 2003 war in den Nachrichten fast mehr von Kreml Hündin Conny die Rede als von der Opposition –

hatte das Tier doch politischen Instinkt bewiesen und just in der Nacht vor dem Urnengang Nachwuchs auf die Welt gebracht.

Damit schlug Conny, die ihr Herrchen zuweilen auch in den Kreml begleitet, zwei politische Fliegen mit einem Wurf: Pünktlich zur Präsidentenwahl drei Monate später ergingen sich kremlnahe Medien in rührseligen Ergüssen über die Glücklichen, die mit den Welpen der Präsidentenfamilie gesegnet wurden.

Russlands Medien singen nicht nur Loblieder auf Conny – selbst ihre vierbeinigen Verwandten schaffen es in die Berichterstattung. »Die Zunge weigert sich, sie Hündin zu nennen«, begeisterte sich ein Kommentator; ein anderer bezeichnete Conny als »nationale Errungenschaft.« Mit zarten vier Jahren brachte es die Hündin schon zu einer Comic Rubrik in einer Wochenzeitschrift und zu einem eigenen Buch: In »Connie's Story« erzählt sie von ihrem Herrchen, das sie zu selten ausführt, weil wichtige Dokumente zu lesen sind, und das immer zu seinen Entscheidungen steht.

Dabei ist die schwarze Conny, die ihren Namen bösen Gerüchten zufolge US Außenministerin Condoleezza Rice verdankt, nicht nur innenpolitisch im Einsatz, sie macht sich auch außenpolitisch um Entspannung verdient. Die Beziehungen zu Wien festigte sie mit zwei ihrer Welpen, die Herrchen Putin dem österreichischen Präsidenten Klestil schenkte.

Als im Juli Tony Blair zur Vorbereitung des G8-Gipfels nach Moskau kam, empfing ihn auf der Präsidenten-Terrasse Conny – noch vor dem Staatschef. Prompt gab der Briten-Premier der Hundedame das, was er ihrem Herrchen seit einiger Zeit wegen demokratischer Defizite verweigert: Streicheleinheiten.

Dabei betritt Putin mit seinen vierbeinigen Freunden keinesfalls politisches Neuland. Von Waren Harding über John F. Kennedy bis hin zu George W. Bush gehören Hunde in Amerika fast so unzertrennlich zum Präsidenten wie das Weiße Haus. Ansehnliche Kläffer sind gut fürs Image, lassen das Herrchen bodenständiger, fürsorglicher und sympathischer erscheinen. Kann ein Hundefreund ein schlechter Landesvater sein?

Franklin Roosevelts Terrier Fala fraß angeblich nur aus Präsidentenhand; Gäste mussten oft am Tisch warten, bis Mister Präsident das Tier satt hatte. Heute liegt Fala mit dem Herrchen gemeinsam begraben – und brachte es postum sogar zu einem Denkmal in Washington.

Ronald Reagens Terrier Lucky brachte beim Treffen mit der eisernen Lady Maggie Thatcher das Eis zum Schmelzen, als er sich vor ihr hinwarf und sie zum Bauchkraulen einlud. Hündin Millie machte von sich reden, weil sich ihre Biographie besser verkaufte als die des Herrchens – George Bush senior.

Einen Stilbruch erlaubte sich Bill Clinton, als er 1993 statt mit Hund mit Kater Socks ins Weiße Haus einzog. Doch in der Lewinsky Affäre wollte der Staatsmann nicht mehr auf kläffenden Beistand verzichten: 1997 kam Labrador »Buddy« in seinen Dienst. Prompt lockerte er die Nahost-Friedensgespräche in Camp David auf, als er auf den roten Teppich pinkelte.

Nachfolger George W. Bush nutzte seinen Terrier Barney im Kriegsjahr 2003 für die Friedensbotschaft: Mit einer Minikamera auf dem Rücken zeigte der dem Wahlvolk Weihnachten im Weißen Haus. Kein Wunder, dass da auch Bundeskanzler Gerhard Schröder (SPD) nicht nachstehen wollte und sich mit Border-Terrier Holly vierbeinigen Beistand zulegte. Anders als Putins Conny war es Holly aber nicht vergönnt, die Opposition in den Medien zu überbellen.

So ist denn auch nicht jeder Hund gut fürs Image, wie der Kreml Chef unlängst erfahren musste. Angeblich war Putins Freude eher gering, als der japanische Premier – offenbar in Kenntnis von Putins Hundeliebe – mit einem Geschenk der besonderen Art im Kreml die Aufwartung machte: Computer Hund Puti, der für Streicheleinheiten die russische Nationalhymne bellt.

Putins weiße Mäuse

Sicherheit ist die Religion unserer Zeit, sie macht auch vor dem Kreml nicht halt, und die Kollateralschäden reichen zuweilen bis in die eigenen vier Wände eines rechtschaffenen Auslandskorrespondenten, oder genauer gesagt bis kurz davor. Es lag nicht etwa an meinen zitternden Händen oder hochreversierendem Herzrasen, weil ich gerade vor einer halben Stunde dem Präsidenten höchstselbst ins stahlblaue Herrscherauge geblickt hatte, als ich jüngst meinen Schlüssel nicht mehr ins Schloss meiner Wohnung brachte. Der Grund für meinen Ausschluss aus meiner abweisenden Wohnung war weitaus profaner: Bei den obligatorischen, meist sogar doppelten Sicherheitskontrollen im Allerheiligsten der russischen Macht musste ich wie am Flughafen alle metallischen Gegenstände aus meinen Taschen auf eine Art Wühltisch legen. Und wie es das Schicksal so wollte, glich mein Schlüsselbund offenbar wie ein Ei dem anderen dem eines Kollegen – der nun irgendwo in Moskau mit meinem Schlüssel vor seiner verschlossenen Haustür stand.

So sehr ich mich damals über die Kontrollfreaks im Kreml ärgerte – jetzt musste ich zu meinem Trost erfahren, dass ich vielleicht mit einem blauem Auge davon gekommen bin und im Kreml möglicherweise gar noch ganz andere Fallen lauern. Dass Betrunkene – unabhängig von Alter, Geschlecht und nationaler Herkunft – zuweilen weiße Mäuse sehen, hat die Wissenschaft längst bewiesen. So ist es nur legitim, wenn man im Umkehrschluss Zweifel anmeldet an der Zurechnungsfähigkeit von Menschen, die solche Tiere in größerer Anzahl in ihrer Umgebung wahrnehmen. Freche Zeitgenossen an der Moskwa, denen nichts heilig ist, behaupten neuerdings, derartig bedenkliche Urteile drohten jetzt den über jeden Zweifel erhabenen Insassen des Kreml. Zur Begründung dieser fatalen Unterstellung berufen sie sich auf eine amtliche Mitteilung: Der Föderale Wachdienst, der rund um die Uhr für die Sicherheit des Kreml zuständig ist, suchte kürzlich 3.200 weiße Mäuse – so steht es in einer offiziellen staatlichen Kaufausschreibung im Internet. Die Anforderungen an die weißen Sicherheitsmäuse sind die höchsten: 16 bis 18 Gramm schwer sollen sie sein, und 156,25 Rubel das Tier kosten (4,35 Euro).

Halb Russland rätselte fortan, wozu um alles in der Welt Putins Leibwächter die Nager brauchen. Der Wachdienst verweigert jede Auskunft, die Tiere sind offensichtlich Staatsgeheimnis. Eben das regte das Informationsbedürfnis des Bürgers erst richtig an, und sofort überschlugen sich die Spekulationen. Sind die Mäuse als Vorkoster, wie weiland beim Maharadscha von Zasterabad, für Russlands oberste Führung vorgesehen, die sich, nicht ganz unrealistisch, überall von meuchelnden Giftmördern umgeben sehen, oder ist nur die Kremlküche verbesserungsbedürftig? Dient die Maus als Falkenfutter im Kreml, – wohlgemerkt die mit den Flügeln, die als unermüdliche Taubenbekämpfer für das Vaterland im Einsatz sind und jeden Anschiss der grauen Gesellen schnell und unbürokratisch erledigen. Sollen die Mäuse als heilige Glücksbringer für Russlands Schicksal spielen, wie im antiken Kreta, wo sie auf Staatskosten in speziellen Tempeln logierten? Oder sollen sie wie japanische Tanzmäuse für Kurzweil bei den Kremlinsassen sorgen, nach einem harten Tag des Ringens um Russlands Wiedergeburt als Weltmacht?

Als seien solche Respektlosigkeiten nicht Frevel genug, sehen manche besonders giftige catilinarische Existenzen und Spötter gar subtil ausgeklügelte Palastintrige hinter dem Mäusekauf. Etwa den raffinierten Einsatz der Tierchen zur Bekämpfung von »Parteifreunden« was hier wie anderswo ja bekanntlich nur ein Synonym ist für politische Widersacher. Tatsächlich ist das nicht von der Hand zu weisen, denn wenn plötzlich ein ranghoher Beamter oder gar der neue Präsident Medwedew mit bleichem Gesicht aus seinem Amtszimmer rennen und schreien sollte, »ich sehe weiße Mäuse! Viele, viele weiße Mäuse!!!«, könnte seine Karriere schnell in der Zwangsjacke enden – und nur aufmerksame Leser der Internetausschreibungen der Leibwache könnten die wahren Hintergründe erahnen.

Aber wir wollen nicht völlig in die amtliche Paranoia verfallen. In Wirklichkeit sind die Tiere wohl ebenso wie die Metalldetektoren im Kreml für die Sicherheit aller Leistungsträger und Apparatschiks zuständig – etwa als Labormäuse zur Abwehr von Giftgefahren. Wie auch immer, sicher scheint nur eines: Den Tieren, so vermutet die Zeitung »Komsomolskaja Prawda«, sei der Heldentod fürs Vatersland sicher. Über ein öffentliches Staatsbegräbnis schweigt sie sich aus Sicherheitsgründen aus. Zumindest in Deutschland drohten den weißen Mäusen, die Politiker für ihre Gefahrenabwehr einsetzten, solche Gefahren bisher nicht im geringsten – es waren allerdings auch keine vierbeinigen, sondern zweirädrige: die Fahrer der Ehren Motorradeskorte mit ihren weißen Schutzuniformen.

Sie werden sich nun fragen, ob ich immer noch vor der verschlossenen Tür stehe. Tatsächlich musste ich einige Zeit in der misslichen Lage ausharren, da ich in Moskau keinen Schlüsseldienst kenne. Doch dann war es, wie immer in Russland, der Kreml, der die Lage rettete: Mit amtlicher Hilfe des Wachdiensts – ja, der mit den Mäusen – wurde die babylonische Schlüsselverwirrung aufgeklärt. Nach einer diskreten Übergabe auf neutralem Boden kamen mein russischer Leidensgenosse und ich wieder in die eigenen vier Wände. Sage da noch einer, der Kreml kümmere sich nicht um den einfachen Mann auf der Straße.

Putins sexy Schätzelein

Berlusconi macht es vor, Sarkozy auch – und Wladimir Putin eifert ihnen nach elf Jahren an der Macht jetzt nach: Der russische Premierminister sorgt mit weiblicher Begleitung für Aufregung. Wenn auch etwas anders als seine beiden Freunde in Paris und Rom. Die bringt ihre große Nähe zum schwachen Geschlecht regelmäßig in die Schlagzeilen – oft wider Willen. Putin dagegen hält zumindest ein paar Meter Sicherheitsabstand und hat offenbar nichts dagegen, dass die gesteuerten Medien im Machoreich Russland pünktlich zum Vorwahlkampf über seine »Frauengeschichte« berichten. Der »Nationale Führer« hat mit einer jahrzehntelangen Tradition gebrochen und lässt erstmals eine Frau als Leibfotografin seine Schritte für die Ewigkeit dokumentieren.

Es ist wohl kaum diese Nachricht allein, die das Herz vieler Russen höher und, sofern es sich um Männer handelt, schneller schlagen lässt. Die Auserwählte, Jana Lapikowa, ist gerade einmal 26 Jahre alt, und bringt, da sind sich die Beobachter einig, vor der Kamera weitaus bessere Bilder zustande als dahinter. Nicht von ungefähr verdiente die junge Schwarzhaarige mit dem sinnlichen Schmollmund zuvor ihr Brot und vielleicht auch ihren Kaviar als Model. Fakt ist, dass sie es 2008 bis ins Finale des Schönheitswettbewerbs »Miss Moskau« geschafft hat.

Nachdem ein Blogger mit dem Spitznamen »Drugoj« (»Der Andere«) die Identität der jungen Dame im Umfeld Putins lüftete, schossen sofort die wildesten Spekulationen ins Kraut – wohl nicht zuletzt, weil sich Lapikowa abwechselnd auch als »Lapina« ausgab und als »Lapotschkina« – was auf das russische Wort »Pfötchen« zurückgeht und so viel bedeutet wie »Schätzelein«.

Putins smarter Sprecher Dmitrij Peskow, der sich sonst nur zu Themen von staatstragender Bedeutung äußert, gab prompt eine Erklärung ab. »Wir wählen die Fotografen nicht nach ihrem Geschlecht aus. Sie ist wirklich ein guter Fotograf, ihre Vergangenheit als Model berührt uns absolut nicht, denn das ist kein Verbrechen!«

Offenbar herrschte Not am Mann beziehungsweise der Frau. Die beiden amtierenden Putin Fotografen seien überarbeitet und »ausgelaugt«, so Peskow. Dass der Premier jetzt derart attraktiven Ersatz hat, liege ausgerechnet am Sparzwang. Die Suche nach einer neuen Kraft habe sehr lange gedauert, »die Arbeit als persönlicher Fotograf ist wie eine Strafarbeit, die bei weitem nicht so bezahlt ist, wie die Arbeit in internationalen Fotoagenturen, sondern um ein vielfaches niedriger«.

So jedenfalls zitierten diverse Medien Peskow unter Berufung auf die quasi amtliche Nachrichtenagentur Interfax – und ohne jedes Wort über die zahlreichen Privilegien, die ein Regierungsjob mit sich bringt. Plötzlich bildeten sich lange Schlangen von Arbeitssuchenden vor dem Regierungssitz. Und sei es Zufall oder Absicht: Später waren Peskows Zitate auf der Internetseite von Interfax nicht mehr zu finden.

Nachzulesen im Netz ist dagegen, dass die »Komsomolskaja Prawda«, eine Art Moskauer »Bild« Zeitung, ein Interview mit der jungen Dame führte. Sie sei quasi nur Praktikantin, sagte sie da – offenbar gänzlich unbedarft und uneingedenk der Brisanz, die dieses Wort seit den Abenteuern von Bill Clinton im Oval Office zumindest für diejenigen Schönheiten hat, die über Zutritt zur näheren Umgebung eines Mächtigen verfügen. Dabei ist der Status von Lapikowa ein durchaus solider. Putin Sprecher Peskow bestätigte – nun nachlesbar -, dass sie in der Regierung angestellt ist. Wenn auch nur zur Probe.

Vielleicht liegt es daran, dass sich Lapikowa Enthaltsamkeit auferlegt hat. Zumindest virtuell. Auf ihrer Internetseite sind just jene Fotografien verschwunden, die tiefe Einblicke ermöglichten. Da das Netz aber auch in Russland kein Verfallsdatum hat und der Blogger »Drugoj« fand, die erotischen Werke seien zum Wegwerfen zu schade, sind die pikanten Bilder jetzt auf seiner Homepage zu sehen.

Lapina selbst dagegen zeigt auf ihrer Seite – inzwischen unter richtigem Namen – nur noch harmlose Proben ihrer Fotokunst. Sie arbeite schon lange als Fotografin, verriet sie im Interview. »Das ist mein Lebenstraum. Deshalb will ich jetzt nicht über dieses Thema reden, weil ich fürchte, meine Arbeit zu verlieren.«

Bei so viel Wirbel um Putins neue Fotografin kurz vor Auftakt des Wahlkampfes – im Dezember wird die Duma, im März 2012 der Präsident gewählt – wollte offenbar auch Staatschef Dmitri Medwedew nicht nachstehen, der Mann am hinteren Lenker im Moskauer »Macht Tandem«. Fast zeitgleich mit den Schlagzeilen über Lapikowa war zu erfahren, dass auch »Medwed« (»Bär«) künftig die Sorge um sein Bild beziehungsweise seine Bilder in der Öffentlichkeit in weibliche Hände legt.

Dabei scheinen bei dem Juniorpartner andere Prioritäten zu gelten als bei seinem politischen Übervater. Seine Neue, Jekaterina Schtukina, gestandene Fotokorrespondentin mit zehn Jahren Berufserfahrung, ist zwar auch attraktiv, und auch von ihr sind jede Menge Bilder im Internet zu sehen – aber in erster Linie solche, bei denen sie hinter der Kamera stand.

Winterstarre und Komasaufen

S ie glauben, einen Winterschlaf gibt es nur im Tierreich?
Weit gefehlt! Seit 2005 fällt auch Russland alle Jahre wieder
in eine Art Winterstarre, die böse Zungen auch als Alkoholko-
ma bezeichnen. Auslöser des winterlichen Schlummers ist nicht
etwa die eisige Kälte in Russland, sondern ein neues Gesetz,
das kein Geringerer als Wladimir Putin unterschrieb. Er erklärte
die ersten neun Tage eines jeden neuen Jahres zu Feiertagen –
auf dass seine Untertanen sich auf das Kräftigste erholen können (auch wenn die besagten bösen Zungen dagegenhalten,
es sei Putin im Wesentlichen um die Oberen Zehntausend im
Lande gegangen, die ihren Neujahrsurlaub in den Alpen jetzt
endlich ohne Erklärungsnot oder falsche Krankheitsatteste antreten können).

Wie für die Deutschen Heiligabend ist für die Russen Neujahr das wichtigste Fest im Jahr. Das orthodoxe Weihnachten
am 7. Januar ist nach 70 Jahren Kommunismus eher eine Fuß-
note im neuntägigen Feiertagsmarathon. Vom 1. bis 9. Januar
geht kaum noch etwas in Russland: Die wichtigsten Läden und
Geschäfte sind zwar geöffnet, doch ansonsten wirkt das Land
wie im Schlummer, das Arbeitsleben steht still, statt der ewigen
Staus bieten Moskaus Straßen gähnende Leere, und in der Metro kann man selbst zur Stoßzeit die Ellenbogen frei bewegen.
Wer es sich leisten kann – laut Umfragen drei Prozent der Russen – verbringt die »Neujahrsferien« irgendwo im Süden beim
Skifahren oder in Äquatornähe beim Sonnenbaden.

Zurück bleiben die weniger Betuchten – und mit ihnen auch
eine Vielzahl von Problemen. »Wie in einem U-Boot müssen

sie die Feiertage verbringen – in einer engen Wohnung mit ihren Verwandten und Freunden, vor denen sie nirgendwo hin weglaufen können. Die Menschen sind gezwungen zu fast zwei Wochen Langeweile ohne Arbeit, sie kommen um vor Nichtstun und lenken sich ab durch Streit und Skandal mit ihrer besseren Hälfte«, klagt die Internetzeitung newsru.com. Nicht ganz zu Unrecht: In jeder dritten russischen Familie führen die neun arbeitsfreien Tage zu ernsthaften Konflikten und Ehekrisen, wie die Moskauer Zeitung »Nowye Iswestija« unter Berufung auf die Standesämter berichtet. Jeder fünfte Neujahrskrach führe gar zur Scheidung.

Dabei wäre es ungerecht, die ganze Schuld auf die Neujahrsferien zu schieben: Seinen Lauf nimmt das Unheil nach Ansicht von Fachleuten schon bei den obligatorischen Neujahrsfeiern in den Betrieben. »Die Menschen freuen sich, noch eine Etappe ihres Lebens erfolgreich überstanden zu haben. Das gibt ihnen Kraft und Energie, die sich nicht selten im Sexuellen entlädt, vor allem bei der Jugend«, glaubt der Medizinprofessor und Sexologe Alexander Polejew.

Neben Untreue bringen demnach auch deplatzierte Neujahrsgeschenke den ehelichen Frieden ins Wanken. Vor allem Frauen erwarten demzufolge oft das ganz besondere Etwas unter dem Neujahrsbaum – und sind dann bitter enttäuscht, wenn Väterchen Frost alias Ehegatte dort nur ein 08/15-Geschenk deponiert hat. Männern indes sind die Geschenke ihrer besseren Hälfte oft zu üppig – wie die Moskauer Hausfrau Jekaterina Tschischowa erfahren musste, als sie ihrem Gatten einen teuren MP3-Spieler bescherte – der statt Freude nur Schreck über das entstandene Loch im Familienbudget empfand. Der entsetzte Aufschrei »Wie konntest Du nur unser sauer verdientes Geld ausgeben für so etwas« habe schon den Anfang vom Ende vieler Ehen bedeutet, berichtet die Psychologin Tatjana Kurepina.

Gefährlich sind auch allzu nützliche Geschenke. Nach zwei Jahren in wilder Ehe erwartete etwa die Studentin Olga Lobasowa von ihrem Auserwählten ein romantisches Präsent bis hin zum Ehering. Stattdessen gab es zur Bescherung ein Pizzamesser – mit dem Hinweis, dass alle ihre Messer zu Hause unscharf seien. Obwohl er für das Geschenk viel Geld ausgegeben hatte und er nur das beste wollte, wie der Auserwählte beteuerte, blieb er nicht mehr lange derselbe – Olga gab ihm den Laufpass.

Noch mehr als falsche Geschenke und Untreue fürchten die meisten russischen Frauen an Neujahr indes eine andere Gefahr für das Familienleben: den Alkohol. Die Versuchung beginnt damit, dass Hochprozentiges zu den traditionellen Geschenken gehört. Für viele Russen ist das der Auftakt zu einer mehrtätigen Sauforgie: »Wenn einem Freunde einen besonders edlen Tropfen verehren, gilt es als Sünde, den nicht zu probieren. Und man hat ja viele freie Tage, das heißt, man kann den Rausch in Ruhe ausschlafen«, erklärt Wjatscheslaw Morosow, Leiter des Zentrums »Nüchternheit und Familie«, die Motive für das Komasaufen: »Im Januar und Anfang Februar kommen dreimal so viele Patienten zu uns wie im Rest des Jahres.«

Die »Bescherung« komme oft ausgerechnet zum orthodoxen Weihnachtsfest am 7. Januar, berichten die Ärzte: Nach sechs bis sieben Tagen am Alkoholtropf wird der Trinker nicht nur unangenehm, sondern auch gefährlich für seine Umgebung. Eine so genannte »Alkoholpsychose« tritt ein – mit Halluzinationen, Verhaltensstörungen und Angstattacken. Die traurige Folge: viele im Rausch begangene Straftaten – bis hin zu Todesfällen.

Übermäßige Liebe zum Alkohol ist nach einer Studie des Allrussischen Meinungsforschungszentrums Ursache für 51 Prozent der Scheidungen. Wie bei Ludmila und Dmitrij Konowalow. Die beiden ließen sich kurz nach Neujahr 2007 scheiden: Ludmila musste die Silvesternacht im Keller ihres Mietshauses verbringen. Kurz vor dem Jahreswechsel war Dmitrij so betrunken, dass er seine Frau mit der Faust ins Gesicht und in den Bauch schlug. Danach schnitt er sie mit einem Messer in die

Brust und ins Gesicht. Als Ludmila wieder zu Bewusstsein kam, lag sie im Keller. Sie blutete stark, konnte aber nicht gehen und Hilfe suchen, weil die Kellertür zugesperrt war. Die Rettung kam ausgerechnet von der Schwiegermutter: Ihr Sohn hatte ihr offenbart, dass er seine Frau mit dem Messer attackiert und danach in den Keller gesperrt hatte.

Manche Russinnen greifen angesichts solcher Not zu riskanten Methoden, um ihre Gatten an Neujahr nüchtern zu halten. Vergangenes Jahr mischten einige Frauen in Jekaterinburg im Ural in die Gläser ihrer Männer eine Tinktur zur Entlausung und zur Heilung von Verdauungsbeschwerden von Hornvieh. Das Mittel führt auch in geringen Dosen zu Brechreiz, schon ein Teelöffel lässt den Blutdruck lebensgefährlich stark fallen. Die zehn betroffenen Männer blieben denn auch in der Tat nüchtern – mussten Neujahr aber im Krankenhaus feiern, wo die Ärzte ihnen mit viel Mühe und Glück das Leben retteten.

Panzer mit Grünem Punkt

Wer benutzte Gegenstände zu Wertstoffsammelstellen bringt, gilt gewöhnlich als verantwortungsvoll und vorbildlich und der Dank der Umwelt oder zumindest der umweltbewussten Mitmenschen ist ihm gewiss. Zumindest, wenn es sich um Papier, Glas oder alte Kleider handelt. Und nicht um Panzer. Diese Erfahrung mussten jetzt Roman W. und Andrej B., machen, zwei Offiziere in der 500.000 Einwohner Stadt Rjasan rund 180 Kilometer östlich von Moskau.

Anfangs ging alles nach Plan. Die beiden Männer fuhren mit einem Panzerwagen aus der örtlichen Fallschirmjägerschule bei einer Altmetallsammelstelle vor. Genauer gesagt: Sie fuhren mit einem Lastwagen vor, auf dem sie den Panzerwagen geladen hatten, denn das gute Stück war altersschwach und aus eigenen Kräften nicht mehr fahrtauglich – das Fahrgestell fehlte. Für den Wertstoffhändler war das kein Hindernisgrund. Er zahlte den beiden Männern 24.000 Rubel bar auf die Hand – knapp 700 Euro.

Viel Freude hatten Roman W. und Andrej B. nicht mit dem Geld. Denn kaum hatten sie das Kriegsgerät der Wiederverwertung zugeführt, schon gab es Ärger. Soldaten der örtlichen Fallschirmjägerschule hatten bemerkt, dass auf ihrem Übungsplatz einer der alten, ausgemusterten Panzerwagen fehlte, an denen die angehenden Kämpen das Ein- und Aussteigen aus Panzerfahrzeugen trainierten.

Die Schulführung bewies einen guten Riecher: Sie suchte prompt in den örtlichen AltmetallsSammelstellen nach dem verlorenen Kriegsgerät, das immerhin fünf Meter lang ist. Prompt wurden sie fündig. Und dank der Beschreibung des Altmetallhändlers fanden sie auch schnell Roman W. und Andrej B.

Die Führungsoffiziere wollten offenbar nicht daran glauben, dass ihre beiden Untergebenen aus reiner Sorge um die Abrüstung oder die Umwelt gehandelt hatten – statt dessen sahen sie die Sorge um schnöden Mammon im Vordergrund. So kamen die beiden Männer vor Gericht; für schweren Diebstahl wurden sie zu einer Geldstrafe von jeweils 3.000 Rubel verurteilt, rund 80 Euro. Weil sie sich reumütig und geständig zeigten, wird die Militärführung nun vielleicht Gnade vor Recht ergehen und die beiden weiter Dienst fürs Vaterland leisten lassen, schreibt die Zeitung »Iswestija«. Ganz unschuldig war schließlich auch die Schulleitung nicht: Sie bekam einen Verweis – weil sie sich nicht ausreichend um die Bewachung des Panzerwagens gekümmert hatte.

Altmetallräuber sind für Russlands Armee kein neues Problem: Panzerwagen könnten leicht Opfer von Langfingern werden, eröffnet die »Iswestija« unter Berufung auf Quellen im Verteidigungsministerium. Wie groß die Gefahr ist und ob – und wenn ja wie viele – Prunkstücke der Armee bereits in den Schrottpressen des Riesenreiches landeten, darüber hüllen sich die russischen Behörden freilich in Schweigen.

Das Ungemach könnte jedoch bedenkliche Ausmaße haben, wie zumindest die leidlichen Erfahrungen aus anderen Bereichen des täglichen Lebens nahe legen: So standen in Russland oft Lifte still, weil Altmetalldiebe sie ausschlachteten. Bauherren wundern sich immer wieder, dass ihre Bauzäune plötzlich verschwinden. So manches Dorf hatte plötzlich keine Fernmeldeverbindung mehr, weil böse Menschen die Telefonleitungen zu barer Münze machten. Und auch Züge sind schon liegen geblieben, weil Altmetalldiebe sich an den Schienen vergriffen oder an den Leitungen Hand angelegt haben; auch Autofahrer können sich nicht in Sicherheit wähnen, weil selbst Gummideckel nicht sicher sind vor den Langfingern.

Manchmal werden die Altmetalldiebe selbst zum Opfer: Wie jene drei Waldarbeiter in Georgien, die 2002 die Atombatterie einer Funkstation aus einem Waldstück zerlegten. Sie freuten sich noch, dass die Blechkisten ihre Hände wärmten, verkaufen sie dann an einen Altmetallhändler– und mussten wenig später ins Krankenhaus. Diagnose: Schwere Strahlenschäden. 2001 stahlen Unbekannte bei Murmansk den Bleimantel der Atombatterie eines Leuchtturms – worauf ein ganzer Küstenabschnitt gesperrt wurde. In den USA berichtete der frühere CIA Chef George Tenet gar, Russland habe einen Teil seiner Atomsprengköpfe schlicht und einfach verloren.

Auch vor Nationalheiligtümern schrecken die Langfinger nicht zurück: In Barnaul wurden die Metallgefäße gestohlen, in denen das Ewige Feuer zu Ehren der Kriegstoten brennen sollte. Und aus der Gedenktafel demontierten sie die metallenen Buchstaben, mit denen die Namen der Kriegstoten bis dahin verewigt waren.

Mit dem wirtschaftlichen Aufschwung in den letzten Jahren ging die Zahl der Altmetalldiebstähle zwar zurück. Doch wie der Panzerverkauf von Rjasan zeigt, ist es für eine Entwarnung noch viel zu früh. Kein Wunder, angesichts des möglichen Profits: Wie sich herausstellte, verkauften Roman W. und Andrej B. den Panzerwagen weit unter Preis – weil es sich um die Fallschirmjägerausfertigung handelte, in der besonders viel Aluminium zum Einsatz kam, hätten die Diebe ein Vielfaches der 24.000 Rubel (knapp 700 Euro) verlangen können.

Angesichts solcher Profitchancen überlässt Verteidigungsminister Anatolij Serdjukow, ein ehemaliger Möbelhändler, nichts mehr dem Zufall und steigt selbst groß ins Altmetallgeschäft ein: Wurden früher Panzer schon mal einfach auf der Wiese abgestellt, so sollen allein in diesem Jahr 4.000 Panzer, 1.500 Flugzeuge und 1,5 Millionen Munitionseinheiten verschrottet werden – unter strenger staatlicher Aufsicht. Absatzprobleme dürfte die Armee dabei nicht haben: Iswestija Journalisten gaben sich als Panzerwagenverkäufer aus und machten Testanrufe bei Altmetallhändlern: »Gerne nehmen wir ihn, bringen Sie ihn vorbei«, lautete fast überall die Antwort, ohne jede Rückfrage, wer der Verkäufer ist und wie er an das Kriegsgerät kam. Nur

ein Händler hatte Bedenken – die er mit trauriger Stimme vor-
trug. »Wir haben im Moment kein Werkzeug, mit dem wir den
zerlegen können.«

Wodka im Zielfernrohr

Der Volksfeind ruht nie. Und schreckt vor nichts zurück, nicht einmal vor einer explosiven Mischung von Wodka und Panzerfahrzeugen, nicht vor eingefahrenen Hauswänden und erschrockenen Verkäuferinnen. Um die glorreichen Vaterlandsverteidiger im Panzerhelm als trinksüchtige Geisterfahrer und Unfallflüchtige darzustellen, nutzen die Feinde Russlands sogar modernste ausländische Technik wie Handys mit Videofunktion. Selbst im tiefsten, friedlichen russischen Hinterland haben die Propagandisten ihre Helfershelfer.

Auch im Dorf Oktjabrskoje im Gebiet Swerdlowsk, in der Heimat eines anderen bekannten Russen also, der zeitlebens mit dem niederträchtigen Gerücht zu kämpfen hatte, er greife lieber zu Wodka als zu linksdrehendem Kefir: Boris Jelzin. Was in Oktjabrskoje dieser Tage passierte, ist eigentlich kaum der Rede wert, schließlich fallen überall, wo Panzer fahren, Späne, und zuweilen auch Häuser. Die Armee in der Welt, die ohne Fehler ist, schieße als erste!

Kurzum: Ein Panzer, genauer gesagt ein gepanzerter Raketenwerfer, was aber für ein ungedientes Auge kaum einen Unterschied macht, war auf dem Weg zu einer Truppenübung in technische Schwierigkeiten geraten. Die wiederum führten zu einem ungeschickten Manöver und in der Folge zur Beschädigung und teilweisen Vernichtung eines Wohnhauses und eines Dorfgeschäfts. So jedenfalls die offizielle und damit sicherlich auch wahre Version, wie sie Russlands Nachrichtenagenturen mit vorbildlicher Objektivität verkündeten.

Aber es kann die beste Armee nicht in Frieden ihr Schießen üben, wenn es bösen Journalisten nicht gefällt. Volksfeindliche Kräfte machten sich — schon das ein unglaublicher Akt des Misstrauens und der Subversion — auf den Weg ins Dorf Oktjabrskoje, um dort den »technischen Schwierigkeiten« des 60 Tonnen schweren Panzerfahrzeugs auf die Spur zu kommen. Und siehe da: Einhellig berichteten die Dorfbewohner, die sich offenbar verschworen hatten oder vom Ausland bezahlt wurden, Grund für all das Ungemach sei nicht etwa ein technisches, eher ein alkoholisches Problem gewesen. Am helllichten Tag rollte plötzlich das Ungetüm über die immer noch nicht asphaltierte Dorfstraße, und schon die leichte Schlangenlinie des 60-Tonners ließ die kampf- und manövererprobten Dörfler nichts Gutes ahnen.

Wie ein Datschler mit seinem Lada auf dem Weg in die Sommerfrische hielt der Panzer direkt gegenüber vom Dorfladen an. »Der kam zu mir ins Geschäft, kaufte Lebensmittel und zwei Flaschen Wodka, dabei war er schon vorher besoffen«, berichtet die Verkäuferin Jelena Kulakowa, und ihr freundliches Gesicht wirkt vor lauter Schrecken immer noch fast genauso blau wie ein Panzerführer der ruhmreichen Roten Armee nach intensivem Verzehr des Nationalgetränkes, das einst zu Kriegszeiten zur Erhöhung des Kampfesmutes in 100-Gramm-Dosen verteilt wurde.

Das Vaterland kann aufatmen, dass solche Szenen nur im Internet zu sehen sind, auf der Seite des Oppositionssenders RTVI, zu dem in Russland selbst nur ein Bruchteil der Menschen Zugang hat. Um ihre zutiefst unpatriotische Haltung zu untermauern, zeigen die vaterlandslosen Fernsehgesellen sodann auch noch eine Handy Videoaufnahme. Auf ihr ist zu sehen, wie der Fahrer mit großer Mühe und einer Flasche in der Hand den verzweifelten Versuch unternimmt, zum Führerstand hinaufzukrabbeln. Gut, es ist eindeutig ein heftiger Kampf mit der Schwerkraft, der da zu sehen ist. Und auch das Gefäß hat die Form einer Wodkaflasche. Aber könnte der Mann nicht auch nur an allgemeiner Erschöpfung leiden? Und in die Wodka Flasche Saft gefüllt haben?

Weiter ist auf dem Film zu sehen und vor allem auch zu hören, wie der Panzer auf Tuchfühlung mit dem bebauten Teil des Dorfes geht und weibliche Stimmen leider in nicht sehr freudiger Erregung lautstark kreischen. Das legt den Verdacht nahe, dass es die Dorfbewohner waren, die mit ihrer unmöglichen Neugierde, der paparazzigleichen Gier zum Filmen und unsouveränem Kreischen den armen Fahrer so aus dem Gleichgewicht brachten, dass er beim Umdrehen mit seinem 60-Tonner eines der Häuser leicht touchierte, und sodann auch noch das Lebensmittelgeschäft etwas streifte.

Immerhin blieb ein Großteil der beiden Häuser stehen. Dennoch erwies sich Hausbesitzer Oleg Petrow als Weichei. Obwohl selbst ehemaliger Militär, zeigt er sich unerquicklich nachtragend, weil ihm die Armee nach zehn Jahren Dienst nicht nur den versprochenen Wohnraum vorenthalten hatte, sondern nun auch noch den zerstörte, den er sich selbst gebaut hatte. Doch noch unsouveräner als der Hauseigentümer bzw. Neu-Ruinen-Besitzer Petrow reagierte seine bessere Hälfte, die just in dem Moment im Haus war, als der 60-Tonner es leicht seitlich streifte: »Sie steht unter Schock«, berichtet Petrow: »Sie hat angefangen, zu stottern, Sie verstehen doch selbst, was für eine Frau Technik bedeutet, und ein besoffener Fahrer, mit scharfem Gefechtskopf, gut, dass sie nicht noch geschossen haben.«

Nicht nur die Dorfbewohner äußern sich derart respektlos über die Armee. Selbst Uniformierte lassen sich hinreißen. Alexander Sawin, Chef der örtlichen Verkehrspolizei, erklärte vor den Journalisten mit für einem Beamten unentschuldbarem Augenzwinkern, der Panzer sei auf Erkundungsfahrt gewesen – nach Wodka. Nur in der Armee selbst herrscht noch Sitte und Ordnung. Konstantin Lasutkin, Sprecher der Streitkräfte im Ural Distrikt, wies all die haarsträubenden Vorwürfe entschieden zurück. »Der Fahrer war völlig nüchtern, schließlich war er auf dem Weg zum Panzerübungsplatz«, beteuerte Lasutkin mit staatstragendem und genervtem Blick. Und bestrafen würde man ihn nicht, wozu auch, er habe doch nicht in böser Absicht gehandelt.

Ganz abfedern konnte der Armeesprecher den Kollateralschaden, der durch die Berichterstattung der vor nichts zurückschreckenden Journalisten entstanden ist, aber doch nicht: Den Schaden, so Lasutkin zähneknirschend, werde man ersetzen. Der Unfallfahrer selbst könne Hand anlegen, so die Andeutung. Ob sie in Oktjabrskoje als Versprechen oder Drohung ankommt, ist unklar. Doch es könnte noch schlimmer kommen für die Geschädigten – etwa wenn eine Baubrigade der russischen Armee anrückt: Die sind berüchtigt, weil oft gar keine Panzerattacke nötig ist, um das, was sie gebaut haben, zum Einsturz zu bringen. Aber all das ist natürlich wieder nur böse Feindpropaganda.

Das kalkulierte Früchte Wunder

Ist Deutschland zum Schlaraffenland geworden? Oder ist die Sache faul? Warum in aller Welt diese Bescherung, frage ich mich. Denn bei diesem Heimatbesuch ist plötzlich alles ganz anders. Vielleicht ist es ja so etwas wie Fernweh – aber »mein« Hotel – seinen Namen und die Stadt, in der es sich befindet, wollen wir aus Gründen des Datenschutzes nicht nennen – schien mir bislang immer ein bisschen etwas russisches zu haben: Der Charme des Personals ist robust – Zyniker würden sagen, es ist unfreundlich. Die Bedienungen sind dezent und diskret – würde man das Negative suchen, könnte man sagen, sie bemerken den Gast erst nach Ewigkeiten. Dafür drängen sie ihm keine Hektik auf und gönnen ihm längere Pausen, etwa, bevor er seine Rechnung bekommt – was böse Menschen als »Verschlafenheit« interpretieren.

Kurzum, bisher war mein Hotel der lebende Beweis dafür, dass wir Deutsche uns nicht allzu laut über schlechten Service in Russland empören sollten. Und dann das. Mit einem Mal sind alle wie ausgewechselt. »Dürfen wir Sie upgraden«, fragt der Herr am Empfang mit einem breiten Lächeln? Für einen Moment mache ich mir Sorgen, dass er etwas Unschickliches vorhat. Er scheint es zu bemerken und beruhigt mich sofort: »Wir möchten Ihnen zum gleichen Preis ein besseres und neueres Zimmer zur Verfügung stellen.« Mein Gesicht muss schon in diesem Moment einen fassungslosen Eindruck gemacht haben, aber ich kann nur von Glück reden, dass er mich nicht sah, als ich das extragroße Zimmer betrat: Auf dem Schreibtisch stand ein großer Teller mit Früchten – eine Empfehlung des Direktors.

Es kam noch heftiger: Im Restaurant. Ich musste auf die Kellner wirken wie ein Windelkind und Elterninstinkte wecken – jedenfalls ließen sie mich kaum eine Minute aus den Augen. Die Speisekarte erklärten sie mir mit einer Geduld und Hingabe, als hätten sie einen Sehgeschädigten vor sich – oder wären überzeugt, dass ich außer bei McDonalds noch nie eine Speisekarte vor Augen hatte, und mein kulinarischer Horizont beim Salatblatt eines Hamburgers endet. Fast hatte ich schon Sorge, sie würden mir noch den Gebrauch von Messer und Gabel erklären. Als ich die Unvorsichtigkeit besaß, auf der Weinkarte mit meinem Finger einem besonders teuren Tropfen näher zu kommen, machte einer der Kellner sofort eine halbe Verbeugung: »Darf ich Ihnen davon einen kostenlosen Probierschoppen bringen?«

Mein Gast und ich kamen kaum zum Essen, weil alle fünf Minuten ein Herr oder eine Dame in Kellnergewand an unseren Tisch trat und fragte, ob alles in Ordnung sei und wir noch Wünsche hätten. »Die verwechseln uns mit irgend einem örtlichen Prominenten«, feixte mein Gast. Nein, hielt ich entgegen: Was uns geschehe, erinnere an eine Szene im Louis de Funés Film »Brust oder Keule« – in dem das Restaurantpersonal den falschen Gast für den Michelin Prüfer hält und wie einen Sonnenkönig bedient – während der echte Prüfer in der Ecke fast verhungert und dem Etablissement später sämtliche Sterne streicht.

Wir fangen an, Pläne für eine kulinarische Zukunft zu schmieden: »Wir müssen nur herausbekommen, warum sie uns für Gastronomie Prüfer halten – wenn wir das Rätsel lösen, können wir es auch anderswo anwenden und uns jeden Tag in einem neuem Hotel oder Restaurant nach Strich und Faden verwöhnen lassen.« Ist die Wunderwaffe der Schreibblock, den ich vor mich gelegt habe? Oder die Kennermiene, mit der mein Gast sein Gericht begutachtet? Haben wir aus Versehen irgendein geheimes Codewort verwendet? Wir stecken die Köpfe zusammen, und die Gäste an den Nachbartischen müssen glauben, sie hätten es mit zwei Agenten zu tun, die ein Komplott aushecken.

Und dann das. Die Ernüchterung: Wie eine Ohrfeige riss sie uns aus unseren Tagträumen. Ich hatte ein schönes Trinkgeld in die Rechnungstasche gelegt und war zuerst überrascht, dass sich der Ober gar nicht freute, als er in dieselbe griff. Er zeigte dann auf ein Papier darunter: »Haben Sie das nicht ausgefüllt?« Düstere Wolken waren über seinem Sonnenscheinlächeln aufgezogen. »Was?« entgegnete ich. »Ein Fragebogen, darüber, wie zufrieden Sie mit dem Service sind, das ist ganz wichtig, dass Sie das ausfüllen, unsere Direktion legt großen Wert darauf!« Mein Gast und ich warfen uns einen viel sagenden Blick zu. Und ich konnte noch gar nicht ahnen, wie goldrichtig meine intuitive Entscheidung war: Ich sagte, ich würde ihn natürlich gerne ausfüllen, aber erst später, im Zimmer.

Offenbar in ungeduldiger Erwartung meines Fragebogens geschah das, was ich für schlicht unmöglich gehalten hätte: Der Obstteller auf meinem Zimmer wurde noch größer, das Personal noch freundlicher. Kam ich auch nur in Sichtweite des Restaurants, stürzte sich auch schon ein Kellner auf mich und drohte mir den Mantel von der Schulter zu reißen. »Noch irgend welche Wünsche?«. Ich rief meinen Gast vom Vortag an: »Ich überlege mir, meine Rückreise nach Moskau aufzuschieben und länger hier zu bleiben — wenn ich die Rückgabe des Fragebogens weiter herauszögere, wird man mich spätestens übermorgen mit Handkuss begrüßen und mir Kaviar aufs Zimmer schicken.«

Nicht, dass dieser Gedanke nicht verlockend gewesen wäre. Doch die Angst, jemand vom Personal könne durch meine Schuld einen Herzinfarkt erleiden, war dann doch größer — und ich reiste fahrplanmäßig ab. Das Strahlen in den Augen des Empfangschefs, als er meinen ausgefüllten Fragebogen mit lauter Bestnoten sah, machte mir noch mehr Freude als all die Verwöhnattacken in den Tagen zuvor. »Ihnen müssen die Controller aber ganz schön im Nacken sitzen«, sagte ich indiskret und zeigte auf den Fragebogen. Er lächelte schüchtern und nickte dezent.

Zwei Stunden später dann das böse Erwachen. Bei der Weiterfahrt stellte sich heraus, dass eine Tasche fehlte — der Träger hatte sie einfach in meinem Zimmer stehen lassen. Stress? Alzheimer? Hatte man meine Fragebogenabgabe schon feuchtfröhlich gefeiert? Oder war es die Rache dafür, dass ich alle so lang hatte zappeln lassen? Ich werde es nie erfahren. Aber ich habe zwei Lektionen fürs Leben gelernt – beide frei nach alten Sowjetführern.

Zum einen Lenin »Vertrauen ist gut, Kontrolle besser«, hatte der einst gesagt, und dabei vergessen, hinter »Kontrolle« die Wörter »durch Fragebögen« hinzuzufügen. Und wenn Michail Gorbatschow einst die DDR Führung mahnte, »wer zu spät kommt, den bestraft das Leben«, so muss das in unserer Servicegesellschaft lauten: »Wer Fragebögen zu früh abgibt, den bestraft das Personal.«

Tierisches TV

In der Küche ist sie der Schreck jeder Hausfrau, im Salat der Albtraum jedes Restaurantbesuchers, und auch im Hotelzimmer trägt sie nicht unbedingt zur Nachtruhe bei: Die ordinäre Küchenschabe, gemeinhin auch Kakerlake genannt, gehört im Gegensatz zu Hund und Katz nicht unbedingt zu den engsten Freunden des Homo Sapiens. Doch genauso wie die Vierbeiner in der früheren Sowjetunion allgegenwärtig scheinen, gehören auch die Sechsbeiner zwischen Wladiwostok und Kaliningrad vielerorts zum festen Inventar. Selbst dort, wo sie ganz eindeutig eine Fehlbelegung sind – etwa in Krankenhäusern. Doch all das ist nichts gegen den Auftritt, den ein besonders mutiger Vertreter der Art kürzlich in Turkmenistan hinlegte – und der jedem Journalisten drastisch vor Augen hält, dass Gefahr für die Pressefreiheit nicht nur von staatlicher Zensur ausgeht, zumindest nicht unmittelbar.

Das zentralasiatische Turkmenistan gilt unter allen früheren Sowjetrepubliken als die verschlossenste. So wurde denn schon fast als Glasnost und Perestroika gefeiert, als unter dem neuen Präsidenten Gurbanguly Berdymuhammedow vor rund einem Jahr plötzlich Normalsterblichen der Zugang ins Internet erlaubt wurde – nur in zwei Internet Cafés in der Hauptstadt zwar, mit jeweils fünf Computern, was die Aufsicht erleichtert, aber immerhin: Dies sind erste Anzeichen für ein Tauwetter in einem Land, in dem der frühere Staatschef Saparmurat Nijasow sich den Beinamen »Vater aller Turkmenen« (Turkmenbaschy) verlieh und sogar ganze Monate umbenannte, so dass der Januar jetzt zu seinen Ehren »Turkmenbaschy« heißt und ein anderer den Namen der Präsidentenmutter trägt – aus April wurde »Gurbansoltan Edsche«.

Ausgerechnet eine Kakerlake sorgte jetzt in dem 10-Millionen-Einwohner-Staat zwischen Kaspischem Meer, Iran, Afghanistan und Usbekistan dafür, dass nach den ersten demokratischen Frühlingsboten wieder ein kalter politischer Wind weht. Der plötzliche Karrierebeginn des Sechsbeiners im TV brachte das Karriereende für viele Zweibeiner: In den Hauptnachrichten des Staatssenders, zur besten Sendezeit, um 21 Uhr, als der Sprecher die wichtigsten Neuigkeiten, also die Erfolge der Regierung verlas, kroch das widerborstige Vieh ebenso ungerührt wie ungeniert vor laufender Kamera und den Augen von Millionen turkmenischer Fernsehzuschauer über den Schreibtisch. Nicht einmal eine Abkürzung wählte das Getier, stolzierte den ganzen Tisch entlang, in der vollen Diagonale.

Auch bei der Wiederholung der Sendung um 23 Uhr kam die Kakerlake noch einmal groß ins Bild. Dem tierischen Treiben auf den Bildschirmen setzte erst eine erneute Wiederholung der Sendung um 9 Uhr morgens ein Ende. Zu dieser Zeit saßen bereits die Sittenwächter einer vom Kulturministerium eingesetzten »Revisorengruppe« vor den Bildschirmen, die über die Qualität des Programms wachen sollen und gemeinhin Zensoren genannt werden. Die Premiere der Kakerlake am Vorabend hatten sie offenbar verpasst, weil sie außerhalb ihrer Dienstzeit stattfand. Die Sittenwächter konnten zwar nicht verhindern, dass manchem Fernsehzuschauer das Frühstücksbrot nicht mehr so recht schmeckte, aber sie sorgten wenigstens dafür, dass die tierische Einlage ernste Konsequenzen hatte: 30 Mitarbeiter des TV Senders − Redakteure, Regisseure, Kameraleute und Techniker − wurden mit Verweisen bestraft, die Hauptverantwortlichen entlassen. Sie alle hatten zumindest als Kammerjäger kläglich versagt.

Publik wurde das »Kakerlakenrennen« vor laufender Kamera lediglich durch die unabhängige Internetseite »Chronik Turkmenistans«, die sich auf gut unterrichtete Kreise beruft. Insofern lässt sich auch nicht ausschließen, dass es sich bei der Kakerlake in Wirklichkeit um eine Ente handelt.

Turkmenistans Botschaft in Moskau jedenfalls konnte den Bericht auf Anfrage weder bestätigen noch dementieren. «Wir haben nichts von einer Kakerlake gehört«, sagte eine Sprecherin mit ziemlich ratloser Stimme. Der erste peinliche Zwischenfall im turkmenischen Fernsehen wäre das Kakerlakenrennen aber nicht gewesen: Vor einigen Jahren waren die Mitarbeiter des Staatssenders so engagiert beim Silvesterfeiern, dass sie die Neujahrsansprache des Präsidenten einfach links liegen ließen – und erst um 3 Uhr nachts ausstrahlten.

Es sind Momente wie dieses Kakerlakenrennen, die einen in Moskau aufatmen lassen. Nicht nur, weil man Wohnung und Büro dank den Errungenschaften moderner Chemie und steter Putzarbeit zur weitgehend insektenfreien Zone gemacht hat. Auch ohne Hilfsmittel lebt man als schreibender Journalist weitaus ungefährlicher und entspannter als die Fernsehkollegen, zumindest was Küchenschaben angeht: Selbst wenn einem mal ein Tier unterkommen sollte – man kann es zumindest nicht millionenfach an den Mann bzw. den Zuschauer bringen, und somit drohen auch kaum arbeitsrechtliche Konsequenzen.

Schwarze Hände statt Grünem Punkt

In letzter Sekunde reiße ich den Fuß vom Pedal und bleibe wie angewurzelt stehen. Es hat nicht viel gefehlt – und es wäre passiert: Nein, kein Unfall. Ein Fehlwurf. Und nur ein vermeintlicher. Immer, wenn ich vom Heimatbesuch nach Moskau zurückkehre, kommt der Deutsche wieder in mir durch. Nein, nicht auf der Straße – der Überlebensinstinkt sorgt dafür, dass ich in Moskau als Fußgänger an Zebrastreifen und bei grünem Licht stehen bleibe, wenn Autos in der Nähe sind. Umgekehrt nehme ich am Steuer munter Fußgängern die Vorfahrt – nach Landessitte, um nicht den Zorn oder die Motorhaube der nachfolgenden Fahrer auf mich zu ziehen.

Nur bedingt russifizierbar ist der Deutsche in mir dagegen in einem Gebiet, von dem man es nicht erwarten sollte: in der Küche. Genauer gesagt: am Mülleimer. Und eigentlich ist schon alles damit gesagt, dass ich dieses Wort in der Einzahl gebrauche.

Meine Finger verkrampfen sich um den leeren Joghurtbecher. Aufgeregt suche ich am Boden der Küche nach einem zweiten Mülleimer – doch da ist nichts. Auch kein gelber Sack weit und breit. Wo in Gottes Namen kommt der Verpackungsmüll hin? Und wo war doch gleich der Behälter für das Altglas? Immer wieder plagt mich das schlechte Gewissen, wenn ich die Prawda nach der Lektüre auf die Wodkaflasche und die alten Batterien in den Eimer schmeiße.

Naiv, wie ich war, habe ich mich anfangs bei russischen Freunden nach der örtlichen Mülletikette erkundigt. Statt einer Antwort hatten sie nur ein Lachen. Pfandflaschen scheinen als Erbe des Sozialismus verhasster als Stalinbüsten. Wer in Russland Altpapier sammelt, gilt als so modern wie ein Deutscher mit Hosenträger, Handtasche und bauchnabelhoch gebundener Krawatte. Dass in manchen deutschen Städten gar »Müllkontrolleure« unterwegs waren, um zu prüfen, ob der richtige Müll in der richtigen Tonne landet, halten meine russischen Bekannten entweder für einen schlechten Witz oder für Überbleibsel eines Polizeistaates.

Doch wer nun voreilig die Nase rümpft über mangelndes Umweltbewusstsein in Russland, irrt gewaltig. Auch wenn die meisten Russen Recycling wohl für eine besondere Disziplin im Motorsport halten, sind sie uns beim Mülltrennen und Verwerten um einiges Voraus.

Nach jahrelanger Beobachtung habe ich ein Vier-Stufen-System ausgemacht. Die erste Stufe besteht darin, dass Müll gar nicht zu Müll wird. So hat die russische Einweg Plastikflasche entgegen ihrem Namen durchaus Ähnlichkeiten mit ihrer deutschen Mehrweg Schwester: Vielen Russen ist sie fürs Wegwerfen viel zu schade. Auch ich sammle meine leeren Flaschen für eine Bekannte, die sie auf der Datscha als Blumentöpfe für Setzlinge verwendet.

Die zweite Stufe könnte man wohl als »vorauseilende Sortierung« eindeutschen. So ist für alte Möbelstücke oder Elektrogeräte in der Regel keine Sperrmüllabfuhr nötig – oft findet sich schon ein Abnehmer, während man die guten Stücke zur Mülltonne trägt. Ausrangierte Fußabstreifer finden sich schon mal vor anderen Türen im Treppenhaus wieder. Als ich unlängst einen Bürostuhl vor die Wohnungstür auslagerte, kamen drei Nachfragen, ob ich ihn wegschmeißen will.

Die dritte Stufe ist die »entstehungsnahe Entsorgung«: In der Dämmerung durchsuchen Rentner und Obdachlose die Mülltonnen vor den Häusern nach Verwertbarem. Ein herzerweichender, trauriger Anblick.

Was übrig bleibt, kommt in eine gigantische menschliche Sortiermaschine. Ich traute meinen Augen nicht, als ich zum ersten Mal nach Kutschino kam, einer gewaltigen Müllhalde bei Moskau: 1.000 »Sortierer« sind dort im Einsatz. Obdachlose und »Gastarbeiter« aus den früheren Sowjet Republiken, die in alten Containern oder im Wald hausen. Und »Pendler«, die jeden Tag aus der Nachbarschaft hierher »zur Arbeit« fahren.

Bei sengender Hitze und bei eisiger Kälte durchwühlen sie mitten auf dem Müllberg jede Abfallfuhre, die ankommt. Öffnen jeden Müllsack. Streiten um die besten Plätze. Immer auf der Suche nach allem, für das ihnen die Deponieverwaltung Geld zahlt: Alte Dosen, Papier, Plastik, Metall, Flaschen, zerlumpte Textilien. Was noch halbwegs brauchbar ist, wird sofort an Ort und Stelle »wiederverwertet«: gegessen, getrunken – oder angezogen.

»Wir holen 80 Prozent aus dem Müll als Rohstoff raus – viel mehr als andere Deponien«, sagt der frühere Direktor, der es mit dem Müll zum Millionär gebracht hat. Selbst Umweltschützer finden lobende Worte über Kutschino: Schließlich wird in Moskau jede dritte Müllladung einfach wild in die Landschaft geworfen, und der Rest meist unbesehen verbrannt.

Auf der Müllhalde herrscht eine strenge Hackordnung. »Wer neu kommt, muss mit Dosen anfangen. Das ist am härtesten. Dann kann man sich zu Flaschen hochdienen. Die nächste Stufe sind Textilien«, erzählt Alexander, einer der Aufseher auf der Halde: »An Papier kommt man nur mit guten Beziehungen ran. Am meisten Mäuse springen bei Buntmetall raus. Alte Leitungen, Drähte, Elektrogeräte – aber das ist eine Knochenarbeit. Das machen nur die Jungen«.

Alexander trinkt einen Joghurt aus. Er hat eine ganze Steige gefunden, alle nur vier Tage über dem Haltbarkeitsdatum. Er reicht mir einen Becher und klopft mir auf die Schulter: »Du bist ein guter Kerl. Wenn Du mal in Not bist, komm her, Du brauchst nicht mit Dosen anfangen und Dich mit Stoffen hochzudienen, ich lass Dich gleich Papier sammeln!« Jetzt kann ich zuversichtlich in die Zukunft blicken.

Wenn Oligarchen um Rabatte feilschen

Noch herrscht Ruhe bei Artjom Tolokonin. Die perfekt gestylten Schönheiten hinter dem Empfangsschalter seiner Klinik am Stadtrand von Moskau können nur mühsam ihre Langeweile verbergen. Doch bald wird es hier einen heftigen Ansturm geben, davon ist der Psychotherapeut überzeugt. Der 34-Jährige mit dem stechenden Blick ist Russlands führender Seelendoktor für Oligarchen. Und bei denen geht angesichts der Finanzkrise die Angst um, das weiß Tolokonin aus ersten Gesprächen. »Viele sorgen sich um ihren Status – und der ist für sie in vieler Hinsicht gleichbedeutend mit der sexuellen Potenz«, erklärt der Arzt, der allein für die erste Therapiestunde 250.000 Rubel in Rechnung stellt (rund 7.200 Euro) – bei Hausbesuchen das Doppelte.

»Im Moment sind meine Patienten ganz damit beschäftigt, ihr Geld zu retten. Sie sind in einem kolossalen Stress, brauchen ihre letzten psychischen Reserven auf«, sagt Tolokonin und lächelt erwartungsfroh. »Aber in zwei, drei Wochen kommen sie dann zu mir zur Behandlung.« Wichtigstes Ziel der Therapie wird sein, dem genervten Milliardär wieder zu innerer Ruhe zu verhelfen: »Wenn sie jetzt in der Krise ihre Liebsten und ihre Gesundheit vernachlässigen, können sie noch viel mehr verlieren als ihr Geld«, mahnt der geschäftstüchtige Therapeut. »Geld kann man leichter neu verdienen als Liebe und Gesundheit.«

Trost und Rat können Russlands Superreiche derzeit dringend gebrauchen. Nach Schätzungen haben allein die 25 reichsten Geschäftsleute in Moskau durch die Finanzkrise fast zwei Drittel ihres Vermögens verloren, rund 230 Milliarden Dollar. Roman Abramowitsch, Putin Vertrauter und Besitzer des britischen Fußballclubs Chelsea, kam demnach um 20 Milliarden Dollar. Russische Medien berichteten, der Oligarch sei so mit der Rettung seines Vermögens beschäftigt und die Feierstimmung sei so verdorben, dass er die für Ende Oktober geplante Traumhochzeit mit dem Ex Fotomodell Darja Schukowa fürs Erste abgesagt habe.

Keinen Grund zum Feiern hat auch der – zumindest bislang – reichste Mann Russlands, Oleg Deripaska. Bis vor Kurzem, so heißt es in Moskau, habe der Aluminiummagnat noch nach einer Privatinsel in der Karibik Ausschau gehalten. Die sei jetzt vom Einkaufszettel gestrichen, stattdessen habe Deripaska das »Geiz-ist-geil-Prinzip« entdeckt. Der Milliardär aus einfachsten Verhältnissen soll laut Bloomberg rund 16 Milliarden Dollar verloren haben – und jetzt in heftigen Liquiditätsproblemen stecken, weil er Kredite mit Aktien absicherte,die stark an Wert verloren haben. Notgedrungen verkaufte der klamme Oligarch seine Anteile am kanadischen Automobilzulieferer Magna und dem deutschen Baukonzern Hochtief.

Wie viele andere Superreiche hofft Deripaska jetzt auf Stütze vom Staat: 50 Milliarden Dollar hat der Kreml den Unternehmern versprochen. »Viel spricht dafür, dass die Mittel nicht transparent und gerecht verteilt werden«, sagt der Wirtschaftsexperte Sergej Glasjew: »Es besteht die Gefahr, dass diejenigen, die dem Kreml nahestehen, bevorzugt behandelt werden und vom Staat das Geld bekommen, um Konkurrenten aufzukaufen.« Eine solche Umverteilung würde zu noch mehr Konzentration und noch weniger Konkurrenz in Russlands Wirtschaft führen und wäre verheerend, mahnt Glasjew. Einziger Nutznießer wäre wohl die »Kreml AG« – wie der neue Oligarchen Clan aus Putins Umfeld genannt wird.

Weil die gleichgeschalteten Moskauer Fernsehsender die Lage schönmalen und das Wort »Krise« tabu ist, haben Umfragen zufolge die meisten Russen die Dramatik der Lage noch gar nicht erkannt. In besser informierten Kreisen herrscht dagegen beinahe Panik. Um 30 Prozent müsse er seine Ausgaben kürzen, Entlassungen seien unvermeidlich, berichtet der Topmanager eines Staatsbetriebs vertraulich: »Der GAU ist da, die nächsten zwei Jahre werden ganz hart werden.« In den geheimen Szenarien der Regierung sei von bis zu 40 Prozent Arbeitslosigkeit die Rede. In Moskau verscherbeln Unternehmer ihre Sachwerte, verkaufen ihre Fuhrparks deutlich unter Wert, um an Bares zu kommen.

Die Regierung schiebt die Schuld vor allem den USA zu. Dabei sei die Krise »mindestens zur Hälfte hausgemacht«, glaubt der frühere Putin Berater Andrej Illarionow. Mit seinen teilweise brutalen Eingriffen in die Marktwirtschaft, Drohungen gegen Unternehmen und dem Georgienkrieg habe der Kreml Investoren vergrault.

Der enorme Boom in Russland war in Vielem auf Kredit finanziert und ungesund; Russlands Wirtschaft ist immer noch extrem vom Export von Rohstoffen abhängig, deren sinkende Preise potenzieren deshalb die Krise. Dennoch: »Verarmte Milliardäre, wie es sie noch in den Neunzigerjahren gab, werden wir diesmal kaum sehen, alle haben vorgesorgt«, gibt der frühere Regierungsberater Michail Deljagin Entwarnung.

Die Zeit des hemmungslosen Prassens zumindest scheint vorbei zu sein. In Moskau ist das bereits zu spüren. Viele Edelrestaurants, in denen früher kaum ein Tisch zu ergattern war, sind heute halb leer. »Wir haben viele Absagen bei größeren Feiern und Firmenfesten«, berichtet Andrej Dellos, Besitzer des »Puschkins« und anderer Lokale. »Bei den normalen Gästen haben wir noch keinen Rückgang, aber ich fürchte, in ein, zwei Monaten schlägt die Krise auf den Mittelstand durch.«

In Moskaus feinstem Club, dem »Raj« – auf Deutsch: Paradies –, herrscht Katerstimmung. Früher begossen hier Milliardäre wie Michail Prochorow schon mal ihre Geschäfte, umlagert von Heerscharen junger, schöner Mädchen, die direkt vom Laufstieg zu kommen schienen. Da gab es für die Logen Warteschlangen – trotz der Preise von 60.000 bis 300.000 Rubel (1.700 bis 8.700 Euro).

Heute sind die Logen leer, den Mädchen auf der Tanzfläche fehlt der reiche Widerpart. »Wir werden jetzt die Preise um mindestens 30 Prozent senken«, klagt »Raj« Besitzer Andreas, so sein Künstlername. »Sonst bestellten die Gäste flaschenweise Champagner, etwa den rosa Dom Pérignon für 3.000 Dollar die Flasche, ohne nach dem Preis auch nur zu fragen. Heute studieren die gleichen Leute die Speisekarte und feilschen um Rabatt. Das war früher undenkbar.«

Doch es gibt auch optimistische Stimmen. Ausgerechnet Alexander Lebedew, bis vor Kurzem noch mit 3,1 Milliarden US Dollar gut platziert auf der Forbes Liste und jetzt angeblich um über die Hälfte seines Vermögens leichter, sieht die aktuellen Probleme auch als Chance. »Die eigentliche Krise bei uns ist nicht der Einsturz der Börse, den wir jetzt erlebt haben, sondern die Systemkrise, die in den Vorjahren nur verdeckt blieb: die verkommene Infrastruktur, die Korruption«, mahnt Lebedew. Seine Hoffnung: »Jetzt könnte ein Reinigungsprozess in Gang kommen. Wenn ein Staatsbeamter seinen 50-Millionen-Dollar-Jet verkaufen muss oder einer sich keinen Bentley mehr leisten kann, ist das eine gute Nachricht.«

Väterchen Frost als Verhüterli

W enn Mobilmachungen und Einberufungen anstehen, geht normalerweise die Angst um unter Russlands Müttern. Zumindest unter denen von ihnen, die männlichen Nachwuchs an der Schwelle zum Erwachsensein haben. Doch dieser Tage ist in Russland von einer Mobilmachung die Rede, die ausgerechnet auf das Drängen von Eltern zurückgeht: In Sankt Petersburg, Russlands altehrwürdigem Fenster zum Westen, haben die Medien zu einer »Einberufung« der ganz anderen Art aufgerufen – händeringend gesucht sind gestandene Männer, die bereit sind, in das rot-weiße Kostüm des »Väterchen Frost« zu schlüpfen, der russischen Variante des Weihnachtsmanns. »Es gibt da einen katastrophalen Mangel«, klagt die Internetzeitung fontanka.ru.

Abhilfe soll jetzt eine spezielle Schule schaffen, in der Mutige lernen, wie sie zu einem mehr oder weniger echten »Väterchen Frost« werden. Dabei scheitern sicher viele potenzielle Kandidaten schon an den strengen Grundvoraussetzungen: Dass laut Reglement ein guter, aber strenger Charakter gefragt ist, kann sicher noch großzügig ausgelegt werden, auch beim »schauspielerischen Talent« lässt sich wohl ein Auge zudrücken. Weniger hingegen bei der »tiefen Stimme« – denn ein Väterchen Frost mit Mickey Maus Stimme würde kaum für den nötigen Respekt sorgen. Anders als seine Westverwandtschaft, der Weihnachtsmann und der Nikolaus, hat der Kandidat auch auf die Figur zu achten: »Väterchen Frost haben keinen Bauch. Nikoläuse – ja. Aber bei uns handelt es sich um das Väterchen!«, befindet ein Mitarbeiter der Schule streng. Technische Mittel können bei anderen Voraussetzungen helfen – etwa dem weißen Rauschebart.

Auf dem Stundenplan in der Schule steht die »Theorie der Feiertage und die Praxis des Gratulierens«, dazu gibt es auch noch Geschichtsunterricht. Der soll wohl auch gegen Irrglauben helfen. Einer davon ist besonders im Westen verbreitet: Dort hält sich hartnäckig das Gerücht, Väterchen Frost sei eine Erfindung der Bolschewiken, die damit den Nikolaus verdrängen wollten – nachdem sie schon das Weihnachtsfest durch Neujahr ersetzten. In Wirklichkeit tauchte das Väterchen aber schon Jahre vor der Oktoberrevolution am Gabentisch auf. Es geht auf alte heidnische Gebräuche zurück und verkörpert den slawischen Geist der Kälte, der früher »Treskun«, »Studenez« oder eben »Frost« genannt wurde.

Aufgrund dieser heidnischen Wurzeln ist das Väterchen deshalb der orthodoxen Kirche nicht sonderlich heilig. Geistliche stellten ihn schon mal als trinksüchtigen, atheistischen Bolschewiken dar, um die Gläubigen aus den Fängen des vermeintlich falschen Weihnachtsmann zu entreißen. Später zeigte sich die Kirche gnädig, und die Mär machte die Runde, »Väterchen« habe ein Damaskuserlebnis gehabt und sei vom groben Kommunisten zum rechtgläubigen Christen bekehrt, was ihm doch noch einen Weg in den Himmel ebnete – von dem er übrigens nach der russischen Legende anders als der Nikolaus gar nicht herkommt: Nicht »von Himmel hoch«, sondern aus dem legendären Fleckchen »Welikij Ustjug« irgend wo im hohen Norden, wo der strengste Frost herrscht, kommt »Ded moroz«, wie das Väterchen auf russisch heißt, zu Kindern und Erwachsenen.

All die ideologischen Fragen um das Väterchen und seine Herkunft lassen die meisten Russen kalt – der alte Mann hat in ihrem Herzen einen genauso festen Platz wie bei uns der Nikolaus. Wenn auch ein anderes Datum. Denn anders als sein »Westkollege« besucht er die Kinder nicht zum 6. Dezember – sondern an Neujahr, oder kurz zuvor oder danach, je nachdem, was der Geldbeutel der Eltern hergibt. Der obligatorische Besuch des Väterchens bei den Kindern kostet an den Tagen vor dem Fest rund 2.500 Rubel, etwa 70 Euro. Am Silvesterabend dagegen sind mindestens 9.000 Rubel zu bezahlen, rund 260 Euro.

Warum trotz solcher Honorare ein Väterchen Frost-Mangel herrscht, gehört zu den zahlreichen Geheimnissen, die Russland ebenso einzigartig wie liebenswert machen. Ist es dem echten Petersburger ein Graus, ein Kleid anzulegen und sich einen weißen Bart anzukleben? Oder ist die Arbeitsbelastung zu hoch angesichts von bis zu zehn Bescherungen, die ein anständiges Väterchen pro Arbeitstag hinter sich bringen muss?

Umfangreiche Recherchen brachten noch ganz andere Theorien an den Tag. Leidgeprüfte »Väterchen« erzählten, dass es manchmal sie selbst sind, die die »Bescherung« haben, und dann neben dem Schaden auch noch den Spott ertragen müssen. Wie Väterchen Frost Igor Neidenow. Der war ohnehin schon etwas angekratzt in seiner Rolle, angesichts neu aufkommender Unsitten: Etwa »Schneeflöckchen«, wie die blau geschürzten Begleiterinnen des Väterchens heißen, die auf Abwegen in Anzeigen ganz individuelle »Bescherungen mit Hausbesuch für gut wohlhabende Herren« anboten. Oder eine Moskauer Firma, die »Stripväterchen Frost« anbietet, wahlweise auch mit dunkler Hautfarbe, die »nicht nur feierlich durch den Abend führen, sondern auch noch erotische Tänze zeigen« – und angeblich begehrt sind wie die legendäre Moskauer Ostankino Räucherwurst, trotz eher unerotischer Preise von 10.000 Rubeln die Stunde, fast 290 Euro. Doch damit nicht genug des Lasters. Vergangenes Jahr erschien »Väterchen Frost« pünktlich zur besinnlichen Zeit in völlig neuem Outfit: Als Aufdruck auf Präservativen.

Als ob solcher Frevel nicht schon starker Tobak genug wäre für ein anständiges »Väterchen Frost«, blieb Neidenow auch selbst nicht verschont vor ganz und gar unweihnachtlichen Unziemlichkeiten. Er bekam einen Anruf von einem neuen Kunden, der es besonders eilig hatte mit der Bescherung und 50 Dollar Expressgebühr anbot, wenn er sofort losfahre. Statt in einer Familie mit glücklichen Kindern fand sich Neidenow in einem privaten Bordell wieder: »Eine halbe Stunde mussten wir mit Männern und Frauen, die von Drogen zugedröhnt waren, um den Tannenbaum tanzen, uns verrückte Gedichte eines schlecht riechenden Subjekts von marginalem Äußerem anhören, undefinierbare Dinge trinken,« klagt Neidenow: »Aber Widerstand zu leisten hätte Selbstmord bedeutet. Ich erspare mir die quälenden Details – aber erst nach drei Stunden kamen wir wieder frei, und natürlich gab es kein Honorar.«

Der Petersburger Kinderschriftsteller Michail Mokienko erlebte hingegen, wie der festliche Geist auch unfestliche Gäste zu höherem anregt – zumindest zum Gewaltverzicht. Kurz bevor er nichts ahnend in einem Restaurant vor sein Publikum trat, flüsterte einer der Gäste Mokienko zu: »Weißt Du wenigstens, vor wem Du auftrittst? Sei vorsichtig!« Im Saal saßen Banditen: »Kräftige Jungs, die mich schief anschauten, kein einziges Lächeln.« Mokienko ließ sich nicht schrecken und zog sein Standardprogramm durch: »Ich ging zu einem von ihnen, einem kurz geschorenen Mannsbild, und sprach ihn traditionell an: ›Mein Junge, wie heißt Du? Was ist Dein Lieblingslied?‹ Danach ist mir fast das Herz stehen geblieben, ich dachte mir – und was, wenn der jetzt seine Knarre rausholt?« Obwohl Wladimir – aus dem Mokienko prompt »Klein Wladimir« machte – sich später als einer der Anführer der Bande herausstellte, ging er ganz in der Rolle auf: Wie es »Väterchen Frost« angewiesen hatte, stellte sich »Wladimirlein« gehorsam auf seinen Stuhl und sang sein Lieblingslied – vor der versammelten Unterwelt, die sich köstlich amüsierte.

Ausgerechnet vor einem sehr viel friedfertigeren Publikum ging alles nicht ganz so glimpflich ab – zumindest für Mokienkos Kollegen, der die böse »Baba Jaga« spiele, eine Art Hexe im russischen Märchen. Als der bei einer Neujahrsfeier für Kinder streng nach Drehbuch auf die Bühne wollte, bat »Väterchen Frost« alias Mokienko die jungen Zuschauer, ihn zu beschützen. »Dann ging alles den Bach runter, die Kinder stürzten sich sofort auf meinen armen Kollegen, rissen dem Unglücklichen die Perücke herunter, zerrissen seine Kleidung, er kam völlig zerfetzt auf der Bühne an.«

Dabei ist nicht nur das Publikum für Überraschungen gut. Immer wieder setzten Kollegen statt auf himmlische Eingebung auf Hochprozentiges, klagt Mokienko und erzählt, wie ein »Vächterchen« Kollege von ihm völlig besoffen zu einem Hausbesuch eintraf. Er versuchte mühsam, mit dem bescherten Kind zu spielen, redete irgend welchen Unsinn daher und bat am Schluss die Eltern um Wodka. Nach dieser Bescherung drehte sich das Kind zu seiner Mutter und sagte den Satz, der für jedes »Väterchen« der GAU ist, so Mokienko: »Mama, sag dem Väterchen Frost, dass es nie mehr zu uns kommen soll.«

Engel mit hartem Schlag

Es gibt Augenblicke, da überkommt einen die Eifersucht. Eine kindische Eifersucht auf kleine, gelbe Filzbälle. Rechts, links, rechts, links, mein Kopf bewegt sich fast wie ein Scheibenwischer. Vielleicht ist es nur ein Selbstschutz, ein Ablenkungsmanöver. Damit der Blick nicht auf den Notizblock fällt. Denn der ist immer noch so gut wie leer. Die Bälle sind schuld. Weil sich alles nur um sie dreht. Noch ein Schlag, und noch einer, ohne Ende.

Das Thema klang viel versprechend: Russlands Tennisfabriken, in denen die Scharapowas von morgen gedrillt werden. Endlich eine schöne Reportage, etwas Abwechslung vom Journalistenalltag um Präsidenten, Prozesse und Katastrophen, freute ich mich. Die Freude war verfrüht. Nach dem ersten Tag am Spielfeldrand in einer Moskauer Tennisakademie wünschte ich mir sehnsüchtig, ich wäre im Kreml, oder zumindest in einem ordentlichen Gericht.

Nein, nicht dass Russlands kleine Tenniswunder die Vorhand statt auf die Konkurrenz auf mich gerichtet hätten. Eher das Gegenteil: So kraftvoll die kleinen Spieler auf den Ball eindreschen, so sehr fehlt es ihnen an Schlagfertigkeit, sobald man sie in ein verbales Match hineinziehen will.

Da ist die zwölfjährige Nachwuchshoffnung Antonina, die mit ihrer Brille wirkt wie eine weibliche Ausgabe von Harry Potter. Auf dem Platz spielt sie mit ausgefeilter Technik die schwierigsten Bälle — aber selbst am zweiten Tag bekommt sie nicht viel mehr als ein »hihi« über die Lippen. Warum sie so gerne Tennis spielt? Antonina schweigt und lächelt. Wer ihr Vorbild ist? Antonina schweigt und lächelt. Scharapowa? Antonina murmelt ein Undeutliches »Mmm ...«

»Ob das Schweigen an mir liegt?«, quälen mich erste Selbstzweifel. Wirke ich wie der böse Fremde, vor dem die Mutter immer gewarnt hat? Bis die Trainerin Antonina ins Gebet nimmt: »Warum gehst Du nie ans Netz? Fühlst Du Dich nicht wohl heute? Warum machst Du nicht, was ich sage?« Antonina schweigt, eisern. Nur ihre Augen werden etwas feucht. Sie steht vor ihrer Trainerin wie eine Angeklagte vor dem Richter, starrt auf den roten Boden, hofft auf Gnade.

Draußen, im Warteraum der Tennisakademie, sitzen vor einem riesigen Aquarium und Wänden aus Kunstholzfurnier die Eltern. Sie warten. Oft stundenlang. Bewacht von Sicherheitsleuten, die Fremde nur mit Passierschein durchlassen. Schweigen scheint erblich zu sei. Nur das rentenreife Kindermädchen, das mitsamt Zögling jedes Mal von einem Fahrer gebracht wird, durchbricht immer wieder die Schweigemauer: »Früher herrschte Gerechtigkeit, da spielte das Talent eine Rolle. Heute ist es nur noch das Geld. Wer zahlt, spielt.«

Dabei ist »spielt« oft das falsche Wort. Da ist der kleine Iwan in der Vorschulgruppe. Er macht das, was man bei Erwachsenen »Dienst nach Vorschrift« nennen würde: Aus Protest dagegen, dass er zum Training gezwungen wird, führt er alle Übungen nur widerwillig aus. Aber wer erfolgreich sein will, muss sich quälen. Früh mit dem Tennis anzufangen ist nützlich; kaum aus den Windeln, kann man schon Kontakte knüpfen; Tennis ist der Modesport der Reichen, der Politiker, der Apparatschiks. Und Kontakte sind alles in Russland.

Wo nicht gesprochen wird, muss man als Reporter umso genauer und länger hinsehen. Tag für Tag, im Zeitraffer, trägt sich der Stoff für die Geschichte zusammen. Da ist Lera, die Vierjährige mit dem Engelsgesicht, die plötzlich weinend vom Court kommt – weil ihr die Trainerin in ihr Notenheft nur eine zwei eingetragen hat, und keine eins. Da ist die sechsjährige Polina, die aussieht wie eine Heilige im Miniaturformat – und die einer ihrer Altersgenossinnen mit dem Schläger eins übergezogen hat, damit sie beim Springtraining nicht schneller ist als sie selbst. Da sind die Eltern, die den Trainer bitten, ihre Kinder noch härter ranzunehmen.

Da ist die junge Mutter, die selbst noch ein wenig aussieht

wie ein Kind, und die jeden Tag mit dem Linienbus zur Tennisakademie kommt, während die anderen mit Luxuswagen vorfahren. »Ich kann mich nicht erinnern«, antwortet sie ausweichend auf die Frage, was für ein Auto sie in der Familie fahren – sie schämt sich für den Lada ihres Mannes. »Manchmal fragt meine Tochter, warum kommen die anderen alle mit dem Auto, und wir mit dem Bus«, erzählt die junge Mutter traurig: »Ich sage ihr dann, es kommt nicht auf das Geld an im Leben«.

Nach ein paar Tagen findet auch die zwölfjährige Antonina Worte. Sie will uns zu ihrem Kindergeburtstag einladen. Doch die Mama sagt strikt nein. Selbst Antoninas Tränen helfen nicht weiter. »Da sind Leute da, die wollen nicht erkannt werden«. Tatsächlich will kaum eine der Mütter so genau erzählen, wie genau der Papa sein Geld verdient. »Beamter« und »Business Man«, heißt es wieder und wieder.

Nach zähem Ringen lädt uns endlich eine der Mütter zu sich nach Hause ein: Ein Anwesen mit drei Häusern und einer riesigen Pferdekoppel, zwanzig Autominuten vom Moskauer Stadtrand entfernt. »Einen eigenen Court haben wir nicht, da gehen wir zu den Nachbarn«, sagt die Hausherrin, die aussieht wie ein Fotomodell. »Wir haben Bekannte, die investieren in Pferde, 3.000 Dollar im Monat, obwohl Pferde schnell krank werden können, und dann ist alles für die Katz«, sagt sie mit einem ironischen Lächeln: »Ich habe ihnen gesagt, Tennis ist teurer. Aber ein Kind ist kein Pferd, und wenn man investiert, ohne dass es sich später lohnt, tut einem das trotzdem nicht weh.«

AUF RUSSISCH

Fee an der Zapfsäule 1

Unerbittlich und laut quietschend machte sich die letzte Hoffnung aus dem Staub. Mit dem Mut der Verzweiflung rannte ihr Peter Geisler hinterher, versuchte verzagt, mit einem Klopfen ans Fenster auf sich aufmerksam zu machen und seinem Schicksal zu entgehen. Vergeblich. Gnadenlos verschwand die Hoffnung, ein grün-weißer Bus mit chinesischen Schriftzeichen und russischem Nummernschild, auf der staubigen, löchrigen Asphaltstraße im Dunkeln der pazifischen Nacht.

Geisler war am Ende. Am Ende der Welt. Allein. Ohne Papiere, ohne alles, und ohne Sprache. Es war kaum 24 Stunden her, dass sich der Kameramann, dessen Backen selbst ohne Kaugummi in einem fort zu kauen scheinen, im beschaulichen West Palm Beach in Florida in einen Flieger gesetzt hatte, voller Vorfreude auf die Dreharbeiten in Russland: »Isn't it great?« Statt großartig kam es zunächst eher erbarmungslos.

Es ist der Albtraum eines jeden Urlaubers, der für Geisler Wirklichkeit wurde. Und es war sein Glück, dass dies ausgerechnet in Russland geschah. Nichts ahnend hatte sich der 37-Jährige, der mit seinem feinen Wuschelhaar und dem gemütlichen Dauerlächeln etwas von einem Teddybär hatte, gefreut, als unser Bus auf dem Rückweg von Nachodka nach Wladiwostok kurz vor Mitternacht einen Tankstopp einlegte, an einem gottverlassenen Fleck am Ufer des Pazifik, mitten im Nichts.

Geisler freute sich, als er hinter den Zapfsäulen ein kleines Cafe entdeckte, und mit viel Fingergeschick machte er der jungen Frau am Tresen klar, dass seine Begierde einem der Mineralwässerchen galt, das sie da hinter einer leicht verschmierten Glasscheibe kühl eingelagert hatte.

Weiter gehen die Versionen auseinander. Die junge Frau mit ihrer nicht allzu eng anliegenden schwarzen Lederhose, die erotische Falten warf, habe sich mit dem Wechselgeld Zeit gelassen, sagte Geisler später. Angesichts des Äußeren der jungen Dame liegt aber auch der Verdacht nahe, dass es Geisler selbst nicht allzu eilig hatte und aus freien Stücken noch den einen oder anderen Fingerzeig wagte. Sei's drum.

Als plötzlich von draußen ein donnerndes Brummen erschallte und die Tankstelle wohl leicht zu Beben begann, ahnte Geisler, dass Gefahr im Verzug war: Er rannte nach draußen. Und sah, wie unser von den Jahren und den Insassen gebeugter Bus, der eine lautmalerische Mischung aus Silvesterkracher (Motor) und Mundharmonika (Radaufhängung) abgab, ohne ihn in Bewegung geraten war.

Es wäre böswillig, den Russen im Bus Anti-Amerikanismus zu unterstellen. Eher waren es Schlendrian und Müdigkeit, die zu der Misere führten. Jedenfalls fühlte sich niemand aus der Reisegruppe bemüßigt, nachzuzählen, ob alle an Bord waren. Geislers einziger Hoffnungsschimmer, sein amerikanischer Kollege, war fest in Morpheus Armen.

So kam denn auch erst nach der Ankunft in Wladiwostok Unruhe in unsere Gruppe, als Geislers Kollege Phil mit aschfahlem Gesicht und weit aufgerissenen Augen über dem akkurat frisierten Kinnrand-Bart aus dem Bus sprang: Er hatte dort die Kameraausrüstung, die Tasche und das Handy seines Kollegen entdeckt – aber keine Spur von ihm selbst. Wie aufgezogen rannte Phil um den Bus, als könne er Geisler noch irgendwo unter den Rädern oder im Gepäckfach entdecken.

»Er kann doch kein Wort Russisch! Er ist doch völlig aufgeschmissen!«, stammelte Phil vor sich hin, als er seinen Mund, der in den ersten Schrecksekunden offen stand, wieder unter Kontrolle gebracht hatte.

»Mach Dir keine Sorgen, er ist sicher schon in Sicherheit, in zuverlässigem Gewahrsam«, scherzte einer unserer russischen Weggefährten: »Als US Spion, hinter Gittern«. Phil sah ihn entsetzt an und wusste nicht, ob er lachen oder weinen sollte.

Er konnte nicht ahnen, dass sein Kollege 100 Kilometer weiter, mitten in der Prärie in diesem Moment schon die Hölle durchgemacht hatte – und sich nun wohl schon fast auf dem Weg in den siebten Himmel befand.

Fee an der Zapfsäule 2

Die Geste ließ nichts Gutes ahnen. Der junge Russe, der Peter Geisler in sein Auto gesetzt hatte, spreizte seine beiden Zeige- und Mittelfinger und legte sie quer übereinander, so dass sie ein Gitter ergaben. Dann zeigte er lachend auf das Haus gegenüber und sagte etwas von »Milizia«. Geislers böse Vorahnung wurde zur Gewissheit, als zwei Männer in blauen Uniformen, die wohl eine Ewigkeit kein Bügeleisen mehr gesehen hatten, aus dem Haus kamen. Sie trugen Schirmmützen fast so groß wie Hubschrauber Landeplätze, und Gürtel, die so weit waren, dass die Schnallen geradezu unschicklich tief auf Halbmast hingen.

»No, no, no!«, wehrte sich Geisler entsetzt und schüttelte seinen Zeigefinger wie ein Scheibenwischer im Schnellwaschgang. Es war, als wollte das Schicksal dem amerikanischen Kameramann nichts ersparen. Als ob es nicht genug war, dass er mitten in der Nacht auf einer Tankstelle am Ende der Welt, irgendwo an der russischen Pazifikküste, den Anschluss an seinen Bus und seine Reisegruppe verloren hatte und sich »so verloren fühlte wie nie im Leben«.

Dabei hatte Geisler schon gehofft, Glück im Unglück zu haben. Die russische Madonna Ausgabe hinter dem Tankstellen Tresen sprach kein Wort englisch und starrte ihn verdutzt an. Erst, als er etwas von »Bus« sagte, mit den Händen eine Fahrtbewegung zeigte und mit den Lippen ein »Brumm, brumm« imitierte, verstand dieser fast schulterfrei eingekleidete Traum von der Zapfsäule den Ernst der Lage – und lachte sich kaputt.

Geisler war weniger zum Lachen zumute. Ein Hoffnungsschimmer legte sich erst auf sein Gesicht, als er im Sprachfluss der jungen Hübschen plötzlich ein bekanntes Wort ausmachte: »Wodka«.

Zehn »Shots« – also Gläser – müssen es gewesen sein, glaubt Geisler, auch wenn die Erfahrung dagegen spricht, sich in solchen Situationen auf die Zählkunst von Russland Anfängern zu verlassen. Jedenfalls begann er, sich mit seiner verzweifelten Lage anzufreunden – wohl in erster Linie angesichts der viel versprechenden Aussichten hinter dem Tresen.

Vielleicht war es Eifersucht: Just in diesem Moment bat ihn ein junger Mann, der die ganze Zeit da gesessen hatte, nachdrücklich in sein Auto – und fuhr ihn zur nächstgelegenen Milizwache. Das amerikanische Dauerlächeln in Geislers Gesicht wich sibirischem Permafrost. Der 37-Jährige war zwar noch nie zuvor in Russland – doch instinktiv tat er das Richtige: Ein siebter Sinn schien ihm zu sagen, dass Milizionäre in Russland oft weniger Freund und Helfer als Peiniger und Prügler sind.

Nicht einmal argwöhnen konnte er dagegen – so wollen wir zumindest hoffen – dass die russische Armee angeblich nur zwei Kilometer von der Tankstelle entfernt einen geheimen U-Boot-Hafen vor dem Feind versteckt – was Geislers Erscheinen in den Augen der Staatsgewalt sicher einen besonderen Beigeschmack gegeben hätte. Eine Suchaktion nach Fallschirm oder Tauchermaske wäre wohl nur noch eine Frage der Zeit gewesen.

Geislers Gesicht muss sehr ausdruckstark gewesen sein. Jedenfalls hatte der Fahrer ein Einsehen. Statt in staatlichen Gewahrsam brachte er den rätselhaften Gast zurück in die Tankstelle.

Kaum sah er seine Zapfsäulen-Fee wieder, hatte Geisler alles Ungemach vergessen. Das blonde Wesen erwies sich nicht nur als ausgesprochen attraktiv, sondern auch als clever. Ihre mangelnden Englischkenntnisse kompensierte sie durch Organisationstalent: Sie fand einen Gast, der sowohl ein Handy, als auch einen Freund in Kanada hatte, der nicht nur des Russischen, sondern auch des Englischen mächtig war. Die Übersetzungsleitung über den Ozean stand – was auch immer sie kostete.

Geisler erfuhr nicht nur, dass seine Retterin 23 Jahre alt war und Sascha hieß. Sie machte auch sein Hotel in Wladiwostok ausfindig und hinterließ dort eine Nachricht für unsere Reisegruppe über Geislers Schicksal – nachdem sich das hysterische

Lächeln am anderen Ende der Leitung gelegt hatte. Sascha fand auch prompt eine Mitfahrgelegenheit für ihren neuen Bekannten – einen Lastwagen. Für den nächsten Tag. Was nun weiter geschah, ist nicht mehr eindeutig zu rekonstruieren. Einen Tag, nachdem Geisler heil zu unserer Reisegruppe nach Wladiwostok zurückgekehrt ist (am Tag der Rückkehr selbst war er infolge der Wodka Spätfolgen nicht ansprechbar), gerät er bei der Erinnerung derart ins Schwärmen, dass er das Wort »Sascha« nicht ausspricht, ohne sofort hinzuzufügen, dass sie sehr, sehr, sehr hübsch war (»very, very, very nice«).

Sascha versorgte ihn mit Speis', Trank und Trost. Auf dem Boden der Tankstellenküche bereitete sie ihm ein Nachtlager. Die Bilder, die er dort aufnahm, lassen einen im Nachhinein Gott danken, dass man auf jegliche Nahrungsaufnahme in dem Cafe verzichtet hat. Geislers glückseligem Gesichtsausdruck tun dagegen nicht einmal die »eine Million Fliegen« einen Abbruch, die er als Bettnachbarn hatte.

Als er versuchte, seine Bettstatt ins Freie zu verlegen, ließ Sascha das nicht zu – aus welchen Beweggründen auch immer. Sodann setzten sich die beiden zu zweit vor den Fernseher – wohl mangels gemeinsamer Sprache. Eben dieser Umstand legt nahe, dass Geislers Augen weniger auf das fremde Fernsehprogramm als auf Sascha gerichtet waren.

Prompt traten Hindernisse auf: Zwei Besucher, die zur Unzeit in der Tankstelle erschienen und nicht das weite suchen wollten, stellten sich der Völkerverständigung in den Weg, klagt Geisler.

Was weiter geschah, beschreibt der Amerikaner in Worten, die Platz für Interpretation lassen: Er schüttelt in einem fort den Kopf und spricht von einem »wirklich sehr schweren Flirt« (»really very heavy flirt«).

Zyniker könnten nun den Verdacht aussprechen, dass es vielleicht nur der Wodka war, der Geislers Sinne beflügelte. Doch ein Blick in Geislers strahlende Augen widerlegt jeden Verdacht.

Er strahlt wie die roten Sterne auf dem Kreml. Er ist begeistert von Russland. In keinem anderen Land der Welt hat er so viel Gastfreundschaft erlebt, schon gar nicht in Amerika, sagte er. Er möchte wiederkommen.

Als am Morgen danach der versprochene Laster vorfuhr, um ihn nach Wladiwostok zu bringen, zerriss es fast sein Herz, sagt Geisler und faltet die Hände: »Tief in mir habe ich mir gewünscht, dass ich wieder zu spät komme, dass er ohne mich losfährt, und dass ich bei Sascha bleibe.«

Albtraum für Untreue

Ich hätte nie gedacht, dass ich mich einmal über die schlechte Moskauer Luft, die zur Hälfte aus Abgasen bestehen muss, und den nächtlichen Dauerlärm durch Raser, Müllabfuhr und Markthändler freuen würde. So sehr ich mich bisher über all das aufregte – jetzt ist mir glasklar, dass es mir ohne noch schlechter ginge. Ich säße dann nämlich in der Patsche. Denn würde ich in einem Luftkurort wie Berlin leben (wo die Luft für Moskauer Verhältnisse kristallklar ist), wie sollte ich meiner besseren Hälfte erklären, warum ich morgens völlig unausgeschlafen, mit rot unterlaufenen Augen und dicken Ringen darunter mühsam aus dem Bett krieche wie ein Federgewichts Boxer aus dem Ring, in dem er versehentlich auf Vitali Klitschko traf, beziehungsweise dieser auf ihn?

Frauen sind diplomatischer und verständnisvoller als wir Männer, und so tut sie so, als glaube sie mir, wenn ich mich am Frühstückstisch, erfolglos gegen den Schlaf kämpfend, über die verheerende ökologische Situation in der Hauptstadt und die permanente nächtliche Ruhestörung beklage, die in Deutschland als Straftat geahndet würde. Klug, wie sie ist, und manchmal zu klug, weiß sie nur zu genau, dass ich mich nur deshalb kaum auf dem Stuhl halten kann, weil ich bis früh in den Morgen im Internet unterwegs war. Genauer gesagt: Auf der Seite »Odnoklassniki« (auf Deutsch: Klassenkameraden). Und eigentlich ist sie ja schuld daran, nicht etwa ich. Hatte sie doch grob gegen das biblische Motto »Führe mich nicht in Versuchung« verstoßen, nachdem mir ein Dichter bei einer Party diese Website als das ultimative Flirtparadies angepriesen hatte und sie darauf bestand, ich solle mich dort registrieren – um meine Standhaftigkeit zu beweisen. Was ich nun eben auch tue, Nacht für Nacht.

»Odnoklassniki« ist nicht nur ein Flirtparadies, es hat Suchtpotenzial. Und birgt gewaltige Gefahren. Auch für Russlands

Arbeitgeber, die das Portal noch mehr fürchten als die Schweinegrippe und gefälschte Krankmeldungen zusammen. Elf Millionen Russen sind auf der Seite unterwegs – und ein großer Teil von ihnen während der Arbeitszeit. Tendenz steil steigend. »Noch ein paar Jahre, und unser Land wird viel Geld verlieren wegen der mitteilsamen Klassenkameraden«, klagt die Boulevardzeitung »Komsomolskaja Prawda«. Viele Firmen haben inzwischen auf ihren Computern den Zugang zu »Odnoklassniki« sperren lassen – mit mäßigem Erfolg, denn inzwischen gibt es auch eine Version der Seite fürs Handy.

Nicht nur bei Arbeitgebern ist die Website gefürchtet – auch bei untreuen Ehepartnern beiderlei Geschlechts. Schon so manche(r) Geliebte flog auf, weil er oder sie plötzlich die Seite des Betrogenen besuchte und dieser sodann Lunte roch: »Odnoklassniki« ist der Albtraum jedes Datenschützers, und jeder Nutzer kann fein säuberlich nachlesen, wer seine Seite besucht hat. Gegen Bezahlung können sich Nutzer inzwischen eine virtuelle »Tarnkappe« kaufen, um unentdeckt Feind- oder Freundforschung zu betreiben. Viele Frauen, so schreibt die Komsolskaja Prawda, wachen zudem eifersüchtig darüber, wen ihre Männer auf der Seite als »Freunde«, genauer gesagt »Freundinnen«, eintragen. Wenn die sich nicht anhand ihres ebenfalls inklusiven Lebenslaufs als echte Schulkameradinnen ausweisen können, herrscht Alarmstufe Rot.

Heimtückisch ist auch die Bewertung von Fotos. Jedermann kann auf der Seite die Bilder anderer benoten. Bekommt eine Frau plötzlich schlechte Noten von einer anderen Frau, kommt diese Form der Aggression meist nicht von ungefähr, weiß die Zeitung: »Sie ist auf etwas sauer, wahrscheinlich ist sie eine Geliebte Ihres Mannes.« Die wachsame Ehefrau sollte demnach auch misstrauisch werden, wenn ihr Göttergatte plötzlich selbst negative Noten für seine Bilder bekommt: Es kann sich um die Rache einer verlassenen Geliebten handeln. Kein Wunder, dass sich selbst der russische Mutterwitz inzwischen des

Themas angenommen hat: »Registriere Dich bei Odnoklassni-ki! Lasse alle Deine Geliebten endlich Bekanntschaft miteinander schließen.«

Doch nicht nur Betrogene nutzen die Seite, um ein Hühnchen zu rupfen. Auch Väterchen Staat hält sich schadlos – etwa über die Gerichtsvollzieher. In Krasnojarsk fanden sie einen säumigen Zahler von Kommunalabgaben, der weder am Telefon noch in der eigenen Wohnung aufzufinden war, dafür aber problemlos bei »Odnoklassniki«. Er gab der gut getarnten Fahnderin online anstandslos seine Koordinaten und kam zum erhofften Rendezvous – das dann aber ganz unromantisch verlief. Vielen säumigen Alimentezahlern ging es ähnlich. Und auch diverse Betrüger und Kriminelle gingen der Polizei im Netz ins Netz.

Hartnäckig hält sich denn auch in Moskau das Gerücht, »Odnoklassniki« sei in Wirklichkeit ein Projekt des Geheimdiensts, der zu Zeiten, als er noch KGB hieß, gar nicht träumen konnte von einer derart umfassenden Datenbank über die Kontakte, Gewohnheiten und Freundschaften des gemeinen Russen. Der Gründer der Website, Albert Popkow, weist diesen Verdacht hartnäckig von sich. Ebenso wie die Vorwürfe seines früheren britischen Arbeitgebers, für den er in England an einer ähnlichen Seite arbeitete, und der ihn heute des Ideenklaus bezichtigt. Zu Popkows Gunsten sei gesagt, dass »Odnoklassniki« mit seinen ausländischen Verwandten in vielem nicht zu vergleichen ist – vor allem, weil der Datenschutz so gut wie fehlt, was ebenso heikle wie spannende Folgen hat.

So schafft »Odnoklassniki« etwas Glasnost und Gleichheit: Der Petersburger Sergej Stankewitsch berichtet im Internet, wie er einen Apparatschik, von dem er eine Unterschrift brauchte, eine Ewigkeit lang suchte, aber schon an der ersten Instanz scheiterte, der Sekretärin im Vorzimmer. Bis Stankewitsch auf die Idee kam, bei den »Klassenkameraden« zu suchen – und prompt fündig wurde. Der zuvor unerreichbare Beamte war, abseits der Amtsstube, die Höflichkeit in Person: »Sie können jederzeit zu mir kommen.«

Auch ich habe inzwischen einige Prominente auf der Liste meiner Freunde bei »Odnoklassniki«. Meinen Bekanntenkreis konnte ich einschneidend vergrößern – wobei weniger die Zahl der Freunde beeindruckt (31) als die Zahl der Freundesfreunde: 12.613. Dazu kommen 709 Noten für meine Bilder und jede Menge Briefe. Über deren Inhalt sei hier aus Gründen des Datenschutzes nichts Näheres mitgeteilt – bis auf drei anonymisierte Beispiele für ungewöhnliche Angebote: Kostenlose Tennisstunden von einer Sportlehrerin, das gemeinsame Auffrischen der Französisch Kenntnisse und die Einladung zu einem Rendezvous in den italienischen Alpen. Natürlich sagte ich brav und höflich nein. Aber dennoch: Ich weiß bis heute nicht, ob ich den Test wirklich bestanden habe: Zwar konnte ich allen Versuchungen widerstehen – aber nur im realen Leben: virtuell gab es durchaus schwache Momente.

Milliardäre bevorzugt

Ein paar Monate noch, und sie hätte ihr Ziel erreicht. Doch ihr unterlief, was sie heute eine »Fehlkalkulation« nennt. »Ich war zu leichtgläubig«, sagt die junge Frau, die sich Dascha nennt. Ihr Freund hatte Druck gemacht: »Das Kind muss weg!« Es wurde eine Abtreibung erster Klasse in einer der teuren Privatkliniken in Moskaus Parallelwelt der Reichen und Schönen.

»Hätte ich das Kind behalten, wäre er mich nicht so leicht losgeworden und nicht so billig davongekommen«, sagt Dascha und blinzelt mit den grünblauen Augen. Wie ein Raubtier, das seine Beute entkommen ließ. »Er« - das ist ein Top-Manager, die Nummer zwei eines der größten russischen Konzerne. Noch nicht vierzig und schon millionenschwer. Dascha ist Mitte zwanzig, Naturwissenschaftlerin aus der russischen Provinz, die nach dem Uni Abschluss keine Zukunft sah in ihrer Stadt. »Ein Mann, der 500 Euro im Monat verdient, irgendwann zu trinken anfängt, für mich Maloche und Kinder, wie bei meinen Freundinnen - nein, das wollte ich nicht.«

Sie zog nach Moskau, um ihr Glück zu suchen oder wenigstens ein bisschen Luxus - vorzugsweise via zahlungskräftigem »Sponsor«. Im ersten Schritt heuerte Dascha bei einer Modelagentur an. Wobei die Modeschauen nur ein Ablenkungsmanöver waren. Denn das eigentliche Geschäft heißt: Schönheit an den Mann zu bringen. Gegen Geld natürlich.

Dascha begann mit einem Tagessatz von 500 Dollar. Nachtsatz wäre wohl das bessere Wort, doch das hört sie nicht gern, das klinge nach Prostitution, und so würde sie ihre Arbeit nie nennen. Mit 1.000 Dollar ging es weiter, inzwischen bekommt sie zuweilen ein Vielfaches davon.

Manchmal will Dascha gar kein Geld - zumindest nicht gleich, solange sie ihr großes Ziel in greifbarer Nähe sieht: einen der Superreichen in den Hafen der Ehe zu entführen. Sie träumt davon, einmal auf eines dieser Fotos in den Hochglanzjournalen zu kommen, auf denen zarte, atemberaubende

Schönheiten von eher kräftigen russischen Oligarchen eng umschlungen werden.

Viele Landsfrauen Daschas denken ähnlich: Nach einer aktuellen Umfrage des Journals »Ogoniok« sehen 60 Prozent der Russinnen keinen Sinn in intimen Beziehungen, wenn sie ihnen keinen materiellen Nutzen bringen. Weiche Formen der Prostitution, sozusagen im Nebenerwerb, sind demnach weit verbreitet und gelten eher als prestigeträchtig denn als unmoralisch. Der »Freierlohn« ist oft ungewöhnlich: Arbeitsplätze stehen hoch im Kurs, Autos, Kleidung, Urlaubsreisen oder Kredittilgungen.

Wenn Dascha von ihren »Freunden« erzählt, klingt das wie eine Aufzählung der russischen »Forbes« Liste. Bei einem der ganz Großen fiel sie in Ungnade, weil sie die strenge Etikette verletzte: Der halbseidene Magnat mietete zuweilen ein ganzes Hotel am Mittelmeer, um sich dort mit Freunden und jungen Schönen zu erholen. Die Frauen mussten vorher einen Etikettekurs absolvieren. Grundregel: keine Schimpfwörter!

Dabei war es weniger Daschas fehlende Kinderstube als vielmehr ihr Temperament, das ihr zum Verhängnis wurde: Beim Kuscheln auf dem Sofa mit einem der Topmanager benannte sie aus Versehen ihre Sitzzone mit einem unschönen Wortlaut genug, dass der nebenan ebenfalls mit Zärtlichkeiten beschäftigte, aber offenbar hellhörige Gastgeber tiefrot wurde.

Die anderen Oligarchen aber traf sie weiter - sie ist eben so hübsch, dass keiner verzichten will. »Ich habe unter ihnen keinen Einzigen kennen gelernt, der glücklich wäre, alle haben mehrere Frauen - eine Gattin, eine Zweitfrau und ständig neue Geliebte«, sagt Dascha. Ihre reichen Gönner seien Getriebene, »sie zerreißen sich förmlich zwischen den Weibern«.

Einer, der es von Berufs wegen wissen muss, bestätigt das. »Nur zwei bis drei Prozent erleben glückliche Liebesbeziehungen«, sagt Artjom Tolokonin. Der smarte 36-jährige Therapeut ist die erste Adresse für Oligarchen, wenn es um Fragen des seelischen Gleichgewichts geht. Für die erste Therapiestunde stellt er umgerechnet 7.200 Euro in Rechnung, bei Hausbesuchen das Doppelte. »Bei geringeren Honoraren würden die Millionäre mich nicht ernst nehmen«, erklärt er.

In den Zeiten der Krise hatte er besonders hohe Umsätze: Denn sie machte den Managern Angst. Sie fürchten um ihren Status, und der ist laut Therapeut für viele gleichbedeutend mit sexueller Potenz. »Anders als die meisten Reichen im Westen stammen unsere aus einfachen Verhältnissen«, so Tolokonin. »Sie versuchen, ihre Bedeutsamkeit zu unterstreichen. Das ist eine Folge der Komplexe, die meist aus der elenden Kindheit rühren.« Wie Schmuck, Luxusautos oder Privatjets gelten schöne junge Frauen als Statussymbol.

Ein regelrechtes »Wettrüsten« um weibliche Schönheiten hat der Therapeut bei seiner Klientel ausgemacht: »Es herrscht Gruppenzwang, man will die anderen übertreffen.« Und die Ehefrauen? »Die wissen meist von den Nebenbuhlerinnen. Aber sie sitzen im goldenen Käfig, sind materiell abhängig von ihrem Mann, der sie wie Sklavinnen hält und nicht merkt, dass er selbst zum Sklaven seines Reichtums wird.« Der setze nämlich einen Teufelskreis in Gang: »Der Mann kauft seiner Frau etwas, statt ihr Gefühle zu schenken. Aber das ist kein Ersatz. Die Ehe misslingt, und der Mann sucht, was er bei seiner Frau nicht mehr findet, woanders - mit Geld.«

Doch auch die jungen Liebhaberinnen können keinen Trost bieten. Ohne Aussicht, geheiratet zu werden, werden sie schnell merkantil und zynisch, weiß Tolokonin: »Eine Beziehung ist da ein Tauschgeschäft. Ich gebe dir meinen Körper, du mir eine Wohnung.«

Wie die meisten Schönheiten auf Oligarchenfang hat auch Dascha ihr Ziel - Milliardärsgattin zu werden - nicht erreicht. Der Freund, vom dem sie schwanger war, erlitt eine Herzattacke. Nur weil er mit dem Privatflieger nach Deutschland zur Operation ausgeflogen wurde, überlebte er. Am Krankenbett wurde das Blatt im Poker um den Magnaten neu gemischt. Als gesetzlich Angetraute hatte die Gattin nun die besseren Karten und isolierte die Konkurrentin vom Zielobjekt. Dascha, die Nebenbuhlerin, wurde abserviert.

Zwar fährt sie dank seiner fürstlichen »Abfindung« heute mit einer Luxuslimousine made in Germany durch Moskau und hat für eine Viertelmillion Euro eine 2-Zimmer-Wohnung gekauft. Doch die Abfindung empfindet sie nur als einen Trostpreis - wo doch das Glück so nah war. »Es war dumm von mir, es nicht so zu machen wie die anderen«, sagt sie heute: »Wenn ich ihm ein Kind in die Welt gesetzt hätte, wäre er ein Leben lang nicht mehr von mir weggekommen. Ich hätte für immer ausgesorgt.«

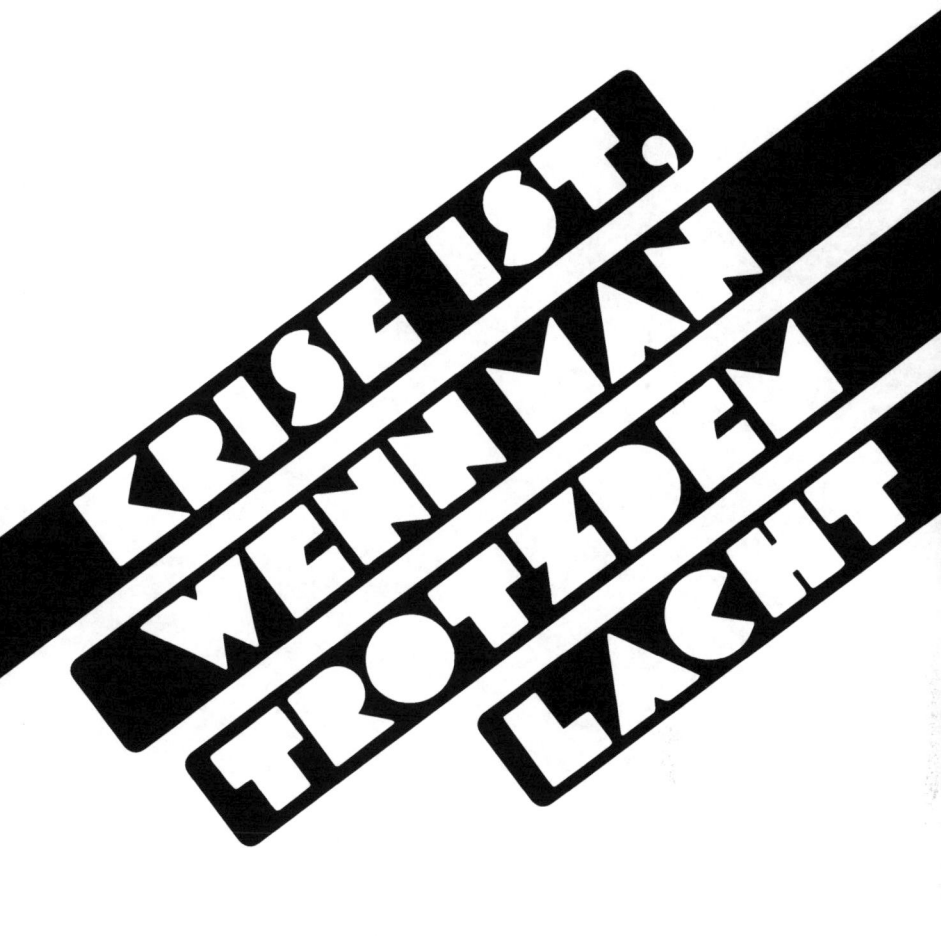

KRISE IST, WENN MAN TROTZDEM LACHT

Die Liebe in der Krise

So groß schien ihr das eigene Glück, dass Maria gar nicht daran glauben wollte. Dass sie es dennoch tat, war ihr Fehler. Dabei hatte alles so vielversprechend begonnen. »Einsame, unabhängige Frau, 44, möchte einen normalen Mann kennen lernen. Ihre Wohnung, Ihr Auto und Ihre Datscha interessieren mich nicht«: Als sie diese Anzeige auf einer beliebten russischen InternetsSeite für Bekanntschaften aufgegeben hatte, bekam die Chefbuchhalterin einer großen Moskauer Baufirma mehrere Anrufe – die aber alle weniger auf eine dauerhafte Beziehung als auf ein erotisches Erlebnis für eine Nacht aus zu sein schienen. Bis plötzlich »Er« auftauchte: »Ein bezaubernder Mann, leicht schüchtern, mit Blumen.«

Für Maria war es beinahe Liebe auf den ersten Blick. Er erzählte ihr von seinem tragischen Schicksal, von seiner erfolgreichen Karriere als Unternehmer, die in die Brüche geriet, als seine geliebte Frau an Krebs erkrankte; sein ganzes Vermögen, seine Wohnung, alles, was er hatte, verlor er im Kampf gegen die Krankheit seiner besseren Hälfte; jetzt sorgte er sich um die zehnjährige Stieftochter, suchte ein Internat für sie in Frankreich. »Ich hörte ihm zu und konnte meinem Glück nicht glauben, dass es wirklich noch so edle und männliche Männer gibt«, erinnert sich Maria. Ihre neue Flamme war einfühlsam wie kaum eine zuvor, und sie passte selbst in Details wie beim Horoskop ideal zu ihm: Wie es der Zufall wollte, hatte sie das gleiche Sternzeichen wie die Frau, die er so geliebt hatte.

Nur als er ihre Wohnung sah, wunderte er sich: »Alles ein bisschen arm für eine Chefbuchhalterin.« Maria machte das nicht stutzig, und so wurde sie auch nicht misstrauisch, als er wenige Tage später anrief und um ihre Hilfe bat: »Ich habe falsch gewendet, die Polizei will mein Auto beschlagnahmen, ich flehe Dich an, bring mir schnell 50.000 Rubel, ich gebe sie Dir zurück.« 50.000 Rubel – ca. 1.200 Euro – waren genau der Betrag, den sie für ihre nächste Hypotheken Zahlung zurückgelegt hatte, was ihr neuer Bekannter auch wusste. In der U-Bahn übergab sie ihm das Geld, er murmelte ein »Danke« vor sich hin, und sie sah ihn nie wieder.

So wie Maria werden in Russland in diesen Wochen und Monaten immer mehr betuchte Frauen Opfer von einem »Alfons«, wie in Anlehnung an den westeuropäischen Vornamen in Russland Gigolos genannt werden – und andere Männer, die es auf materielle Beglückung von Seiten einer Frau angelegt haben. Das zumindest berichtet die russische Ausgabe der »Newsweek«, die auch das Schicksal von Maria erzählt. Die Warnung vor den »Alfonsen« kommt demzufolge aus berufenem Munde: Von der Polizei. Ursache für die besondere Aktivität der Gigolos sind nicht etwa Mondphasen oder der Winter: Es ist die Krise, die das vermeintlich starke Geschlecht vermehrt schutzsuchend in die Arme des schwachen Widerparts treibt. Und auch anderweitig dem Liebesleben der Menschen ihren Stempel aufdrückt.

Maria veröffentlichte nach ihrem bösen Erwachen auf der Internetseite, auf der sie ihren »Alfons« kennen gelernt hatte, einen Warnhinweis: »Vorsicht, Betrüger!«. Prompt meldeten sich zwei Leidensgenossinnen, die dem gleichen Mann auf den Leim gegangen waren. Mehr Glück hatte die 23-jährige Moskauerin Oxana. Im Fitnessstudio lernte sie Ende November einen sympathischen jungen Mann kennen, der sie prompt auf einen Kaffee einlud. Beim ersten Restaurantbesuch hatte er seinen Geldbeutel vergessen – und Oxana half ihm gutgläubig aus der Patsche. Als er später beim gemeinsamen »Shopping«, so das neurussische Wort für Einkaufen, im Handelszentrum »Jewropeiski« einen ebenso teuren wie gut sitzenden Anzug fand und kaufen wollte, war die Börse »gestohlen« – und so bat er wieder Oxana um Nothilfe. Die wurde misstrauisch, stellte ihn zur Rede – und er gestand, dass er sich als »Alfons« versuche – weil er seinen Arbeitsplatz als Barmann verloren hatte und nichts beherrschte außer dem Mischen von Getränken und Flirten.

Um ein Haar wäre Oxana damit doppelt zum Opfer geworden: Erst Ende Oktober hatte ihr vermögender Liebster der 23-Jährigen nach sechs Jahren den Laufpass gegeben: Er sagte, er habe nicht mehr genug Geld, um zwei Frauen zu ernähren, und werde sich deshalb auf die gesetzlich Angetraute konzentrieren.

Laut »Russki Newsweek« liegt der flüchtige Partner angesichts der Krise weltweit im Trend: Nach einer Umfrage von »Prince Associates« in den USA unter 518 Millionären gaben 80 Prozent von denen, die außereheliche Liebschaften haben, an, sie wollten die Ausgaben für ihre Auserwählten verringern; zwölf Prozent der Untreuen sagten gar, sie würden künftig wieder ganz in den Hafen der Ehe zurückkehren und auf einen Luxus wie Untreue verzichten.

Moskauer Soziologen glauben den Angaben zufolge, dass sich Russlands Reiche kaum anders verhalten: »Außer der Tatsache, dass Männer heute versuchen, alle unnötigen Ausgaben zu vermeiden, ist seit langem bekannt, dass sie in schweren Zeiten auch kein besonderes Bedürfnis nach Sex haben«, glaubt die Psychologin Lidija Orlowa laut »Newsweek«. Wie der 38-jährige Moskauer Manager Juri, der sich nach einer einschneidenden Gehaltskürzung von seiner Liebsten verabschiedete, weil kein Geld mehr für sie da war und die Parfüms, Schmuckstücke und teuren Designerkleider, die er ihr früher immer geschenkt hatte: »Hätte ich ihr zu Neujahr eine Schokolade kaufen sollen? Lieber ein für alle Mal Schluss machen«, so Juri. Drei Bekannte von ihm hätten die gleichen Konsequenzen gezogen, sagt er laut »Newsweek«.

Weiter berichtet das Blatt unter Berufung auf den Mitarbeiter einer Moskauer Parfümeriekette, dass im vergangenen Monat die Zahl der männlichen Kunden, die zweimal ein und dasselbe Parfüm kaufen, stark gesunken ist: Ein solches Kaufverhalten sei typisch für Männer mit Nebenbeziehungen, die ihrer Frau und Freundin die gleiche Geruchsnote schenken, um in intimen Situationen nicht in Erklärungsnöte zu kommen. Auch Modehäuser wie »Wilde Orchidee« oder »Podium«, die auf teure Unterwäsche spezialisiert sind – demnach das typische Geschenk für Maitressen – senkten ihre Einkäufe für 2009 um 30 Prozent.

Die Geschlechter reagieren also höchst unterschiedlich auf die Krise. Obwohl in Russland vordergründig noch das alte Rollenbild herrscht, in dem der Mann der Ernährer ist, hat sich in Wirklichkeit alles geändert. Zumindest laut »Newsweek«. Demnach sind die Frauen in Russland sehr selbständig und erledigen ohne Probleme das, was früher als Männeraufgabe galt. Bis hin zum Liebesleben: Während sich die Herren der Schöpfung in der Krise ungalant zeigen, sich auf Materielles konzentrieren und sich von der Liebesfront zurückziehen, wollen Frauen auch in harten Zeiten nicht auf Gefühle verzichten – im Gegenteil, sie sind bereit, noch mehr auszugeben für die Liebe. Was nicht nur »Alfonsen« gefallen dürfte.

Kamillen-Tinktur für Blondinen

Wenn es um Liebesdinge geht, gelten die Franzosen als Fachleute, und wer tiefer eindringen will in die Materie, greift gerne zu Büchern und dem Rat von Fachleuten aus unserem Nachbarland. Bei kulinarischen Dingen blicken wir, je nach Geschmack, nicht nur nach Westen, sondern auch nach Süden, über die Alpen, Richtung Italien. Wenn es ums Musikalische geht und um Technik, schielen wir gerne über den großen Teich und schauen den Amerikanern etwas ab. Was läge da näher, als jetzt, in Zeiten der Krise, Rat zu suchen beim inoffiziellen Krisenweltmeister: bei Russland.

Wer kann auf dem alten Kontinent mehr Erfahrung mit Krisen und mehr Rezepte gegen sie bieten als die Russen? Selbst wenn man die schwierigsten Jahre der Zarenzeit außen vor lässt, sind sie mit fast 80 Jahren Dauerkrise seit der Oktoberrevolution die unangefochtenen Spitzenreiter im Krisenmanagement. Gut, die Russen sind nicht federführend, wenn es darum geht, Krisen zu beenden. Aber das muss schließlich jeder selbst. Doch unsere fernen Nachbarn können uns zeigen, wie man der Krise trotzt oder sich zumindest über Wasser hält.

Genau das führt jetzt zumindest die Moskauer Zeitschrift »Wlast« vor bzw. auf: In ihrer jüngsten Ausgabe bringt sie dem Leser Tipps für die harten Zeiten − altbewährte, die auf sowjetische Bücher aus dem Jahre 1957 (»Haushaltsführung«) und 1967 (»500 nützliche Ratschläge«) zurückgehen und somit seit Jahrzehnten praxiserprobt sind.

Der richtige Umgang mit der Krise kann demnach schon bei der Morgenwäsche beginnen, bereits in der Badewanne kann gespart werden: Der Kopf, so der Ratschlag, «ist einmal alle acht bis zehn Tage zu waschen, mit heißem Wasser und Seife, und zwar so, dass nicht nur alle Haare, sondern auch die Kopfhaut mit Seifenschaum bedeckt ist. Weitere Einsparmöglichkeiten bieten sich im Friseursalon, genauer gesagt durch dessen Meiden: »Die weit verbreitete Meinung, dass Haarschneiden und Kopfrasur die Haare stärken, ist völlig unbegründet. Häufiges Schneiden, vor allem Kahlschneiden, macht die Haarwurzeln lose und fördert den Haarausfall.«

Wer mit der Haarfarbe nicht zufrieden ist, kann ebenfalls kostengünstiger für Abhilfe sorgen als mit teuren Tuben aus der Drogerie: Auch Hennastrauch, Kamillenextrakt (für Blondinen), Rhabarber, Zwiebelschalen-Sud (für den Gelbstich) und eine Tinktur aus Walnüssen (Brauntöne) können, günstig und ungefährlich, zur erwünschten Tönung verhelfen. Für die nötige Wallung sorgen billig Lockenwickler, die aus Watte selbst gedreht werden.

Fehlt es an warmen Schuhen, Strümpfen oder Socken, so lässt sich der Fuß warmhalten, wenn man ihn mit Fett einreibt, und dann mit einer Zeitung oder anderem, nicht sehr dicken Papier einwickelt. Fehlt es an Schuhen zum Wechseln, so sorgt gut erwärmter Hafer für schnelles Trocknen, weil er die Feuchtigkeit im Schuh schnell aufsaugt. Gestrickte Kleidung sollte auf keinen Fall weggeworfen werden, auch wenn sie noch so kaputt oder abgetragen ist: Man kann aus den Fäden Neues stricken.

Auch an Kindern kann gespart werden, so die Empfehlung aus den alten Büchern. Windeln etwa lassen sich günstig selbst machen aus Mull. Beim Waschen kann Seife die Waschmittel ersetzen; für Wolle, egal ob gefärbt oder nicht, ergibt der Sud von grünen Bohnen gute Waschresultate, wenn sie vorher durch ein Leinentuch gefiltert wurde. Für die Fensterwäsche muss es nicht unbedingt Meister Proper sein, zur Not tun es auch ein paar Tropfen »Gorbatschow« oder »Moskowskaya«, später getrocknet mit Zeitungspapier. Auch zerkleinerte Kreide tut auf dem Glas seinen Dienst.

Zur Toilettenreinigung wird Salzsäure empfohlen, wobei der Prozess so gefährlich und aufwendig ist, dass auf die Beschreibung aus haftungstechnischen Gründen verzichtet sei. Ungefährlich dagegen ist das Säubern von Teppichen mit Gras anstatt von Staubsaugern: Das Grünzeug, zur Not auch Teesatz, ist aufzustreuen und dann im Hof auszuklopfen. Gegen Fettflecken helfen Sägespäne, die vorher in Benzin getunkt werden. Zur Reinigung von Ölbildern sind rohe Kartoffeln zu empfehlen.

Die Liste der Ratschläge aus den 50er und 60er Jahren der Sowjetunion, die »Wlast« aufzählt, ließe sich noch lange fortführen. Auch wenn manches klingt, als stamme es aus einem Öko Ratgeber aus den 80er Jahren – viele Tipps ersticken einem doch fast den Atem im Hals – angesichts der bitteren Not, die offenbar herrschen musste, damit diese Tipps notwendig wurden. Vielleicht ist das auch die Botschaft, die Moral der Geschichte, die wir Deutschen lernen können: Wenn man sich vor Augen hält, mit welcher Armut und welchen widrigen Umständen andere Menschen zu anderen Zeiten zurecht kommen mussten, erscheint einem die hauseigene Krise doch fast schon als Luxus.

Die Krise als Witz

Die ganze Welt grämt sich wegen der Finanzkrise. Fast. Denn auf einem Achtel der Weltoberfläche leisten die Menschen hartnäckig Widerstand und nehmen die Schockwellen aus der Welt des Gelds und der Wirtschaft statt mit Stirnrunzeln und Schlafstörungen mit Humor: die Russen. Als nach den ersten Bankenpleiten auch an den Moskauer Börsen die Kurse fielen, stieg antiproportional die Zahl der Krisenwitze. »Es gibt eben nur wenige Aktienbesitzer in Russland«, redeten westliche Spaßverderber den russischen Sinn fürs Lachen schlecht. Doch die Russen straften die Nörgler Lügen: Je stärker ihnen die Krise im Alltag zu schaffen macht, um so mehr machen sie sich über sie lustig.

Etwa so: »Was ist der Unterschied zwischen einer Scheidung und der Krise? In beiden Fällen verliert man die Hälfte seines Kapitals, aber bei der Krise behält man die Ehefrau.« Dass viele verschmitzte Humorveteranen diesen Witz als eindeutig zweideutig auffassen, ja dass sogar zwei Varianten kursieren – eher selten eine brave, familienfreundliche (»Was ist der Vorteil der Krise...«) und eher häufig eine eindeutig frauenfeindliche (»Was ist der Nachteil der Krise...«), darüber sei aus Gründen der politischen Korrektheit ein Schleier des Schmunzelns gelegt.

Ihr Hang zum Lachen scheint den Russen zuweilen selbst unverständlich. »Warum lacht unser Volk über die Dinge, über die man eigentlich weinen müsste?« fragte dieser Tage die Boulevard Zeitung »Komsomolskaja Prawda«. Die Antwort: »Weil wir mutige und optimistisch eingestellte Menschen sind«, so jedenfalls glaubt die Moskauer Kulturforscherin Eleonora Schulepowa. Und hat ein durchaus ernsthaftes Argument: »In Ägypten überstürzen sich Busse, in der Türkei explodieren Bomben in Hotels, in Thailand gibt es Flutwellen, aber die Russen fahren trotzdem als erste hin. So sind wir – wir machen sogar im Angesicht des Grabes Witze.« Die Deutschen und die Engländer seien viel ernster, behauptet die Professorin: Wir und unsere Nachbarn jenseits des Kanals könnten über die Krise keine Witze machen. Die Russen seien da den Franzosen näher: »Die machen auch keine Tragödie aus Unannehmlichkeiten.«

So stoßen die mehr oder weniger armen Banker in Russland derzeit weniger auf Hass als auf Spott, mit einer Prise Mitleid sogar. Etwa den: Wann ist ein Banker ein Optimist? Wenn er am Sonntag fünf Hemden bügelt. Oder: Ein Herbsttag im Jahr 2010, zwei Straßenfeger laufen sich über den Weg, sehen sich lange und aufmerksam an. Der eine fragt: »Irgend woher kenne ich sie.« Der andere: »Ich Sie auch. In welcher Bank haben Sie gearbeitet?« Oder: Treffen sich zwei Banker. Der eine: »Diese Krise hat mich völlig unruhig gemacht. Kannst Du noch schlafen?« – »Ich schlafe wie ein Baby?« – »So fest?« – »Nein, ich habe die ganze Nacht geweint und mir zweimal in die Hose gemacht.«

Manchmal klingt auch Schadenfreude über den Klassenfeind von einst durch: »Die Medizin der USA hat es nicht geschafft, die fortschreitende Verfettung zu besiegen. Jetzt schafft es die amerikanische Wirtschaft.« Bei derart politisch korrekten Witzen kann auch der Apparatschik unbesorgt mitlachen.

Was er sonst nicht immer tut. Denn seit den Sowjetzeiten mit ihrer strengen Zensur ist der Humor in Russland die Rache des kleinen Mannes, sein Ventil, mit dem er die oft unerträgliche Wirklichkeit erträglich macht – und ihrer mit einem Lachen Herr wird. Zuweilen auch mit schwarzem, bitterbösen. Wie in dem Witz über den US Aktienhändler: »Er stürzte sich aus dem 75. Stock seines Büros in der Wallstreet, durch den Aufprall am Boden wurde er noch mal einige Meter hoch in die Luft geschleudert; damit kompensierte er zumindest ein wenig seinen morgendlichen Sturz an der Börse.«
Verbreiteter als solch schwarzer Humor sind hintergründige Witze, bei denen man im Zweifelsfall erst lacht, wenn der

Erzähler schon den nächsten erzählt. Etwa über die Zeitungsmeldung aus dem Jahr 2018: »Das Wirtschaftsleben normalisiert sich. Die Preise für den Kubikmeter Salz sind deutlich gestiegen.« Oder: »Berichte, dass die Todesstrafe durch eine Hypothek mit 25 Prozent Zinsen ersetzt wird, erwiesen sich als Zeitungsente. Das Wirtschaftsministerium teilte mit, dass diese Neuregelung nur für das Gebiet Nischnij Nowgorod gilt, und auch dort nur als Experiment.«

Zuweilen steckt in den Witzen ein Kern von vitalem Trotz. Etwa in dem Bekenntnis eines Moskauer Angestellten: »Die Krise hat mir geholfen, wieder auf den eigenen Beinen zu stehen! Ich konnte meinen Kredit nicht mehr zahlen und die Bank nahm mir mein Auto weg.«

Ganz gegen die Tradition kommen bei den Krisenwitzen bislang die Politiker sehr glimpflich davon. Nur den per Amt Hauptverdächtigen, Finanzminister Alexej Kudrin, trifft des Volkes spitze Zunge: »Kudrin tröstet die einfachen Bürger, sie bräuchten sich keine Sorgen machen wegen der Krise: Die hätten sie sich früher machen sollen, jetzt sei es zu spät«.

Dass die Politiker bislang vom Krisenwitz verschont bleiben, muss nicht unbedingt ein gutes Zeichen sein – für die Betroffenen. Vielleicht strafen sie die Russen einfach mit Schweigen, und halten sie für zu unwichtig, wenn es um die Krisenbewältigung geht. Sonst bekommen die Herren im Kreml durchaus ihr Fett weg. Genauer gesagt vor allem der frühere Herr im Kreml: Wladimir Putin. Warum der es auf der Witzeskala nicht so weit nach oben bringt wie Breschnew, aber immer noch weit vor Medwedew steht, warum ihn sein Friseur immer über Tschetschenien ausfragt und warum in Moskau Raubüberfälle jetzt »Erzwingung von Großzügigkeit« heißen – das alles lesen Sie demnächst hier in der Fortsetzung.

Sieben Jahre für einen Witz

Nur bierernste Menschen können dem Irrglauben erliegen, die USA hätten den kalten Krieg gegen die Sowjetunion gewonnen. Denn wer im Wettkampf der Systeme Überhand gewann, lässt sich nicht pauschal sagen – es kommt darauf an, in welcher Disziplin gemessen wird: In Sachen Wirtschaft war ohne Zweifel der Westen der Sieger, beim Wettrüsten lief es lange Zeit auf ein Patt hinaus, doch in allen Fragen des Humors hat Russland bzw. die Sowjetunion das alleinige Plätzchen auf der Siegertreppe verdient– und drehte dem Systemfeind stets eine lange Nase.

Die Liebe zur »Anekdote« – so das russische Wort für Witz – ging so weit, dass es selbst »Anekdoten über Anekdoten« gab. Etwa: Zum Todestag Lenins wurde ein Wettbewerb ausgeschrieben – der beste politische Witz. Der 3. Preis: 3 Jahre Straflager. Der 2. Preis: 7 Jahre Haft unter erschwerten Bedingungen plus 5 Jahre an den Orten, an denen schon Lenin verbannt war. 1. Preis: Ein Treffen mit dem Jubilar. Oder: Zwei Tschuktschen sitzen am Ende der Welt, im Ewigen Eis. Der Eine: »Soll ich Dir einen Witz erzählen?« Der andere: »Ja, aber bloß keinen Politischen, sonst werden wir noch verbannt!«

Hatten die Revolutionäre der ersten Stunde oft noch selbst Freude am politischen Witz, so konnte das Erzählen von »Anekdoten« zu Zeiten von Stalins Terror lebensgefährlich werden. Und dennoch – oder gerade deshalb – ließen es sich die Menschen nicht nehmen, die grausamen Seiten des Alltags auf die Schippe zu nehmen – kein Wunder, sehen Psychologen doch im Humor eine Möglichkeit, negative Erfahrungen und Ängste zu verarbeiten. Stalin höchstselbst bekam dabei sein Fett ab. In einer »Anekdote« macht er sich inkognito auf den Weg durch die Stadt, um zu erfahren, was die Menschen wirklich von ihm denken. Er geht in ein Kino. Am Ende des Films wird sein Bild eingeblendet und die Sowjethymne gespielt. Alle stehen auf.

Stalin selbst ist ganz angetan, seine Augen glänzen, sitzend beobachtet er die Szene. Bis ihn der Mann hinter ihm an die Schulter tippt: »Bitte, Genosse, wir haben alle die gleichen Gefühle wie Sie, aber es ist viel ungefährlicher, wenn Sie aufstehen!« Oder: Stalin hält seine Rede ans Volk. Plötzlich hustet jemand. Stalin: »Wer war das?« Eisernes Schweigen. Stalin: »Genosse Berija, erschießen Sie alle, die in der ersten Reihe stehen.« Nach den Schüssen erneut Stalin: »Wer war das?« Weiter Schweigen. Stalin zu Berija: »Lawrentij, erschießen Sie die zweite Reihe.« Da meldet sich ein Mann, zitternd vor Angst: »I... i... ich...« Darauf Stalin: »Gesundheit, Genosse!«

Auch dem Gulag versuchten die Menschen mit Humor beizukommen. Etwa: Drei Arbeiter kommen in eine Zelle. Sie fragen einander, für was sie eingesperrt wurden. Der Erste: »Ich kam immer zehn Minuten zu spät zur Arbeit, ich wurde wegen Sabotage festgenommen.« Der Zweite: »Ich kam immer zehn Minuten zu früh zur Arbeit, ich wurde wegen Spionage eingebuchtet.« Der Dritte: »Ich kam immer rechtzeitig. Mir warfen sie vor, dass ich eine ausländische Uhr vom Klassenfeind trage.« Oder, gleiche Situation, gleiche Frage. Der erste Häftling: »Ich sitze, weil ich für Bucharin war.« Der Zweite: »Ich sitze, weil ich gegen Bucharin war.« Der Dritte: »Ich bin Bucharin.«

Mit dem Tauwetter unter Chruschtschow wurde auch der Humor weniger schwarz und wandte sich anderen Seiten des Lebens zu. Etwa: Der Gatte erwischt seine Frau in flagranti mit dem Liebhaber. Er: »Wäre ich nicht Parteimitglied, würde ich Dir alle Rippen brechen! Wäre ich nicht Parteimitglied, würde ich Dich aus dem Fenster schmeißen!« Sie streckt die Finger Richtung Decke: »Hoch lebe die Partei!«

Mit Leonid Breschnew begann dann das Zeitalter des personalisierten Politikwitzes: Der Mann mit den Brauen so dick, als hätte er Schuhcreme über den Augen aufgetragen, ist der ungekrönte König der Anekdote. Vor allem über den späten, hinfälligen Breschnew gab es unzählige Witze. Etwa über seine berüchtigte Liebe zu Orden, die seine Brust so aussehen ließ, als handle es sich um eine Altmetallsammlung: Honecker kommt in den Kreml und bringt Breschnew als Gastgeschenk einen riesigen Teller Meissner Porzellan mit. Breschnew wendet den Teller hin und her, wird ganz nervös. Auch Honecker macht sich jetzt sorgen: »Stimmt etwas nicht, Genosse Breschnew?« Der hält sich den Teller vor die Brust: »Ich suche die Nadel, mit der ich ihn anstecken kann!«

Anhand der Witze ließ sich auch der Gesundheitszustand Breschnews ablesen. Kräftig war er noch, als die »Anekdote« über seinen Paris Besuch die Runde machte – wo er sich vom Louvre ebenso unbeeindruckt zeigte wie von allen anderen Sehenswürdigkeiten. Nur beim Eiffelturm erlaubte sich Breschnew Emotionen: »Wie das? Paris hat neun Millionen Einwohner, da ist ein Wachturm viel zu wenig.« Jahre später nahm der Volksmund den Generalsekretär nur noch als Schallplatte mit Sprung wahr: »Breschnew tritt vor das Volk und spricht: »O«. Pause. Dann wieder. »O«. Lange Pause. Erneut: »O«. Kreidebleich rennt sein Sekretär zu ihm, flüstert ihm ins Ohr: »Genosse Breschnew, das sind die Olympischen Ringe, die Rede beginnt erst drunter.« Oder Breschnews Ansprache ans Politbüro: »Genossen! In der letzten Zeit mehren sich die Fälle von Altersschwachsinn im Politbüro. Etwa gestern, auf der Beerdigung von Genosse Kossygin – übrigens, warum fehlt er heute hier auf der Sitzung – ja, auf der Beerdigung, als das Orchester den Trauermarsch spielte, war ich der einzige, der das nötige Taktgefühl hatte, die Frau des Verstorbenen zum Tanz aufzufordern....«

Was er politisch nicht schaffte, gelang Breschnew so in Sachen Humor: Sein Werk lebt bis heute fort. Wie überhaupt das Erbe des Sozialismus überaus lebendig ist: Viele sowjetische Witze werden heute einfach auf Putin oder gar Medwedew umgemünzt. Dass manche »Sowjet Anekdote« heute nicht mehr aktuell ist, wirkt da fast schon tröstlich – nach dem Motto: »Und es bewegt sich doch etwas«. Ob Putins Demokratie nun lupenrein ist oder nicht – sie unterscheidet sich doch deutlich von dem, was einst war. Das beweist die Antwort auf die Frage, worin sich Feudalismus von Sozialismus unterscheidet: »Im Feudalismus wird die Macht von Vater zu Sohn übergeben, im Sozialismus von Opa zu Opa.« Und in Putins gesteuerter Demokratie, könnte man als »Update« hinzufügen, von Freund zu Freund.

»Putins Waterloo«

»Krieg hin oder her – das Mittagessen hat streng nach Zeitplan stattzufinden«, besagt eine alte russische Redensart. Etwas abgewandelt könnte man heute sagen: Kämpfe hin oder her, entscheidend ist, dass weiter gelacht wird. Der Fünf-Tage-Krieg zwischen Georgien und Russland im August hatte gerade erst angefangen, da griffen die Russen an der Heimatfront zu ihrer Wunderwaffe gegen alle Schrecken und Widerlichkeiten des Lebens: zum Humor.

Kaum hatte Präsident Dmitrij Medwedew den Krieg in fast schon Orwell'scher Sprachregelung zur »Erzwingung von Frieden« umgedeutet, machten sich im Internet die ersten kritischen Geister darüber lustig, was der Kreml nun wohl noch umbenennen wird: »Erzwingung von Großzügigkeit« könnten demnach künftig Raubüberfälle heißen, »Erzwingung von Urlaub« wäre eine krisentaugliche neue Bezeichnung für Entlassungen, »Zwang zu Genesung« könnte man demnach das Verprügeln nennen, »Zwang zur Änderung der Lebensgewohnheit« wäre ein passendes Wort für eine Verhaftung, und »Zwang zur Hochzeit« Neusprache für eine Vergewaltigung, so die Internet Spötter politisch unkorrekt. »Zwang zur Freundschaft« bedeute eine Erhöhung des Gaspreises auf 500 Dollar pro 1.000 Kubikmeter.

Ausgerechnet die massive Propaganda in den Medien, allen voran im Fernsehen, mit ihrem beängstigenden Hurra-Patriotismus und dem Schüren von Feindbildern, hat in den vergangenen Monaten zu einer massiven Gegenreaktion an der Witzfront geführt – nach dem alten sowjetischen Motto, »je stärker der politische Druck, um so besser der politische Witz«. So wird etwa Außenminister Sergej Lawrow an seiner schwächsten Stelle attackiert: »Der Chef unseres Außenamtes hat in kategorischer Form erklärt, dass Russland zur Verteidigung seiner Würde bereit ist, jedes Nachbarland sofort militärisch zu besetzen, das sich erdreistet, die zynische Lüge zu verbreiten, Russland sei bereit, jedes Nachbarland militärisch zu besetzen«. Schöner lassen sich die Absurditäten der Moskauer Kriegstrommel Politik kaum auf den Arm nehmen.

Die teilweise bizarren Auswüchse der Kriegspropaganda weckten an der Heimatfront zuweilen auch Gefühle, die sie nicht wecken wollten und sollten, diesen Eindruck zumindest erweckt der folgende Witz, der in Moskau seine Runde machte: »Als die Bewohner des Gebiets Woronesch erfuhren, dass Wladimir Putin versprochen hat, für Südossetien zehn Milliarden Dollar zur Verfügung zu stellen und Moskaus Bürgermeister Jurij Luschkow ankündigte, er werde die südossetische Hauptstadt Zchinwali neu aufbauen, wandten sich die Woronescher an Georgiens Präsidenten Saakaschwili mit der Bitte, auch das Gebiet Woronesch ein wenig zu bombardieren.«

Stramme Patrioten, wie sie der Kreml mit seinen neuen Erziehungsprogrammen für Kinder und Erwachsene hervorbringen möchte, gehen davon aus, dass solche Witze direkt von Aktivisten der »fünften Kolonne« unter dem Diktat »der Parteiführung aus Washington« erfunden werden, schreibt die »Nowaja Gaseta«, das Feigenblatt für kritische Berichterstattung in Russland, viel geehrt und wenig gelesen. Dabei sei der Politwitz ein durch und durch russisches Genre, so die kremlkritischen Journalisten, und es sei »unpatriotisch, darauf zu verzichten.«

Putin, Anhänger der »gesteuerten Demokratie«, wollte denn auch den Politikwitz ebenso wie Oppositionsparteien und Nicht-Regierungs-Organisationen unter sein Steuer nehmen. Auf der Interneteite vladimir.vladimirovich.ru sind, offenbar über handzahme Journalisten diskret von oben gesteuert, Putinwitze zu lesen, die an Harmlosigkeit und Ehrfurcht für das vermeintliche Witzobjekt kaum zu überbieten sind.

Doch Russland wäre nicht Russland, hätten sich die Menschen dem Versuch, ihren Politwitz zu kastrieren, nicht widersetzt. Und auch wenn es Putin bei weitem nicht mit Breschnew, Chruschtschow oder Stalin aufnehmen kann, was die Popularität in Sachen Witzen angeht, hat er doch inzwischen einen ehrenhaften Platz auf dem Podest der Humoropfer erreicht. Der populärste Putin Witz ist dabei für deutsche Ohren eher schwer zu verstehen, selbst wenn man weiß, dass die Napoleon Torte eine der beliebtesten Naschereien in Russland ist: Die Verkäuferin in der Konditoreiabteilung rät der Kundin, die nach etwas ganz besonderem zum Geburtstag fragt, zu einer »Putin Torte«. Die Kundin fragt verwundert zurück: »Putin? Was ist das?« Die Verkäuferin: »Das gleiche wie Napoleon – nur ohne Eier.«

Auch für den Tschetschenien Krieg bekam Putin sein Fett weg: Als sein Friseur Putin jedes Mal über Tschetschenien ausfragt, reißt ihm der Geduldsfaden. »Was soll das? Sind Sie etwa Tschetschene?«, fragt Putin. »Nein, aber wenn Sie das Wort Tschetschenien in den Mund nehmen, ist es einfacher, Sie zu frisieren – dann stehen Ihnen die Haare zu Berge«.

Besonders gerne ziehen die Russen Putins KGB Vergangenheit durch den Kakao – kein Wunder, schimmert die entsprechende Mentalität beim heutigen Regierungschef doch regelmäßig durch. Etwa: »Haben Sie gehört, Putin hat der Regierung befohlen, die Inflation anzuhalten!« - »Nein, Sie haben das nicht ganz verstanden. Putin hat angeordnet, sie festzunehmen und einzusperren.« Oder: »Das Programm der Putin'schen Reformen: 1.) Die Bürger reich und glücklich zu machen. Anhang 1.) Die Liste der betreffenden Bürger«. Oder: Putins Problem ist, dass er regieren will wie Stalin, aber leben wie Abramowitsch, der Multimilliardär und Eigner des FC Chelsea.

Die nicht ganz lupenrein demokratische Art und Weise, wie in Russland gewählt wird, ist ebenfalls Angriffsziel der Witze. So trifft Putin auf dem Roten Platz einen Mann aus dem Kaukasus mit einer gewaltigen Melone auf dem Arm. »Verkauf mir die Melone!«, sagt Putin. »Nein«. »Verkaufe, ich rate es Dir!« Der Mann gibt nach. »Okay, dann wähle Dir eine aus!« Putin schüttelt den Kopf: »Wie soll ich den wählen? Du hast doch nur eine einzige!« Der Mann: »Und wie wurdest Du zum Präsidenten gewählt?« Oder: Am Tag der Wahlen telefoniert Putin mit seiner Mutter. »Mama, Du kannst mir gratulierten, ich habe die

Wahlen gewonnen!« Die Mutter, voller Freude: »Ehrlich, mein Sohn?« Putin: »Mama, mach‘ wenigstens Du Dich nicht lustig!«

Auch unabhängig von Personen wird die Propaganda aufs Horn genommen. So ist etwa einer der verbreitetsten Sprüche im heutigen Moskau, dass der Westen Russland auf die Knie zwinge. Der Volksmund antwortete darauf auf seine Weise: »Mit allen Kräften versucht der Westen, Russland auf die Knie zu zwingen, aber unsere Führung weigert sich hartnäckig und tut alles, damit wir weiter liegen bleiben.«

Der neu gewählte Präsident Medwedew kann seinem Ziehvater Putin in Sachen Witzen noch nicht das Wasser reichen. Der Witztheorie zufolge könnte das auch daran liegen, dass die Menschen ihn nicht fürchten – der Professorensohn aus Petersburg wirkt gegenüber dem drahtigen Putin, der gerne zum Straßenjargon greift, wie ein Pastor neben einem Revolverheld. Die wenigen Witze, die es über Medwedew gibt, sind denn auch entweder modifizierte Dauerbrenner, die zuvor auf Putin gemünzt waren – oder sie gehen unter die Gürtellinie und beziehen sich auf den eher kleinen Wuchs des Präsidenten, bis hin zu Spitznamen wie »Kinderüberraschung«, »Nano Präsident«, »Mini Putin« und »Lilliputin«. Das ist vor allem deshalb erstaunlich, da Putin kaum größer ist – es aber nur wenige (wie Georgiens Präsident Saakaschwili, dem diese Art von Humor nicht gut bekam) wagten, dieses Thema in Witzen zu verballhornen. Vielleicht wirkt der regierende Ministerpräsident, wie Spötter Putin nennen, ja auch einfach größer.

Nacktbilder statt Kündigungsschutz

Russlands Arbeitsrecht bietet Arbeitern und Angestellten jede Menge Sicherheiten und ist sehr sozial. Auf dem Papier. Denn der »Trudowoj kodex«, wie das Regelwerk heißt, hat einen ganz entscheidenden Nachteil: Es wird nur in Ausnahmefällen angewandt. In der Realität herrscht oft eine »hire and fire«-Mentalität. Viele Arbeitgeber behandeln ihre Angestellte wie einst Feudalherren ihre Leibeigenen. Als jetzt die Krise über das Land kam, sind viele meiner Freunde und Bekannten entlassen oder in unbezahlten Urlaub geschickt worden. Oder ihre Chefs kürzten ihnen einfach das Gehalt, ohne viel Federlesen, um zehn Prozent den Glücklicheren, um 50 Prozent den Unglücksraben.

Auf Hilfe von oben oder etwa von Interessenverbänden können die Beschäftigten in Russland kaum hoffen: Im einstigen »Paradies der Werktätigen« ist statt Sozialismus oder sozialer Marktwirtschaft heute Raubtierkapitalismus angesagt, nach dem Darwinschen Prinzip – nur die Starken überleben. Anders als in Deutschland sind die großen Gewerkschaften weniger dazu da, die Belange der Arbeiter gegenüber den Arbeitgebern durchzusetzen, als umgekehrt die Arbeiter ruhig zu halten. Doch so schwach der Schutz durch das Gesetz, den Staat und die Organisationen ist – oder gerade wegen dieser Schwäche – wissen sich die Menschen im größten Flächenland der Erde zu helfen, wie jetzt die frühere Gewerkschaftszeitung Trud berichtet. Die Kreativität und der Erfindungsreichtum der Russen sind nicht umsonst legendär – und wenn sie schon nicht auf eine Abfindung hoffen können, kämpfen in diesen Tagen viele Entlassene auf ihre Art um Gerechtigkeit – oder zumindest um Rache.

Auf eher westliche Art reagierte die Ingenieurin Irina, die nach ihrer Entlassung gemeinsam mit 50 Schicksalsgenossen aus ihrer Firma zu einem »Meeting« aufrief, wie Demonstrationen auf Neuenglisch heißen. Als die Stunde der Wahrheit näher rückte, verließ laut »Trud« aber die meisten Entlassenen die Courage – und nur sieben kamen wirklich, um ihren Protest in aller Öffentlichkeit zu bekunden. Die weniger Mutigen wussten offenbar, was sie zu fürchten hatten: Die Organisatorin Irina stand keine fünf Minuten auf der Straße, als die Polizei vorfuhr und sie festnahm.

Wenn weiche Formen des Protests derart drastisch niedergeschlagen werden, verwundert es nicht, wenn manche Entlassene zu heftigeren Mitteln greifen. Wie etwa Olga, die in ihrer Firma für die Reklame zuständig war. Als sie das Kündigungsschreiben bekam, veröffentliche sie das Foto ihres Ex Chefs auf der Seite einer Internetpartnermittlung, Telefonnummer inklusive. Als ob das nicht schon schlimm genug wäre für den armen Mann, schrieb sie auch noch, dass er weniger an einem attraktiven Vertreter des anderen Geschlechts interessiert sei als an einem des eigenen – für Russland, wo die orthodoxe Kirche Homosexualität als Krankheit diagnostiziert, ein besonders schwerer Schlag unter die Gürtellinie. Der Ex Chef konnte zwar die Anzeige schnell von der Internetseite entfernen lassen. Sein Telefon war aber noch zwei Tage lang ständig am Klingeln – er schien den Geschmack einsamer männlicher Herzen getroffen zu haben.

Viel direkter lebte eine Designerin ihren Frust über die Entlassung aus: Kaum hatte sie im Arbeitszimmer ihres Chef von dieser erfahren, begann sie, hysterisch Geschirr zu zerschlagen, schmiss alles, was auf den Regalen stand, auf den Boden, und schmiss eine Vase ins Fenster; nur die Mitarbeiter des hauseigenen Sicherheitsdienstes, durch den Lärm aufmerksam geworden und herbeigeeilt, konnten die arme Frau überwältigen, wie »Trud« berichtet. Sie zeigten sich, typisch für Russland, sehr menschlich, und statt die ohnehin durch die Entlassung gestrafte Frau der Polizei zu übergeben, bewirteten sie sie in ihrem Dienstzimmer mit Tee, bis sie sich beruhigt hatte.

Noch mehr Porzellan, wenn auch nur im übertragen Sinne, zerschlug der Systemadministrator Pjotr in seiner Firma, nachdem er seine Kündigung erhalten hatte: Am letzten Arbeitstag änderte er einfach im firmeneigenen Computersystem alle »Parolen«, wie die Passwörter auf russisch heißen. So gemein dieser Schritt auf den ersten Blick aussieht, so sehr hatte Pjotr doch auf gewisse Weise ein moralisches Anrecht darauf: Sein Arbeitgeber war ihm das Gehalt für mehrere Monate schuldig geblieben. Der Direktor fand denn auch einen sehr einfachen Weg, wieder an die Parolen für sein Netzwerk zu kommen: Er zahlte Pjotr einfach das ausstehende Gehalt.

War das Verhalten von Pjotr durchaus nachvollziehbar, so ist im Falle von Wassilissa, Assistentin eines Direktors, eher der Arbeitgeber derjenige, der die Sympathien des unvoreingenommenen Betrachters verdient: Weil er Wassilissas Urlaubsantrag abgelehnt hatte, legte sie ihm selbst ein Kündigungsschreiben auf den Schreibtisch – und löschte vom Server die Adressdatenbank mit allen Kunden der vergangenen drei Jahre.

Riskant für Arbeitgeber sind auch Konflikte mit Mitarbeitern aus dem Außendienst, die direkten Kontakt zum Kunden haben, wie das Beispiel von Anton deutlich macht. Als er den blauen Brief erhalten hatte, trat der Organisator von Firmenfeiern auf der letzten vom ihm organisierten Veranstaltung einfach mit einer Enthüllungsrede ans Rednerpult und erzählte viele Dinge über seinen Noch-Arbeitgeber, die der lieber für sich behalten hätte.

Besonders vorsichtig sollten Chefs sein, wenn sie mit einem Mitarbeiter nicht nur rein dienstliche Bande verknüpfen. Das zeigt das Beispiel von Wladislaw: Der fühlte sich von seiner Chefin gleich doppelt betrogen durch die Entlassung, hatten die beiden doch das, was man auf Russisch einen »sluschebni roman« nennt, einen »dienstlichen Roman«, also eine Affäre am Arbeitsplatz. Der Wortwechsel nach der Kündigung war derart energisch, berichtet »Trud«, dass die gesamte Belegschaft alles stehen und liegen ließ, um die Szene zu verfolgen. Bevor er seinen Arbeitsplatz endgültig verließ, verschickte Wladislaw an alle Kollegen per E-Mail freizügige Bilder der Chefin, die er offenbar in Tagen aufgenommen hatte, in denen die Beziehung zwischen den beiden weitaus harmonischer war. Das Fotomaterial war offenbar derart atemberaubend und so wenig mit dem gewöhnlichen Berufsbild der Chefin zu vertragen, dass diese wenig darauf die schiefen und hämischen Blicke ihrer Untergebenen nicht mehr ertragen konnte und selbst kündigte.

Das Beispiel zeigt: Auch wenn die Gesetze nicht funktionieren, ist Gerechtigkeit oft durchaus zu erlangen – wenn auch zuweilen über verschlungene, nicht ganz astreine Pfade. Mit unseren strengen Vorschriften, dem Kündigungsschutz und strikter Justiz sind wir in Deutschland zwar sicherer auf der sichereren Seite – aber eben auch auf der langweiligeren.

»Leck mich am Wolkenkratzer«

W enn dein Bruder gegen dich sündigt, weise ihn zurecht«, lehrt uns die Bibel. Russische Politiker und Beamte könnten sich bald schon schwer tun, dem Rat aus dem Heiligen Buch zu folgen. Das Moskauer Kommunikations-Ministerium arbeitet an einem Gesetzesentwurf, der künftig Volksvertretern und Dienern das Schimpfen untersagen soll. Doch nicht nur Lästerungen jeder Art sind demnach bald unzulässig: Auch für fehlerhaften Gebrauch der »Großen und Mächtigen«, wie die Russen seit Iwan Turgenjew ihre Muttersprache halb scherzhaft, halb ehrfurchtsvoll nennen, sollen Strafen fällig werden.

»Es ist nicht normal, wenn ein Beamter fragt, wozu er nach den Namensinitialen einen Punkt setzen soll, oder ohne sich zu genieren vor laufenden Kameras unflätige Ausdrücke gebraucht«, klagt Tatjana Petrowa, die verantwortliche Sekretärin einer eigens gebildeten »zwischenbehördlichen Kommission«, die wieder für Ordnung im Sprachbild sorgen soll. Bislang, so klagt Petrowa in der Tageszeitung »Trud« – auf Deutsch: Arbeit – gebe es keinen Paragraphen, mit dessen Hilfe Amtspersonen für den Missbrauch der Sprache bestraft werden könnten. Und, fast genauso schlimm: Es gibt kein Regelwerk für den richtigen Sprachgebrauch, das allgemeinverbindlich ist, wie in Deutschland der Duden.

So ist der Schimpferei auf höchster Ebene zwischen Ostsee und Pazifischem Ozean Tür und Tor geöffnet, und das nicht erst seit der Oktoberrevolution. Schon Fürst Wladimir soll, so heißt es jedenfalls in der Heldensage »der Räuber Nachtigall«, gelegentlich zu eher unfeiner Ausdrucksweise gegriffen haben: »Schrei doch, Du Hund, wie ein wildes Tier!« Beim Satiriker Gogol schimpft ein paar Jahrhunderte später ein Stadtoberhaupt: »Ich? Ein alter Depp? Du dummer Hammel, hast Du den Geist verloren?« Ostap Bender, der »große Kombinator« aus den satirischen Romanen Ilf und Petrows, hinterließ Schimpfspuren bis in höchste Kreise mit Ausdrücken wie: »Du Opfer einer Abtreibung.«

Auch die Bolschewismus Ikone Lenin beleidigte »Konterrevolutionäre« schon mal als »Bagage« oder »Ludergesindel«; sein noch weniger zimperlicher Nachfolger Iosif Wissarionowitsch Stalin bezeichnete seine Widersacher als »Käfer« und »nichtige Lakaien des Faschismus«. Wobei diese verbalen Angriffe für die Opfer noch das geringere Übel waren, pflegte der »Führer aller Völker« Andersdenkende doch vor Erschießungskommandos zu stellen.

Milder mit Strafen, dafür aber Einfallsreicher in Sachen Schimpfwörtern war Stalins Nachfolger Nikita Chruschtschow, der im Westen zu Unrecht vor allem durch seine Schuheinlage bei der UNO bekannt ist – wo er mit seiner Fußbekleidung auf den Tisch schlug. Der ebenso glatzköpfige wie wortgewaltige Bauernsohn mit den stets schlecht sitzenden Anzügen hatte noch mehr zu bieten: Seine Schimpfwörter waren derart originell, dass sie nur sehr frei übersetzt werden können, wie das Legendäre »Leck mich doch am Wolkenkratzer« – einem der Lieblingsthemen des Generalsekretärs, der nach einem Besuch in den USA derart beeindruckt war von deren Hochhäusern, dass er sie in Moskau prompt nachbauen ließ (ohne Rücksicht auf Verluste in Form von niedergewalzten alten Stadtvierteln).

Ebenso auf Chruschtschow soll das Copyright für andere bis heute beliebte Retro-Schimpfsprüche zurückgehen wie, frei übersetzt: »Ich habe Dich mit Glied gesehen – als Mitglied im Politbüro« und »Ein Generalsekretär schei... auf einen Zehn-Rubel-Schein«.

Als würdigster Nachfolger Chruschtschows erweist sich heute der Politclown Wladimir Schirinowski, seines Zeichens immerhin Vizechef der Duma. Als solcher forderte er den damaligen US Präsidenten Bush vor laufender Kamera auf: »Lass Deine Finger von Bagdad, lass uns lieber gemeinsam Tiflis bumsen!«, um sodann zu drohen: »Sonst versenken wir Amerika im Ozean, auf Gliedhöhe.« Auch für uns Bundesbürger hat Schirinowski zuweilen einen Spruch übrig. Etwa: »Die armen Deutschen... dieser Abschaum... wir hätten Deutschland okkupieren sollen.« Die westorientierten Liberalen können da kaum mithalten; bis auf den Ex Vizepremier Boris Nemzow, der schon mal öffentlich bekannte: »Ich sehe doch nicht so aus wie ein Präservativ«, und beteuerte: »Man sagt, Politik sei eine schmutzige Sache. Politik ist Schei..., und die Politiker sind es auch.«

Je mehr echte politische Auseinandersetzung inzwischen fehlt, um so mehr wurden Kraftausdrücke fester Bestandteil der politischen Showbühne: Von »demokratischer Schizophrenie« über »Partei von Nekrophilen« bis hin zur »Oberliga der alten Furzer.«

Undenkbar indes wären heute Angriffe auf das Allerheiligste, wie sie einst der Oligarch Boris Beresowski nach einem Streit mit Boris Jelzin wagte: »Der Präsident glaubt, er könne mich benutzen wie Klopapier und wegschmeißen, aber er versteht nicht, dass so ein Papier leicht davon flattern und auf seiner Stirn landen kann.«

Derartige Worte in Richtung »nationaler Führer« wagt unter Wladimir Putin niemand mehr, zumindest nicht öffentlich. Dafür zeigt sich Putin selbst wenig zimperlich. Etwa als er beteuerte, er werde – frei übersetzt – alle Terroristen auf dem Lokus abmurksen; oder als er mahnte, es sei Zeit, »keinen Nasenschleim mehr zu kauen«. Über den georgischen Präsidenten Saakaschwili soll er im Gespräch mit dessen Kollegen Sarkozy gesagt haben, er werde ihn »an den Eiern aufhängen«. Auch Barack Obama musste schon mit dem rüden Jargon des nunmehrigen Premiers Bekanntschaft machen. Nachdem der US Präsident, nicht sehr diplomatisch, Putin vor knapp zwei Wochen vorgehalten hatte, er stehe noch mit einem Bein in der sowjetischen Vergangenheit, knurrte der Premier – jugendfrei übersetzt – zurück: »Wir machen für niemanden die Beine breit.«

Putins Nachfolger Medwedew legt im Vergleich dazu bislang eher vornehme Zurückhaltung an den Tag – bis auf ein »Missgeburt« in Richtung Saakaschwili ist sein Schimpfwort-Register bisher leer; auch sprachliche Schnitzer leistet sich der frühere Musterschüler nicht. Dafür lässt er seinen Außenminister Sergej Lawrow fluchen: Im Telefonat mit seinem britischen Kollegen Miliband nannte er Saakaschwili einen »fucking lunatic« (verdammten Nachwandler) und verbat sich jegliche Lektionen: »Who are you to fucking lecture me?«

Die schlimmsten sprachlichen Schnitzer im Russischen leistet sich bislang ausgerechnet der Staatschef eines Nachbarlandes: Weißrusslands Präsident Alexander Lukaschenko setzte seine sprachlichen Höhepunkte – trotz aller unbestreitbaren Leistungen im Bereich von Schimpfwörtern – bislang vor allem in der Disziplin «Sprachschnitzer«: Sein Satz »Bald wird das weißrussische Volk normale, menschliche Eier essen« ist ebenso legendär im russischen Sprachraum wie seine Forderung: »Es ist Zeit Maßnahmen zu ergreifen und ein Veto gegen Tabus einzulegen« und sein Bekenntnis »Das ist natürlich Ihre Entscheidung, aber gemacht wird es, wie ich sage.«

Russlands Komiker können aufatmen: Lukaschenko wird in Minsk weiter ungestraft nach Herzenslust fabulieren können – denn die geplanten Strafen für unflätige Ausdrücke und Sprachschnitzer werden nur innerhalb von Russlands Grenzen fällig. Was fast ein bisschen schade ist. Denn könnten wir solche Regeln nicht auch bei uns in Deutschland gebrauchen? Wo doch immerhin schon ein späterer Außenminister im Bundestag dessen Präsidenten als »Ar...« bezeichnete – wenn auch »mit Verlaub«?

Besonders hilfreich wären Strafen für Sprachschnitzer wohl in den USA. Ex-Präsident George W. Bush, der sich am Laufenden Band »missunterschätzt« fühlte, von »Bombenschätzungsschaden« im Irak berichtete und sich im Kampf gegen Drogen um die vielen Kakaofelder in Kolumbien sorgte, wäre dann wohl trotz erheblichen Familienvermögens nur ein Offenbarungseid geblieben.

AUF ABWEGEN

Nackt oder nicht nackt?

U nbedingt mit«, antwortete die junge Dame, und mir schien es fast, als sei sie ein wenig errötet angesichts des heiklen Themas. Ich tat wie befohlen und behielt meine Badehose an beim Gang in die Schwitzkammer.

Und so staunte ich nicht schlecht, als nach ein paar Minuten die ersten anderen Sauna Liebhaber eintraten – splitternackt. Prompt musterten sie mich verwundert – wie ein Relikt aus vergangenen, spießigen Zeiten. Da ich mit meiner ebenso sittlich gekleideten Begleiterin russisch sprach, fühlten sich die Neu Hinzugekommenen offenbar sprachlich unbehelligt – hier, mitten in Spanien. Und so tauschten sie sich arglos auf Deutsch aus: »Sieh Dir das an – vielleicht sollten wir uns beim nächsten Mal auch verhüllen in der Sauna.«

»Das wäre nicht schlecht, denn in fremden Ländern sollte man sich auch an deren Sitten halten«, hätte ich am liebsten auf deutsch geantwortet, doch ich wollte den nichts ahnenden Landsleuten nicht noch mehr Schweiß auf die Stirn jagen als es der Saunaofen schon tat.

Anpassungsfähigkeit ist Trumpf im Zeitalter der Globalisierung, redete ich meiner russischen Begleiterin ein; es war ein harter Kampf, doch nach einer halben Stunde hatte ich sie zum inneren Aufstand gegen ihre Gewohnheit, Erziehung und Tradition überredet – sie betrat die Sauna ebenso wie ich textilfrei, wenn auch leicht zitternd. Nicht ohne mit sich und mir zu hadern: »Wenn ich das meinen Freundinnen zuhause in Russland oder meiner Mutter erzähle, werden sie entweder glauben, ich lüge wie Münchhausen, oder ich sei verrückt – nackt mit fremden Männern in einem Raum! Aber wenn Du sagst, es gehört sich so ...«

Doch das Schicksal ist tückisch – und so war es nun ich, der rot wurde, zumindest genauso rot wie meine Begleiterin schon war: Denn die nächsten Gäste waren Spanier – allesamt züchtig bekleidet, die nun wiederum uns in unserer Hüllenlosigkeit wie Sittenstrolche launisch beäugten. »Und Ihr sprecht von einem einigen Europa, wenn Ihr Euch nicht einmal einigen könnt, wo man Unterhosen anziehen soll und wo nicht«, spottete meine Begleiterin, nachdem sie den ersten Schock überwunden hatte.

Vielreisende müssen ständig auf der Hut sein angesichts des Kulturkampfes, der durch Europas Saunen tobt: Wie der Weißwurst Äquator Deutschland in zwei Hälften teilt, muss es eine Nacktheitgrenze geben zwischen den Schwitzräumen des Kontinents – nur der Grenzverlauf scheint unklar. Traditionelles Nacktschwitz Gebiet ist Deutschland und Österreich. Der Gedanke, dass der Schweiß statt aufs Handtuch auf synthetische Badewäsche tropft, gilt hier als unhygienischer Frevel (der dennoch auf dem Vormarsch ist, zumindest in den Hotelsaunas).

Laut Deutschem Saunabund gehören auch die Niederlande zur (textil)freien Hälfte Europas; eine Information, die mir in Amsterdam schiefe Blicke einbrachte – und mich schnell aus der Sauna zurück in die Umkleide trieb, Richtung Badehose.

Dass nicht einmal einfachste Grundregeln Bestand haben, musste ich in Brüssel erfahren: Bislang war ich überzeugt, dass – wie in Russland und im Sauna Stammland Finnland – Männlein und Weiblein zumindest dann hüllenfrei schwitzen dürfen, wenn die Saunas nach Geschlechtern getrennt sind. Pustekuchen. Nach vielen peinlich berührenden Blicken blieb mir nur der Griff zur Badehose. Den sollte man nie vergessen, wenn man in Nordamerika, Großbritannien, Spanien, Frankreich, Italien und allen islamischen Ländern eine Sauna betritt: Dort herrscht laut Deutschem Saunabund striktes Textilgebot.

Das Thema wirft natürlich weiterführende Fragen auf. Aber es wäre wohl nicht schicklich, sich zu erkundigen, wie es »Saunafreunde« wie etwa Helmut Kohl und Boris Jelzin mit der Kleiderordnung hielten. Spätestens seit Angela Merkel Bundeskanzlerin ist, wäre jede Frage zum Thema Saunafreundschaft zwischen deutschen und russischen Spitzenpolitikern unanständig.

Fragt sich, warum bei allem Regelungswahn in unserer modernen Welt das delikate Saunaproblem nicht zu regeln ist. Beispielhaft wäre ein Aufdruck in Form eines Verkehrsschildes, wie er an der Tür zu einer Münchner Hotelsauna zu finden ist: Da ist eine Badehose im roten Kreis zu sehen – und durchgestrichen. Eindeutig. Sollte man meinen. Doch auch das hilft nicht. Kaum eingetreten – schildgetreu hüllenlos, versteht sich – erntete ich erschrockene Blicke. Zwei Russinnen saßen da – züchtig bekleidet. Sie begannen zu kichern. Und glaubten, in ihrer Muttersprache unverstanden zu sein: »Sieh Dir das an!« Wie auch immer das gemeint war.

Ich sehe nur noch einen Ausweg aus dem Dilemma: Künftig unterwegs ganz auf meine geliebten Saunas zu verzichten. Das muss gar kein großer Verlust sein: Denn allein das Nachdenken, welche Kleiderordnung gilt und welche Fettnäpfchen lauern, bringt einen schon gehörig ins Schwitzen.

Chaoten als Halbgötter

Um ein Haar hätte der Weg nach Tiflis im Tumult geendet: Das Treiben auf dem Flughafen des legendären Baku erinnert weniger an einen Verkehrsknotenpunkt, als an einen Viehmarkt. Wilde Schreie überall, und um ein Haar droht es zu einem Handgemenge zu kommen. Der tiefere Grund für die menschliche Aufregung unten am Boden ist Zank hoch oben in der Politik: Seit der Streit zwischen dem pro-amerikanischen Georgien und Russland eskalierte, verbietet der Kreml Direktflüge von Moskau nach Tiflis. Wer jetzt in die kleine Kaukasus Republik fliegen will, muss Umwege in Kauf nehmen. Ich wählte den nächsten Weg – über Baku, die Hauptstadt von Aserbaidschan. Es war erstaunliche Naivität, zu glauben, der nächste Weg sei auch der schnellste.

Der Ölstaat am kaspischen Meer boomt, doch seine Fluglinie ist noch nicht ganz auf der Höhe der Zeit angekommen, und irgendwo in der Sowjetunion steckengeblieben: Transit scheint für »Azerbaijan Airlines – AZAL« ein Fremdwort zu sein. So kann man denn auch in Moskau nur bis Baku einchecken. Ich bin beladen wie ein kaukasischer Maulesel: Mein Gepäck habe ich mit in die Kabine genommen, weil mich die junge Dame vom Bodenpersonal in weiser Voraussicht und Fürsorge warnte, dass es in Baku Probleme mit dem Wiedersehen geben könnte, sollte ich meinen Koffer aufgeben.

Mit Schweiß auf der Stirn kämpfe ich mich nach der Landung mitsamt meinem Ballast zum Transferschalter durch. Ich weiß jetzt, wie sich Soldaten bei Kampfmärschen fühlen müssen. Auch deshalb, weil mein Einchecken tatsächlich an einem Konfliktschauplatz endete: Am Transferschalter traute ich meinen Augen nicht. Das Wort »einchecken« war für das, was ich da sah, so geeignet, wie wenn man das Wort »upload« für das Hochladen von Heu auf einen Traktoranhänger verwenden würde.

An dem Schalter, einer Mischung aus Klagemauer und Büßerbank, stehen drei Beamte mit beeindruckenden Schnurbärten, die Stalin hätten vor Neid erblassen lassen. Einer nimmt jedem Passagier, der die Warteschlange überstanden hat, sein Ticket ab und schreit dann Unverständliches auf seine beiden Kollegen ein, die offenbar schwerhörig sein müssen. Nach einigen Minuten bangen Erwartens übersetzt endlich einer der aserbaidschanischen Passagiere den Grund für die Aufregung: Es sind mehr Tickets verkauft, als der Flieger nach Tiflis Plätze hat. Es kommt zu herzerweichenden Szenen: Babuschkas so kräftig wie Silos flehen die Chaoten vom Transfer-Desk wie Halbgötter an, sie in den Flieger zu lassen. Jeder scheint schwerkranke oder hochschwangere Verwandte zu haben, die seine sofortige Anwesenheit in Tiflis zur Überlebensfrage machen.

Nach einer halben Stunde kommt einer der wandelnden Schnurrbärte zurück und verteilt die Flugscheine: So lautstark schreit er die Namen aus, dass zufällige Namensvettern, die draußen auf dem Rollfeld in startklaren Fliegern sitzen, sie wohl auch noch hören und sich umdrehen würden. Wer aufgerufen, aber nicht binnen Sekundenbruchteilen zur Stelle ist, zieht sich den Zorn dieses »Spieß« der Luftfahrt zu: »Warum so langsam? Was schlenderst du hier herum?«

Einsteigen. Eine Stunde später. Die Stewardessen laufen zum fünften Mal durch den Gang des Fliegers, um die Passagiere zu zählen. Nichts tut sich, keine Durchsage, nur Schweigen. Eine halbe Stunde später dann endlich das Gottesgeschenk – eine Durchsage: »Wir können erst in fünfzig Minuten starten, weil der Flughafen geschlossen ist«. Ein hochrangiger Politiker sei unterwegs, heißt es – und der kann sich nicht gemein machen mit Fußvolk wie uns und noch andere Flieger zeitgleich in den Luftraum lassen. Ich habe kein Glück gehabt beim Bordschein-Roulette – ich sitze ganz hinten, in Reichweite, genauer in Riechweite, der Toiletten. Als ich schon längst in Tiflis sein sollte, geht es endlich los. Doch wenigstens in einem ist die

Fluggesellschaft der westlichen Konkurrenz überlegen: beim Preis. Für die knapp 300 Euro, die ein Ticket Moskau-Tiflis einfach kostet, kommt man von Deutschland beinahe in die USA – und zurück.

Finanzkollaps am Bankomat

Die ganze Schönheit des abendlichen Venedigs scheint mit einem Mal im trüben Wasser der Lagune ertrunken. Zumindest für mich. Statt fasziniert über die Kanäle zu blicken, starre ich, gerade eben angekommen aus dem kühlen Moskauer Herbst an der sommerlichen Adria, fassungslos auf den Bildschirm vor meinen Augen. Nervös klopfe ich auf die Tasten darunter. Es ist nichts zu machen. Der Geldausgabeschlitz bleibt leer, der »Bancomat« der Sparkasse von Venedig ist nicht zu erweichen, und spuckt unverrichteter Dinge meine Kreditkarte aus. »No credit«, steht da in großen Lettern. Am nächsten Gerät wiederholte sich die gleiche Szene. Nur mein Gesichtsausdruck muss wohl noch finsterer sein.

Nach vier weiteren Geldautomaten und »No credit«-Anzeigen ist meine Stimmung tiefer gefallen als der Wasserstand der Lagune: »Ist die Krise jetzt auch bei meiner Bank in Deutschland angekommen? Bin ich jetzt pleite, obwohl ich eigentlich noch genügend Geld auf dem Konto haben müsste? Und wie soll ich mich hier in Italien durchschlagen, nur mit Rubeln in der Geldbörse?« Statt mich auf die heiß ersehnte Pizza zu stürzen, kämpfe ich gegen die Hotline meiner Bank an. Ich verstehe jetzt, warum die Musik, die in einer Endlosschleife eingespielt wird, so beruhigend ist. Oder genauer gesagt: Sein soll.

Vielleicht ist es die gerechte Strafe des Schicksals. Wenn es schon statt nach Tschetschenien, Tschernobyl oder Tschukotka dienstlich nach Venedig geht, zu einer Konferenz mit Michail Gorbatschow, dem Milliardär Alexander Lebedew und einem Dutzend russischer Medienmacher, ist es eigentlich nur gerecht, wenn das Glück nicht ganz vollkommen ist und etwas Salz oder Lagunenwasser in die Borschtsch Suppe schwappt.

Doch das Gefühl, mittellos zu sein, fährt einem tief in die Knochen. Dabei wird man vielleicht nur überängstlich, weil man bei den diversen Krisen in Russland nicht nur einmal erlebt hat, dass das eigene Geld plötzlich so gut wie wertlos ist. Einmal sogar direkt über Nacht: Als in den 90er Jahren die Regierung ohne jede Vorankündigung alle 50- und 100-Rubelscheine für ungültig ab 0.00 Uhr erklärte – und verzweifelte Menschen vor meinen Augen im Restaurant versuchten, so viel wie möglich von ihrem Geld zu verspeisen und vertrinken, bevor es wertlos wurde. Als armer Student kam ich damals fast unbeschadet davon.

An die Substanz ging dagegen die Inflation. Meinen alten Käfer, den ich 1991 aus Deutschland nach Russland gefahren hatte, versicherte ich für 1.000 Mark, damals ein ganzes Vermögen. Als der Wagen ein knappes Jahr später abbrannte, war die Versicherungssumme nur noch knapp 100 Mark wert – die Police war natürlich in Rubel abgeschlossen, und die hatten drastisch an Wert verloren.

Endlich ist eine Frauenstimme in der Hotline zu hören. »Ihr Konto ist nicht überzogen, alles müsste okay sein«, sagt mir die Dame, und ich würde ihr am liebsten über die Alpen hinweg um den Hals fallen vor Freude. »Wir klären alles ab, und rufen Sie zurück.« Ich kann das Handy jetzt wieder fast ohne Zittern in der Hand halten. Ich rufe Zuhause in Russland an. »Reg‹ Dich ab, keine Krise, alles ist bestens, keine Schlangen vor den Banken, in den Geschäften volle Regale«, erzählt mir ein Freund: »Das hast Du nun eben davon, dass Du in Urlaub ins feindliche Ausland gefahren bist, wärst Du nicht fahnenflüchtig geworden, säßt Du in Moskau wie die Made im Speck. Zur Not kannst Du Dich ja aber in Venedig als Gondoliere über Wasser halten.« Wer den Schaden hat, muss für den schwarzen Humor nicht sorgen.

Ein Klingeln kündigt die Erlösung an, nach einer halben Ewigkeit: »Hier ist Ihre Bank. Es ist alles in Ordnung, aber es gibt offenbar eine Störung im Datenverkehr mit Italien, einen Datenabgleich, und in dieser Zeit können die Bankautomaten keine Verbindung zur internationalen Kreditkartenzentrale aufbauen.« Die Auskunft macht mich zwar nicht satt, aber sie beruhigt doch ungemein.

Für die Sattheit sorgt ausgerechnet das russische Finanzsystem: Die russischen Kreditkarten sind offenbar weniger störungsanfällig – und so hilft mir eine Kollegin aus Moskau aus der finanziellen Klemme. Russland als Anker in der weltweiten Finanzkrise – das, was ich persönlich erlebt habe, möchte der Kreml zum System machen: So stellte die russische Regierung in Aussicht, das klamme Island mit einem Notkredit in Milliardenhöhe vor dem Staatsbankrott zu retten.

Die meisten Russen erfahren derweil über die Krise – oder genauer gesagt ihren russischen Teil – nur über Umwege. Die zentralen Fernsehsender berichten über den Dauer GAU an den Moskauer Börsen und seine Folgen nur unter ferner liefen. Als vergangene Woche der russische Aktienindex RTS wieder einmal um mehr als elf Prozent fiel und der Handel an den Börsen für zwei Tage ausgesetzt wurde, erfuhren die Zuschauer davon in den Abendnachrichten des Staatssenders RTR erst nach 17 Minuten – und in zwei Sätzen. Die TV Nachrichten erinnern eher als beruhigende Psychotherapie als an Journalismus.

Tatsächlich geht die Taktik »Aus den Augen bzw. aus dem TV, aus dem Sinn« zumindest bislang halbwegs auf – die Krisenfolgen in Moskau halten sich bislang in engen Grenzen. Die Preise für Nobelwaren wie Pelze sind etwas gefallen, Juweliere berichten von steigender Nachfrage nach wertstabilen Brillianten. Wie in Deutschland heben viele Menschen Geld bei privaten Banken ab, während die staatlichen Institute von höheren Einzahlungen berichten.

Experten warnen vor Entlassungswellen und Gehaltskürzungen im großen Stil. Manche Fachleute sehen in der drohenden Krise aber auch eine Chance. Die horrenden Wohnungspreise in Moskau etwa könnten fallen – heute kostet eine Zwei Zimmer Wohnung in zentraler Lage mindestens 1.400 Euro Monatsmiete. Alles käme jetzt an seinen Platz, hofft Alexander Lebedew, Organisator der Konferenz in Venedig und milliardenschwerer

Unternehmer, der in Deutschland Öger Tours übernehmen will und die deutsche Fluggesellschaft Bluewings kontrolliert: Es sei schließlich nicht normal, so Lebedew, dass in Moskau eine Tasse Cappuccino zehn Euro koste und für ein iPhone, das in den USA 200 Dollar koste, 1.000 zu zahlen sind. Die Krise könnte also zum Schnäppchen werden. Zumindest, wenn man noch in der Lage ist, sich etwas zu kaufen.

Kavalier als Sittenstrolch

Plötzlich weicht die Heiterkeit einem ungläubigen Staunen. Die Freunde, die mir gerade noch strahlend zugeprostet haben, starren mich mit weit aufgerissenen Augen an. Für einen Moment gerate ich ins Stutzen. Ich trage kein Toupet, das hätte verrutschen können, und auch die Zähne sind trotz Besuchs im Tschernobyl Reaktor noch die eigenen – und fest verwurzelt. Was in aller Welt habe ich wieder falsch gemacht?

»Stimmt etwas nicht mit Euch?«, frage ich meine Freunde. »Eher mit Dir«, so die verschmitzte Antwort: »Sieh mal Dein Glas an, und unsere Gläser«. In der Tat: Während ich meinen Wodka, wie es sich gehört, auf ex vertilgt habe, ist bei meinen deutschen Freunden kaum ein Fortschritt an der Alkoholisierungsfront auszumachen.

Vor 15 Jahren musste ich mich bei meinem ersten Umzug nach Moskau noch mühsam an viele russische Sitten gewöhnen: Etwa die kalorienreiche Gastfreundschaft, kräftige Begrüßungsküsse, endlose Schachpartien und Babkuschkas auf den Bänken am Hauseingang. Heute fällt es mir auf Heimatbesuch schwer, den Russen in mir zu verbergen. Wer aus der früheren Sowjetunion in die Bundesrepublik kommt, gerät heftig ins Staunen – und muss sich sehr anstrengen, um nicht gleich als »Fern-Ossi« enttarnt zu werden.

Gott sei Dank ist das Leben in Russland und Deutschland ähnlicher geworden seit 1990, und so bleiben einem viele Fettnäpfen automatisch erspart: Die Scheibenwischer nehme ich auch in Russland seit Jahren nicht mehr vom Auto beim Parken. Ich bin nicht mehr in Versuchung, in Restaurants heimlich mitgebrachten Wodka unter dem Tisch in die Limo-Gläser zu schütten, wie das nach Gorbatschows Anti-Alkohol-Kampagne Brauch war. Seit Hamsterkäufe im Einkaufsparadies Moskau nicht mehr nötig sind, quillt auch in Deutschland mein Einkaufswagen nicht mehr über.

Der Vergangenheit gehören wohl auch andere Fallstricke an,

die mir Gott sei dank trotz aller Russifizierung immer fremd geblieben sind: Spaziergänge im Trainingsanzug, strahlende Goldzähne, aufgedunsene Herrenhandtaschen, dicke Halskettchen, armbreite Schnurbärte, Brillen mit fingerdickem Horngestell und Frisuren, die als Pelzmützen durchgehen könnten, zeichnen in Moskau allenfalls noch den ewiggestrigen Provinzler aus.

Anders das zarte Geschlecht. Dank echtem Pelzmantel, idealerweise gepaart mit Stöckelschuhen und kurzem Rock, sowie reichlichem Make-Up sollen auch heute noch viele Russinnen fernab der Heimat mehr oder weniger unfreiwillig nationale Farbe bekennen. Angeblich. Doch wahrscheinlich ist auch das nur ein Klischee von gestern.

Eher handfest und gefährlich sind die kulturellen Unterschiede dagegen in anderen Bereichen – etwa im Verkehr. Dabei ist es noch harmlos, wenn man aus Moskauer Gewohnheit an einem Zebrastreifen stehen bleibt und warten will, bis alle Autos vorbeifahren – was sie in Deutschland nie tun werden. Wenn man sich selbst ans Steuer setzt, sind Adrenalinstöße garantiert – für die deutschen Mitfahrer. »Ist Dir das Essen nicht bekommen?«, fragte ich mitfühlend meine Mutter, als sie sich mit bleichem, erschrockenem Gesicht ängstlich in den Beifahrersitz drückte.

Die Antwort brachte eine gewaltige familiäre Entfremdung zu Tage: Es stellte sich heraus, dass sich meine Mutter bei Tempo 100 in der Stadt nicht wohl fühlt, dass sie Slalom nur beim Skifahren liebt und Radfahrer für gleichberechtigte Teilnehmer im Straßenverkehr hält, die zuweilen auch noch Vorfahrt haben.

Kann ich die Ängste meiner Mutter auf dem Beifahrersitz noch lebhaft nachvollziehen, so scheinen mir manche andere Sorgen meiner Landsleute etwas überzogen. Klagen über Straßenlampen, die zu hell sind und deshalb im Schlafzimmer stören, Empörung über die Zuzahlung beim Arztbesuch und

Ängste um die Sicherheit der Rente tragen Deutsche oft mit der gleichen Dramatik vor, mit der Russen klagen, dass ihnen das Geld für lebenswichtige Operationen fehlt oder ihr Sohn in den Krieg nach Tschetschenien muss. Alarmstufe rot gilt für den Russen in Deutschland im Umgang mit dem anderen Geschlecht. Ganz nach der Moskauer Schule einer Dame ihr Getränk nachzuschenken, ihr die Tür aufzuhalten oder gar in den Mantel zu helfen, scheint bei manchen besonders emanzipierten Frauen im Westen beinahe schon als sexuelle Belästigung zu gelten – und man kommt dann im günstigen Fall davon mit einem bissigen Kommentar: »Glaubst Du, dass ich das selbst nicht kann?«

So wird aus dem russischen Kavalier in Deutschland schnell ein Sittenstrolch, aus dem mannhaften Trinkgefährten der Alkoholiker, aus dem sportlichen Autofahrer der Rüpel am Steuer, und aus der modebewussten Dame im Pelz die Umweltsünderin. Das Wandern zwischen den Welten bringt deshalb vor allem eine Einsicht: Dass – frei nach Albert Einstein – in dieser Welt alles relativ ist.

Volkssport Kidnapping

Mit strenger Miene nimmt uns der schlecht rasierte Milizionär unsere Papiere ab und steckt sie in seinen Notizblock. »Ihr habt ein Taxi bestellt? Das werdet ihr nicht brauchen, Ihr fahrt heute mit mir!«

Eine so freundliche Einladung von einem Mann in Kampfuniform mit einem dicken Stern auf der Schulterklappe sollte man in Russland nicht ausschlagen. Schon gar nicht im Kaukasus. Auch, wenn es Nacht ist. Mit mulmigen Gefühlen steige ich in den Wagen des Majors – ein privater Lada, Typ Sardinenbüchse.

Eigentlich sind wir an einer ganz gewöhnlichen Grenze zwischen zwei russischen Bundesländern. Doch der Milizposten zwischen Nordossetien und Inguschetien erinnert eher an den Todesstreifen zu DDR Zeiten. Eine dicke Betonmauer mit Stacheldraht obenauf, Schießscharten, ein Panzerwagen, überall Uniformierte mit der Kalaschnikow im Anschlag. Jeder muss seinen Pass zeigen.

Wer über die Grenze will, muss den Fahrer wechseln: Knapp vier Wochen nach dem Kindermassaker im benachbarten Beslan traut sich kaum noch ein Inguscher hinüber nach Ossetien – und die Osseten wollen schon lange nicht mehr nach Inguschetien: Unter den Tätern waren Inguschen, die Opfer waren Osseten. Seit Stalin 1944 mit Grenzänderungen Zwietracht zwischen den beiden Völkern gesät hat, verbindet sie nur noch Hass.

Der Schlagbaum öffnet sich vor uns, und unser Major, der wie betrunken wirkt, drückt aufs Gas. Schweigend fahren wir über die leere Trasse in die Nacht. Mit dem Handy tippe ich heimlich eine Nachricht an unsere Redaktion: »Ein Milizionär aus Wladikawkas hat uns in Gewahrsam genommen. Wenn innerhalb von zwei Stunden keine Meldung von uns kommt, bitte die Suche aufnehmen.«

Weil ich auch in Zukunft noch heil über die Grenze will, mache ich gute Miene zu dem bösen Spiel. »Journalisten seid Ihr also?«, sagt der Ordnungshüter nach einer halben Ewigkeit: »Habt Ihr etwas Illegales dabei? Waffen? Drogen?« Dann würden wir das wohl kaum zugeben, fährt mir als Antwort durch den Kopf – doch ich halte mich zurück: »Nein, Genosse Major.«

Ich fasse mir ein Herz: »In welcher Eigenschaft haben Sie uns mitgenommen? Wenn wir vorläufig festgenommen sind, müssten Sie die Botschaft verständigen. Ich gehe also recht in der Annahme, dass Sie uns einfach gastfreundlich, wie Sie sind, eine Mitfahrgelegenheit bieten?«

Wieder schweigt der Milizionär länger, als es meinen Nerven gut tut. »Wenn Ihr nicht freiwillig hier wäret, würdet Ihr nicht so frei herumsitzen«, brummt er schließlich.

»Was um alles in der Welt habt Ihr bei den Inguschen verloren?«, fragt er. Als er das Wort »Inguschen« ausspricht, verzieht sich sein Mund, und der Wagen gerät ein wenig ins Schlenkern. »Was? Ihr habt die auch interviewt? Die Gegenseite befragen? Wozu? Das ist sinnlos! Wisst Ihr, was das für Tiere sind?«

Er hält den Wagen an und dreht sich vom Steuerrad in meine Richtung: »Ein Tipp! Setzt euch nie einfach so in ein Auto! Ausländer zu kidnappen ist ein Volkssport, Ihr seid schnell in irgendeinem Erdloch.« Er lächelt: »Wenn ich Euch jetzt hier verschwinden lassen würde, hätte keiner eine Chance, euch zu finden«. Er spürt, wie mir bei seinem »Humor« die Angst in den Rücken kriecht, und es scheint ihm Freude zu machen.

»Was? Die Inguschen haben Dir etwas Schlechtes über uns Osseten erzählt? Diese Gangster! Wir fahren jetzt gleich hin und fragen sie.« Er drückt auf das Gas und wendet den Wagen. Nur mit Mühe können wir ihn stoppen.

»Wie bist Du nach Moskau gekommen? Warum? Wie lange bist Du dort? Mit wem hast Du gesprochen? Über was?« Ich komme mir vor wie bei einem Kreuzverhör. Es fällt mir immer schwerer, ruhig zu bleiben.

Als ich dem Auge des Gesetzes meine Visitenkarte geben will, um ihm noch mal klar zu machen, dass er es nicht mit einem Taschendieb zu tun hat, reißt er mir fast den Halter aus der Hand: »Was ist das? Gib her!« Er nimmt die Visitenkarten meiner Interviewpartner heraus und gibt mit den Halter zurück: »Den kann ich nicht gebrauchen, wir bei der Miliz haben kein Visitenkarten.« Aufmerksam mustert er auf den Karten, mit wem ich gesprochen habe: »Wer ist das? Was wolltest Du bei dem? Was hat Dir der gesagt?«

Ich greife zur Notbremse. Erzähle von »guten Kontakten in den Kreml« und zum Innenministerium – also seinem Chef in Moskau: »Wenn es Probleme gibt, kann ich dort anrufen.«

»Wir sind unsere eigenen Chefs«, entgegnet er, doch sein Ton wird milder. »Ich bin seit 72 Stunden im Dienst, war die ganze Zeit nicht Zu Hause, schlafe immer nur ein paar Stunden hier im Auto«, klagt er: »Alles für das Vaterland.« Offenbar ist er nicht betrunken, obwohl es so wirkt – sondern nur völlig übernächtigt.

Warum er uns angehalten hat? »Seit Beslan ziehen viele Terroristen über die Grenze nach Ossetien, und manche geben sich als ausländische Journalisten aus«, sagt er. Mein Einwand, dass der deutsche Ausweis fälschungssicher sei, beeindruckt ihn nicht: »Ich kann Dir hier jeden Ausweis fälschen. Wenn Du eine Bestätigung möchtest, dass Dein Bein ab ist, kann ich die Dir sofort besorgen«. Wieder bringt mich sein Humor nicht sonderlich zum Lachen.

Ob ich auch schreiben werde, dass die Inguschen an allem schuld sind, fragt er. »Die Wahrheit möchte ich schreiben«, sage ich. Es reicht ihm nicht: »Schreib, dass wir Recht haben.« Ich kann ihm nur versprechen, beide Seiten zu Wort kommen zu lassen. Das ist für ihn fast eine Beleidigung. Fast schon verächtlich weist er uns die Tür.

Zum Abschied notiert er sich noch unsere Adressen – man kann nie wissen. Igor leuchtet mit seiner Taschenlampe auf das Papier. Unser »Ordnungshüter« nimmt sie ihm aus der Hand: »Schöne Lampe! Ich hätte nichts dagegen, wenn Du sie mir schenken würdest!«

Kulturschock in der Sauna

In letzter Sekunde kann ich meine Blöße noch halbwegs sittsam verdecken – dank dem breiten Handtuch, das ich mit einem hastigen Handgriff strategisch günstig positioniere. Offenbar hat mich mein Gefühl nicht getäuscht: Ich habe es gleich geahnt, als die drei feenhaften jungen Schönheiten in der Holztüre erschienen – die Augen einen Spalt zu weit aufgerissen, die schmalen, hoch gewachsenen Körper von den Knien fast bis zum Hals eingewickelt in viel zu große Handtücher, die viel zu viel verhüllen – aber dafür wenigstens hauteng anliegen.

Eben diese allzu kolossale »Verdeckfläche« verrät mir sofort die Herkunft der drei märchenhaften Wesen – so glaube ich zumindest: Wer so schamhaft und leicht entsetzt eine deutsche Sauna betritt (und nicht den Eindruck macht, Allah statt die heilige Dreifaltigkeit anzubeten) muss aus der früheren Sowjetunion stammen. Wo sich die Menschen mit einem unaussprechlichen »Sdrawstwuitje« (Guten Tag) begrüßen, wirkt es wie der Gipfel der Lasterhaftigkeit, wenn Mann und Frau so, wie Gott sie schuf (oder, wie die Russen sagen: wie sie die Mutter auf die Welt brachte), gemeinsam und nicht mindestens durch eine schlagbohrersichere Mauer getrennt in einer Sauna schmoren – oder genauer gesagt in einer Banja, jener russischen Mischung aus Schwitzkasten und Vorhölle.

Streng auf den Boden blickend und nicht nur wegen der 90 Grad etwas rot im Gesicht nehmen die bildhübschen Grazien Platz auf den Holzbänken – nicht ohne in einer Art »Schicklichkeits-Vollkasko« ihre Handtücher mit beiden Händen gegen die Tücken der Schwerkraft abzusichern.

Obwohl meine Augen wesentlich aufmerksamer sind als meine Ohren, entgeht mir nicht, dass meine etwas gewagte Schlussfolgerung ins Schwarze getroffen hat: »Mein Gott«, sagt eine der jungen Frauen in einem Russisch, das ebenso makellos ist wie sie selbst: »Zuhause würde uns das niemand glauben!« Ihre blonde Nachbarin pflichtet ihr bei:»Wenn uns jemand hier inmitten dieser nackten Männer sähe, würde er glauben, wir seien pervers!«

»Keine Angst, ich denke gar nichts Schlechtes über Sie.« Mein Satz, der eigentlich beruhigen sollte, scheint den drei Schönheiten auf der Nachbarbank noch ein paar zusätzliche Schweißperlen auf die Stirn zu treiben: Schließlich konnten sie sich mitten in der deutschen Provinz, nicht ganz unbeäugt, aber doch zumindest unbelauscht fühlen.

»Sie haben noch den besseren Part erwischt«, bemühe ich mich um Abkühlung:»Sie müssen sich in einer deutschen Sauna allenfalls um Ihre Moral sorgen. Aber in wie viel handfesterer Gefahr schweben wir Deutschen in russischen Saunas! Wenn wir nichts ahnend vergessen, uns zu verhüllen, schwitzen wir sozusagen mit einem Fuß im Gefängnis – wenn wir so weit kommen und uns eifersüchtige Ehemänner nicht vorher in die Hände kriegen.« Die drei kichern neckisch.

Wenn die drei wüssten, dass ich aus Erfahrung berichte! Ausgerechnet in Tiflis, tief im sittenstrengen Kaukasus, fühlte ich mich einst in einem europäischen Hotel sozusagen auf»exterritorialem Gebiet« und betrat den Schwitzraum ohne die vorgeschriebene Badehose. Welch Leichtsinn! Nur mit kräftigem Fußeinsatz sprang ich dem strengen Aufseher mit den beunruhigend dicken Oberarmen – dem Hotelmasseur – in letzter Sekunde von der Schippe, bevor er mich in den Schwitzkasten nehmen konnte: mit einer Ganzkörpermassage der anderen Art.

Gute Hotels in Russland beugen inzwischen vor: Statt ihre Gäste in peinliche Situationen oder Badehosen zu treiben, bauen sie getrennte Schwitzräume für Männer und Frauen. Nicht so in Deutschland, wie sich die drei Hübschen beklagen: Ausgerechnet das Land von Goethe, Beethoven, Mercedes und Siemens raube seinen Gästen beim Saunabesuch mit nackten Tatsachen den Atem.

Dabei müssen die Göttinnen in Baumwolle all die unsittlichen Einblicke sozusagen dienstlich auf sich nehmen, wie sie betonen: Sie sind Volleyball Spielerinnen, zwei gar aus der ukrainischen Jugendnationalmannschaft, frisch angekommen aus Kiew, um ein deutsches Zweitliga Team zu verstärken.

Ob es denn da nicht zu Komplikationen komme, wenn man mit unbekannten Frauen splitternackt so nah auf Tuchfühlung gehe, fragt eine der jungen Frauen bemüht ernst – und etwas missverständlich. »Komplikationen? Nein, wir Deutschen sind ein vorsichtiges Volk«, antworte ich. Sie kichern. »Nein, verstehen Sie mich nicht falsch, ich spreche von der katholischen Erziehung – die verpflichtet uns zur Enthaltsamkeit, selbst sündige Gedanken sind uns fremd«, antworte ich schelmisch, in Anspielung auf eine frühere Sowjet Abgeordnete, die einst vor laufenden Kameras allen Ernstes versicherte, in der Sowjetunion gebe es keinen Sex.

»Alles nur Ausreden«, hält mir eine der Volleyballerinnen vor: Der Westen sei einfach sittlich nicht so gefestigt wie Russland und die Ukraine. Grinsend drehe ich den Spieß um: »Im Gegenteil! Dass Mann und Frau in Deutschland gemeinsam in die Sauna können und alles völlig gesittet bleibt, beweist doch nur unsere moralische Standhaftigkeit! Ich frage mich da schon eher, wie es damit bei Ihnen in der Ukraine steht! Kommt es wirklich von ungefähr, dass man Männer und Frauen so strikt trennen muss?«

Gänsehaut beim Check In

Es muss irgendwann kurz vor dem Abitur gewesen sein, dass ich das letzte Mal so große Angst hatte durchzufallen und mich so ängstlich auf eine Prüfung vorbereitete. Immer wieder sehe ich meine Unterlagen durch und spiele in Gedanken durch, wie ich antworten werde. In meiner Not bin ich kurz davor, vor dem Spiegel zu üben – für den richtigen, selbstsicheren Gesichtsausdruck, damit mir im entscheidenden Moment nicht der Angstschweiß von der Stirn tropft.

Nein, ich bereite mich nicht auf eine Prüfung auf Russland Treue vor der Staats-Duma vor und auch nicht auf ein Interview mit einem hohen Moskauer Apparatschik – es ist ein ganz normaler Linienflug, der mich so nervös macht. Der Schock kam mit einem Anruf des Reisebüros: Ohne Federlesen hatte die russische Fluggesellschaft Transaero meine Reservierung nach Tel Aviv gestrichen. Der einzige Ausweg, um rechtzeitig für ein Interview ins gelobte Land zu kommen, war ein Flug mit der israelischen Fluggesellschaft El Al. Als ich die beiden Worte hörte, spürte ich ein Zittern in meinen Knien.

Sofort wurden die alten Szenen wieder lebendig in mir. Wie ich Ende März auf dem Flughafen in Kiew nichts ahnend und fröhlich durch die Zollkontrolle zum Einchecken lief. Fünf Meter vor dem Schalter stand ein junger Mann mit halbwegs unschuldiger Miene an einem Stehpult und rief mich zur Seite. Es war der Auftakt zu einem mehr als einstündigen Martyrium.

Ich bin nun wirklich nicht zart besaitet, was Kontrollen angeht: Wer beim tadschikischen Zoll die besten Leckerbissen aus seinem Koffer dalassen musste, wer im Nordkaukasus schwer bewaffnete und ebenso heftig betrunkene Kontrollposten passiert und mit der Moskauer Miliz endlos ums Bakschisch verhandelt hat, während einem das Auge des Gesetzes mit dem eigenen Führerschein vor der Nase wedelte, der ist so leicht durch keine Kontrolle aus dem psychischen Gleichgewicht zu bringen.

So war ich noch guter Dinge, als der El-Al-Mann, ein junger Ukrainer, mit freundlichem Lächeln und Unschuldsmiene meine Kreditkarten an sich nahm, seelenruhig meine ganzen Papiere aus meiner Tasche durchblätterte und ein Kreuzverhör startete. Warum nach Israel? Was für ein Interview? Warum haben Sie keine schriftliche Einladung? Warum heute? Warum mit diesem Flug? Wo waren Sie gestern? Wo haben Sie vorgestern übernachtet? Können Sie das beweisen? Haben Sie noch eine Rechnung vom Hotel? Mit wem waren Sie essen? Warum sind Sie in Kiew? Können Sie das beweisen? Wem gehören Ihre Kreditkarten? Warum gehören sie Ihnen? Mit wem hatten Sie in den letzten 24 Stunden Kontakt?

Die Liste ließe sich endlos fortsetzen. Wenn es einen Nobelpreis für das Erfinden von Fragen gäbe – der Mann hätte ihn verdient. Offenbar wird er im Akkord bezahlt – je nach Menge der Fragen. Als Deutscher mit Wohnsitz in Moskau scheine ich in irgendein Verdachtsraster zu fallen – und auch die Akkreditierung vom russischen und ukrainischen Außenministerium hilft nichts.

Als ich auch nach einer halben Stunde ruhig bleibe – die tadschikisch-kaukasische Schule – wird er selbst unruhig: Das Ziel der Fragetaktik ist es offenbar, den Delinquenten, will sagen den Fluggast, weich zu kochen und nervös zu machen. Mit meinen gesammelten Unterlagen geht mein Peiniger zu seinem Chef. Drei El-Al-Männer diskutieren jetzt fünf Meter vor mir eine Viertelstunde teils flüsternd, teils schreiend über mein Flugschicksal. Ich bin kurz davor umzudrehen: »Dann eben nicht«. Die drei gestikulieren wild. Immer wieder rufen sie irgendwo an. Der Chef mischt sich jetzt persönlich ein, das Kreuzverhör geht zu dritt weiter.

Wenn der Terror zu solchem Psycho-Terror führt, hat er sein Ziel schon zu einem großen Teil erreicht, sage ich mir traurig

– und bemühe mich weiter um ein Lächeln. So in etwa müssen sich Ketzer bei der Befragung durch die Inquisitoren gefühlt haben. Ich leiste Abbitte: Wie ungerecht war ich doch gegen all die Zöllner und Milizionäre in der früheren Sowjetunion, die ich für unfreundlich oder schikanös hielt. Im Vergleich zu diesen El-Al-Leuten sind sie die wahrsten Hostessen! Als mich diese Ketzerrichter nach einer Stunde und 15 Minuten aus ihren Fängen lassen, schwöre ich mir: »Das tust Du Dir nie wieder an«.

Pustekuchen. Nervös bereite ich mich auf das neue Kreuzverhör vor, nachdem mich »Transaero« so böse versetzt hat. Mir ist fast so mulmig wie auf dem Zahnarzt-Stuhl, als ich am Moskauer Flughafen »Domodedowo« vor der El-Al-Sicherheitszone stehe. Statt zwei Stehpulte fürs Kreuzverhör haben sie hier ein ganzes Dutzend. Mein Puls! Als ich endlich dran bin, ist mein Kopf sicher so rot wie mein Reisepass. »Was ist das Ziel Ihrer Reise?«, fragt mich die junge Russin in El-Al-Uniform. Es geht los.

»Ach, ein Interview? Mit Newslin? Dem Yukos-Mann?« Hastig öffne ich meine Tasche: »Hier, ich habe alles vorbereitet, warum ich ausgerechnet heute fliege, wo ich vorgestern übernachtet habe.« Die El-Al-Frau lächelt mit einem Mal noch freundlicher: »Was halten Sie von den Oligarchen?« Ich lege nervös meine Kreditkaten auf den Tisch. »Wie gefällt es Ihnen in Moskau?« fährt sie ungerührt fort. Auf einmal lässt meine Anspannung nach, mein Puls beruhigt sich. »Ich habe in der Universität deutsch gelernt«, sagt sie, und aus ihrem Lächeln ist ein Strahlen geworden.

Ich bin völlig von der Rolle. »Auf dem falschen Fuß erwischt«, würde man in der Fußballer-Sprache sagen. Ich war vorbereitet auf ein Kreuzverhör – und schaffe es nicht rechtzeitig, auf Small Talk umzuschalten. »Mein Gott, Sie haben sich ja vorbereitet wie auf ein Examen«, sagt dieser Engel in El-Al-Uniform und gibt mir meine Unterlagen zurück: »Nicht das erste Mal mit uns unterwegs?« Ich erzähle ihr vom Kreuzverhör in Kiew. Sie lächelt. »Erlauben Sie mir, die Kollegen nicht zu kommentieren?«, sagt sie mit einem spitzbübischen Lächeln, das mehr sagt als jeder Kommentar. »Ich dachte, es liegt am System«, antworte ich ihr: »Aber es sind die Menschen, die den Ton machen. Ich danke Ihnen für diese Einsicht!«

Waldlauf fürs Vaterland

Es war abzusehen, dass alles schief gehen wird. Dabei war das Glück so nahe. Es roch wie bei Babuschka: Blinsen und Quark-Küchlein standen auf dem rustikalen Frühstückstisch im Wintergarten, dazu selbst gemachte Marmelade. Die Hausherrin wollte nur noch ihren Waldlauf machen und sich dann dazu gesellen. Und erzählen. Aus ihrem Leben, das spannender ist als viele Politthriller: Julia Timoschenko war die Ikone und der Motor der ukrainischen Revolution. Seit einer Woche ist sie amtierende Ministerpräsidentin.

Jeden Morgen läuft die 44-Jährige zehn Kilometer mit ihrem Labrador Selfish und ihrem Leibwächter: »Der ist vor allem dabei, damit er mich vor dem eigenen Hund bewacht.« Die zierliche Frau, die als Unternehmerin im wilden Perestroika Kapitalismus steinreich wurde, kichert wie ein junges Mädchen, wenn sie Scherze macht. Und die macht sie ständig: »Ich bin abgehärtet. Wenn ich heimkomme, kommt mir mein Hund im Garten entgegen. In 80 Prozent der Fälle endet diese Form der Begrüßung damit, dass ich im Gras lande.«

»Ich laufe vor mir selbst weg, ich muss immer in Bewegung sein«, sagt sie und turnt sich im bauchfreien weißen Shirt und in schwarzen Jogginghosen warm fürs Joggen. Die Mutter einer erwachsenen Tochter hat sich in der Garage einen Fitnessraum eingerichtet: »Mein Folterstübchen«.

Kaum ist Timoschenko in den Wald aufgebrochen, verdüstert sich die Lage: Zweimal ruft ihre Sekretärin an. Sie fragt nervös nach der Chefin: Timoschenko ist ohne ihre vier Handys aufgebrochen. Sonst käme sie gar nicht zum Laufen. Als das Energiebündel mit dem Engelsgesicht endlich in ihren Bungalow im Kiewer Vorort Kontscha Saspa zurückkommt, stürzt sie gleich ans Telefon. Prompt ist unser Interviewtermin geplatzt: »Es tut mir so schrecklich leid, aber ich muss fahren, Viktor Juschtschenko möchte mich dringend sehen.«

Einen Präsidenten lässt man nicht warten. Doch weil Julia Timoschenko so schlecht nein sagen kann, bleibt sie doch noch, und heizt extra für ein Foto den offenen Kamin an. Ein Fehler: Der Abzug streikt, innerhalb von ein paar Minuten erstickt das ganze Wohnzimmer in dichtem Rauch. Der Leibwächter und die zwei Haushälterinnen geben ihr Bestes. Vergeblich. Wie ein Fotomodel macht Timoschenko gute Miene zum beißenden Qualm und kämpft lächelnd gegen den Husten und die Tränen.

Am Herd gehe es ihr genauso wie am Kamin, gesteht sie. Ein Freund aus England habe sie vor kurzem gebeten, eine Borschtsch Suppe zu kochen. »Ich hatte seit zehn Jahren keine mehr gemacht. Früher konnte ich es gut. Jetzt war es kaum mit anzusehen.« Wieder kichert sie: »Die Suppe ist mir gelungen – aber die Schäden an der Kücheneinrichtung waren gewaltig.« Sie kommt ins Grübeln: »Zehn Jahre meines Lebens habe ich damit verbracht, für einen höheren Lebensstandard in der Ukraine zu kämpfen – und habe dabei nicht mitbekommen, dass sich die Standards für Herde verändert haben.«

Doch solche Fehler machen ihr nichts aus – im Gegenteil. »Ich will nicht wie ein Politiker sein, nicht aggressiv und hart«, sagt sie, »ich erinnere mich immer an Shakespeares Worte, dass die Stärke einer Frau in ihrer Schwäche liegt. Deshalb muss man viel davon bewahren.«

Wozu sie dann so viele Säbel und Degen an den Wänden ihres Wohnzimmers hängen hat? »Die gehören nicht mir, ich wohne hier nur zur Miete«, entschuldigt sie sich hastig. »Juschtschenko wartet, ich muss jetzt los, wir reden später in meinem Büro in Kiew weiter«. Sie springt hastig davon in ihren Mercedes-Geländewagen.

Dabei hat ihr ausgerechnet »ihre« Revolution die Freude am Autofahren genommen. »Ich schminke mich immer unterwegs, weil ich sonst nicht dazukomme; oft flechte ich auch meinen Zopf im Auto, ich kann das blind.« Seit sie zur Volksheldin aufstieg, ist die Kosmetik im Auto nicht mehr so einfach: »Inzwischen erkennen die Leute meinen Wagen, hupen, kommen ans Autofenster und geben mir Ratschläge. Das ist mir sehr peinlich.«

Im Mercedes zum Umsturz

Nicht immer ist der Weg zu einer Revolution beschwerlich. Dicke Luxuslimousinen deutscher und japanischer Herkunft stehen vor dem Bungalow in der Kiewer Jaroslawska-Straße. Wer ein Edel-Casino hinter dem teuer bestückten Parkplatz vermutet, irrt sich: Es ist der »Zentrale Stab« der ukrainischen Opposition, der sich mit Wagen schmückt, für die mancher Arbeiter in Kiew, Lwiw (Lemberg) oder Donezk sein ganzes Arbeitsleben schuften müsste.

Glaubt man den Prognosen für die neue Stichwahl um das Präsidentschaftsamt in Kiew, wird Oppositionsführer Juschtschenko künftig als Staatschef die Geschicke des zweitgrößten Flächenlandes Europa lenken. Der frühere Ministerpräsident, durch einen Giftanschlag entstellt und beim ersten Wahlgang Ende November offenbar durch Wahlfälschungen um seinen Sieg betrogen, wird in den meisten Berichten mit dem Prädikat »pro-westlich und demokratisch« versehen. Doch Kritiker klagen, diese Einschätzung sei etwas vereinfachend.

»Ich kenne Juschtschenko persönlich, er ist ein ehrlicher Mensch, der wirklich an die Demokratie glaubt«, sagt der kremlnahe Moskauer Politologe Sergej Markow: »Aber er ist nicht durchsetzungsfähig; er ist nicht die Hand der Opposition, eher ihr Handschuh.« In Juschtschenkos Umgebung gebe es zahlreiche Oligarchien: Also genau jene extrem reichen, dubiosen Konzernchefs, die bei der Bevölkerung wegen ihrer umstrittenen Geschäftspraktiken so verhasst sind. Diese Oligarchen werden nach der Wahl des Oppositions Führers Tribut für ihre Wahlkampfspenden fordern, fürchtet Markow

Obwohl Juschtschenko sich im Wahlkampf als Gegenpol zur korrumpierten herrschenden Klasse zeige, habe er in Wirklichkeit sehr viele Leute aus dem Umfeld des scheidenden Präsidenten Leonid Kutschma um sich gesammelt, gibt auch der Kiewer Politologe Michail Pogrebinskij zu bedenken: »Das sind Politiker und Beamte, die einen neuen Posten wollen – und ihren alten zum Teil wegen Unfähigkeit verloren haben.«

»Ich arbeite seit elf Jahren mit Juschtschenko zusammen, und die post-sowjetische Gewohnheit, seine Machtposition für Geschäfte zu nutzen, ist ihm völlig fremd«, beteuert dagegen der Juschtschenko Vertraute und Parlamentsabgeordnete Oleg Rybatschuk: »Seine Gegner haben trotz aller Versuche nichts Dunkles in seiner Vergangenheit finden können. Jetzt wollen sie ihm für die Zukunft etwas unterstellen«.

Zehntausende Demonstranten aus dem Osten seien bereit, zu Protestaktionen in die Hauptstadt Kiew zu fahren, drohte bereits der pro-russische Gegenkandidat Viktor Janukowitsch für den Fall seiner Niederlage. Sein Stabschef Taras Tschernowil hat Zweifel, ob die Wiederholung der Stichwahl bereits der letzte Akt im ukrainischen Demokratiedrama ist: Noch-Präsident Kutschma könnte in letzter Sekunde tricksen, fürchtet der Janukowitsch Mann. So könnte der Urnengang wegen Formfehler wieder für ungültig erklärt werden – und Kutschma dann erst einmal im Amt bleiben. Erste Anzeichen gebe es schon, glaubt Tschernowil: »Vor ein paar Wochen haben Kutschmas Leute im Präsidialamt panisch neue Arbeitsplätze gesucht – jetzt kleben sie wieder in ihren Amtssesseln.«

Meine ganz private Bankenkrise

Ich habe nicht gewusst, dass meine Persönlichkeit gespalten ist. Jedenfalls so gespalten, dass ich mich an zwei Orten in der Welt gleichzeitig aufhalten kann. Während ich auf dem Weg aus dem Weihnachtsurlaub in Deutschland zu den Wahlen in die Ukraine flog, muss ich gleichzeitig in Bulgarien gewesen sein. Ohne etwas davon zu wissen. Und ohne jemals einen Fuß auf bulgarischen Boden gesetzt zu haben. Magie? Irrsinn? Nein. Betrug. Und ein technisch ausgereifter noch dazu. Der Mann am anderen Ende der Telefonleitung scheint über meine Verwunderung kein bisschen überrascht. Wahrscheinlich hat er jeden Tag Menschen an der Strippe, denen er offenbaren muss, dass sie sich an zwei Orten gleichzeitig aufhalten. Ob ich mir ganz sicher sei, dass ich nicht in Bulgarien war, fragt er mich höflich. Ich hätte dort nämlich Spuren hinterlassen. »Aber Sie waren zuvor in der Ukraine, ja?«, fährt die Stimme am anderen Ende der Leitung fort.

Ehe ich den Hörer wieder fest in Händen halte und hineinsprechen kann, dass ich mich ein wenig wie bei Orwells Großem Bruder fühle, kommt eine Bescherung der anderen Art, einen Tag nach Weihnachten: Während ich besinnlich in Deutschland das Fest feierte, habe ich mit meiner Kreditkarte in Bulgarien rund 2.000 Euro abgehoben. Der Mann am Telefon muss es wissen: Er arbeitet bei meiner Bank in Frankfurt – und ist zuständig für die Kreditkarten. Genauer gesagt: Für die Aufklärung von Kreditkartenbetrug.

»Es spricht alles dafür, dass Ihre Kreditkartendaten und Ihre Geheimnummer mit einem Lesegerät von Betrügern aufgeschnappt wurden, als Sie in Kiew Ende November Geld vom Automaten abgehoben haben«, eröffnet mir der Banker. Mit Vorsatzgeräten am Eingabeschlitz des Geldautomaten lesen die Täter die Daten heimlich mit, eine Minikamera verrät, welche Geheimzahl eingegeben wird. Später machen die Betrüger eine Kopie der Karte – und kassieren.

Es muss stimmen: Als ich aus Kiew über die »orangene Revolution« berichtete, gab es eine Bankenkrise. Die Dollar in meinem Geldbeutel gingen ebenso schnell aus wie die ukrainischen Griwna in den Geldautomaten. In meiner finanziellen Not habe ich an allen noch so finsteren Ecken Geräte ausprobiert, um nicht als Zechpreller nach Hause zu fliegen.

»Leider haben wir viele solche Fälle in der Ukraine«, eröffnet mir der Mann von der Bank: »Aber Sie können noch von Glück sagen, dass wir das so schnell bemerkt haben; die hätten ein Vielfaches der 2.000 Euro abheben können«. Ich schlucke. Von Glück sagen? In Gedanken zermartere ich mir schon das Hirn, wo ich mir die 2.000 Euro absparen soll. Im nächsten halben Jahr nur noch Buchweizengrütze statt Pirogen? Kwas statt Wodka?

Warum soll ausgerechnet die Ukraine schuld sein? Das Land im Aufbruch, mit seinen Hunderttausenden Helden der Orangenen Revolution. Russland sei ein halbwegs sicheres Pflaster für die Kunden von Geldautomaten, allen Vorurteilen zum trotz, versichert mir der freundliche Herr am Telefon; Deutschland wiederum bestätigt alle Klischees und liegt in Betrugsweltrangliste weit unten (auch wenn selbst hier mal ein falscher Geldautomat aktenkundig war, den Banditen dazu aufgestellt haben, dass er Kreditkarten schluckt). Bleiben nur die Automaten in Kiew als Hauptverdächtige, glaubt der Banker.

Jedenfalls ist meine Kreditkarte jetzt erst einmal gesperrt. Gott sei Dank muss ich eine finstere Ahnung gehabt haben, und in meinem Geldbeutel steckt noch eine Ersatzkarte. Die hüte ich jetzt genauso wachsam wie meinen Schreibblock. Sie kommt mir in keinen Geldautomaten; wenn mir in Kürze das Bargeld ausgeht, bleibt mir in meiner Not nichts anderes übrig, als statt am Imbissstand in guten Restaurants mit Kreditkartenaufkleber an der Türe zu essen: ich muss das teure Stück dann zwar auch aus der Hand geben – aber nicht die Geheimzahl.

Wenn alle Stricke reißen, bleibt mir immer noch die Hoffnung auf ein Plätzchen in der Zeltstadt im Zentrum Kiews: Auf der Prachtstraße Chreschtschatnik halten immer noch ein paar unerschrockene Anhänger von Oppositionsführer und Wahlsieger Juschtschenko Wache für den demokratischen Wechsel – sehr zum Missmut der Autofahrer.

In Gedanken sehe ich mich schon im Schlafsack frieren. Doch da hat der Mann in der Leitung wenigstens ein paar tröstende Worte für mich übrig: Den Betrugsschaden wird die Bank übernehmen. Kaum habe ich aufgelegt, schon teile ich meine Erleichterung mit dem Taxifahrer und übersetze ihm, warum ich so aufgeregt telefoniert habe. »Wir haben beide den falschen Beruf, Betrüger müsste man sein«, feixt der kräftige Mann, der einst als Zirkusartist auf der Bühne stand: »Aber ganz im Ernst, euch Westlern geht es einfach zu gut. Es sind seltsame Sorgen, die Ihr habt. Und ich würde sie mir wünschen!!! Mir mit meinen paar hundert Dollar Taxilohn im Monat würde keine Bank der Welt eine Kreditkarte ausstellen!!«

Orangene Revolution in der Sauna

Die bösen Wörter fallen meistens hinter verschlossenen Türen. Die Russen seien zur Demokratie nicht fähig, sie liebten Obrigkeitsstaat und harte Hand, zur Selbstorganisation seien sie nicht in der Lage: Auf beiden Seiten der Grenze sind von Politikern und Experten oft solche Worte zu hören. Bei schweißtreibenden Temperaturen, und nur klamm bekleidet, ist mir jetzt mit Freunden der Gegenbeweis gelungen: Wissenschaftlich vielleicht nicht ganz beweiskräftig, aber dafür umso vielsagender.

Der Tatort: Meine Sauna im Süden des Moskauer Zentrums, nur ein paar Straßen vom legendären Donskoj Kloster entfernt, auf dessen Friedhof Alexander Solschenizyn, Iwan Iljin, Pjotr Tschaadajew und andere große russischen Geister ihre letzte Ruhe fanden. So gepflegt die Sauna mitsamt ihrem Schwimmbad und Fitnesszentrum ist, so sehr verrohten doch zuletzt die Sitten: Der Schwitzraum glich zunehmend einer Wertstoffsammelstelle für Plastikbecher aus dem Trinkwasserspender im benachbarten Schwimmbad. Dass diese in Ermangelung eines Aufgusseimers als Ersatzgefäße herhalten mussten, fand ich okay, obwohl Aufgüsse offiziell verboten sind. Aber dass die Becher danach in der Sauna liegen blieben, vor sich hin schmelzen, war nicht nur ästhetisch wenig erfreulich – das Plastik verdampft bei den hohen Temperaturen auch Schadstoffe.

Eher Geschmackssache, aber doch eine heikle, war auch die Angewohnheit einiger Gäste, den Schwitzraum zwar, wie in Russland üblich, züchtig mit Badekleidung bedeckt, dafür aber ohne Handtuch zu betreten – und als Schweißfänger statt besagtem Textil die Holzliegen zu missbrauchen. Auch die Duschen zwischen Schwitzraum und Schwimmbad schienen einige wackere Saunagänger nur für reine Dekoration zu halten. Ich bin nach mehr als einem Jahrzehnt in Russland weitgehend russifiziert, aber, wie ich zu meiner Schande gestehen muss, kommt gelegentlich doch noch der Deutsche in mir zum Vorschein, und diesem blieben die erwähnten Unsitten nicht fremd. Dennoch unterdrückte ich das, was ich für deutsche Pingeligkeit hielt, und hüllte mich in Schweigen.

Als ich zum ersten Mal einen anderen Gast über die Unsitten klagen hörte, dachte ich noch, er müsse wohl deutsche Vorfahren oder zumindest seinen Militärdienst irgendwo zwischen Karl-Marx-Stadt und Rostock abgeleistet haben. Beim zweiten Kläger ging ich davon aus, es einfach mit einem Querulanten zu tun zu haben. Erst als ich die fast wortgleiche Klage ein Dutzend Mal gehört hatte, war mir endgültig klar: Wie man es mit den (Sauna-)Sitten hält, ist weniger eine Frage der Herkunft als des guten Geschmacks. Einige meiner Gesinnungsgenossen hatten auch schon zaghaft versucht, bei der Geschäftsführung zu intervenieren – aber mehr als ein »Was sollen wir denn machen?« war ihnen nicht beschieden.

So heckten wir einen Plan aus: Ein Hinweisschild in Eigenregie. Schließlich muss man für solche subversiven Schriftstücke nicht mehr Druckmaschinen in irgendwelchen gut getarnten Kellern anwerfen, seit es Windows und den Tintenstrahldrucker gibt. Prompt war ein DIN-A-4-Blatt entworfen, mit dicken Buchstaben, und der höflichen Bitte, die Becher doch nach dem Aufguss wieder aus der Sauna mit raus zu nehmen, da sie nicht für 90 Grad Hitze gemacht sind und schädliche Ausdünstungen von sich geben können, Handtücher unterzulegen und zu duschen, da niemand gerne im fremden Schweiß sitze oder bade.

Mit etwas flauem Gefühl im Bauch machten wir uns daran, die quasi illegalen Flugblätter in der Umkleide und vor der Sauna aufzuhängen. In der Hoffnung, sie hätten eine Halbwertzeit von wenigstens ein paar Stunden. Umso größer war meine Überraschung, als ich am nächsten Tag feststellte, dass die Blätter noch hingen. Wie es das Schicksal wollte, musste ich Tags darauf verreisen. Und ich traute meinen Augen nicht, als ich drei Wochen später die Blätter immer noch an der alten Stelle vorfand: Die Tinte hatte zwar deutlich unter der Feuchtigkeit gelitten, aber alles war noch wunderbar zu entziffern. Im Schwitzraum war kein einziger Plastikbecher zu entdecken, alle Gäste saßen auf Handtüchern und alle duschten.

Als ich am nächsten Tag wieder kam, gab es an der Rezeption eine tumultartige Szene: Eine Frau beklagte sich schrecklich, wie böse sie behandelt worden sei, und der Bademeister und die Kassiererin rieten ihr, sich an die Polizei zu wenden. »Was ist passiert?«, fragte ich die Kassiererin. »Die Frau hat einen anderen Besucher im Schwitzraum gebeten, ein Handtuch unterzulegen, und der hat sie daraufhin unflätig beschimpft«, antwortete die Kassiererin. Im Umkleideraum fehlte plötzlich jede Spur von dem Hinweisschild. Und auch an der Sauna waren nur noch Reste von den alten Klebestreifen zurückgeblieben, an denen es befestigt war.

»Schade«, sagte ich mir, ein bisschen traurig. Und traute meinen Augen nicht, als ich kurz darauf wieder in die Umkleide ging: Das Papier hing plötzlich wieder da. Ich lief zur Sauna – und vor ihr stand der Bademeister und brachte auch dort eigenhändig das Hinweisblatt wieder an – die Tinte war nicht mehr zerlaufen, er muss also das Original entweder abgeschrieben oder kopiert und ausgebessert haben. »Was ist passiert?« fragte ich. »Irgendein Idiot hat das im Zorn abgerissen, aber jetzt hat alles wieder seine Richtigkeit, jetzt hängt es wieder«, sagte mir der Bademeister nichtsahnend. »Was für eine Frechheit, da hat jemand die Hinweisschilder weggerissen«, schimpfte später auch die Kassiererin. »Wo jetzt endlich diese Unsitten aufgehört haben!«

In Deutschland wäre das Hinweispapier als »ungenehmigtes Plakat« sicher binnen Minuten entfernt worden; in Russland bekam es quasi offiziellen Status, weil alle von seinem Sinn überzeugt waren. Seit jener Zeit habe ich keinen Plastikbecher mehr im Schwitzraum gesehen, und kommt doch einmal jemand ohne Handtuch herein, bittet ihn in der Regel gleich jemand höflich, sich etwas unterzulegen.

Ähnliche Erfahrungen wie in der Sauna lassen sich auch im Verkehr machen. Schien es noch vor einigen Jahren in Moskau für jeden Autofahrer Ehrensache, nicht motorisierten Verkehrsteilnehmern an jeder grünen Fußgängerampel und an Zebrastreifen dreist die Vorfahrt zu nehmen, gibt sich heute die Mehrheit der Autofahrer ganz galant und bremst auch für Fußgänger. So oft ich Autofahrer nach dem Warum fragte, so oft bekam ich die gleiche Antwort: Sie hatten diese Sitte bei Reisen im Westen gesehen und fanden sie nachahmenswert.

Nach meinen Erfahrungen in der Sauna bin ich überzeugt: Auch wenn die Russen sich vielleicht keine Demokratie nach unseren Rezepten wünschen, was ihr gutes Recht ist. Wenn sie sich ein ehrliches Bild machen könnten und nicht ständig Lügen vorgesetzt bekämen, würden sie sich einige der Vorteile unseres Systems – etwa den Rechtstaat – für sich selbst wünschen, und gleichzeitig das Nachahmen von vielem Negativen vermeiden.

Doch statt mit der Qual der Wahl sind die Russen mit Propaganda konfrontiert, die ihnen das Fernsehen und die großen Medien von früh bis spät eintrichtern. Übersetzt auf unser Beispiel würde die etwa so lauten: Fußgänger in Russland wollen gar keine Vorfahrt, sie sind dafür nicht reif und brauchen dafür noch Zeit, die Straßen in Russland sind so groß, dass Autofahrer einfach keine Rücksicht nehmen könnten auf Fußgänger, weil sonst der Verkehr stockt und Chaos ausbricht, außerdem sind die russischen Autofahrer die besten weltweit, und die Fußgänger lieben es, wenn sie ihnen vor die Füße fahren, nirgends auf der Welt gibt es eine Straßenverkehrsordnung, die wirklich gültig ist, alles nur Show, nirgends haben Fußgänger Rechte, das ganze ist nur feindliche Propaganda der USA, und gerade dort werden die Fußgänger ebenfalls mit Füßen getreten – nur wird das dort besser verschleiert.

INHALT

Über den Autor 4

Vorwort 5

Der ganz alltägliche Irrsinn 11
Kälteschock statt Beichte 13
Das befleckte Notebook 16
Überleben in der Schlange 19
Vorfahrt für VIP 23
Jagdszenen auf Moskaus Straßen 26
Warten mit erotischer Perspektive 33
Wecken mit dem Hammer 37
Kreuzverhör beim Zahnarzt 42

Sadomasochismus im Amt 51
Visum als (lukrative) Quälerei 53
Impfung nur mit Passierschein 57
Spießrutenlauf zum Stempel 62
Stalins Rache 66
Erste Hilfe in Kyrillisch 69
Visum nur gegen Respekt 73
Amtliche Geisterfahrer 76

Auf der Strasse und darunter 83
Nächster Halt: Standesamt 85
Chronische Verstopfung 88
Babylonische Adressverwirrung 92
Unterirdischer Stress 96

Nachrichten aus Absurdistan 101
Selbstjustiz mit Viagra 103
Wahlurne als Wundermittel 107
»Kultur der Vergewaltigung« 112
Drill statt Flirt 114
Gartengrill im Weltall 117
Knackis rocken sich frei 123

IGORS HUSARENRITTE 127
Matt mit Messer und Gabel 129
Albtaum im Kofferraum 133
Krokodil im Klo 137
Wunderwaffe aus dem Fotolabor 140
TRÄNEN STATT LÄCHELN 145
Bewusstsein und zwei Zähne verloren 147
Gespenstische Ruhe in Tiflis 150
Heiße Munition 153
20 Jahre Tschernobyl – Tour durch die Hölle 157
Keine Kontrollen in Beslan 162
POLITIK ALS POSSE 167
Scheidung im Weltall 169
Kalter Krieg im Internet 172
»Steig mir auf den Schwanz« 176
Sex statt Diskussion 180
Gebell statt Kritik 183
Putins weiße Mäuse 186
Putins sexy Schätzelein 189
HOCHPROZENTIGES MIT UND OHNE ALKOHOL 193
Winterstarre und Komasaufen 195
Panzer mit Grünem Punkt 199
Wodka im Zielfernrohr 203
Das kalkulierte Früchte Wunder 207
Tierisches TV 211
Schwarze Hände statt Grünem Punkt 214
Wenn Oligarchen um Rabatte feilschen 217
Väterchen Frost als Verhüterli 221
Engel mit hartem Schlag 226
LIEBE AUF RUSSISCH 231
Fee an der Zapfsäule 1 233
Fee an der Zapfsäule 2 236
Albtraum für Untreue 240
Milliardäre bevorzugt 244

Krise ist, wenn man trotzdem lacht 249
Die Liebe in der Krise 251
Kamillen-Tinktur für Blondinen 255
Die Krise als Witz 258
Sieben Jahre für einen Witz 261
»Putins Waterloo« 265
Nacktbilder statt Kündigungsschutz 269
»Leck mich am Wolkenkratzer« 273
Auf Abwegen 279
Nackt oder nicht nackt? 281
Chaoten als Halbgötter 284
Finanzkollaps am Bankomat 287
Kavalier als Sittenstrolch 291
Volkssport Kidnapping 294
Kulturschock in der Sauna 298
Gänsehaut beim Check In 301
Meine Gehversuche als Revolutionär 307
Waldlauf fürs Vaterland 309
Im Mercedes zum Umsturz 312
Meine ganz private Bankenkrise 314
Orangene Revolution in der Sauna 317

rethink
verlag

Die Aufrichtigen

von Leonard Bergh

Der umstrittene Kirchenkritiker Professor Spohr wird tot in seinem Arbeitszimmer gefunden. Die Aufklärung des Verbrechens beschreibt die vergebliche Suche nach dem wahren Glauben. Ein Labyrinth aus Lüge, Fälschung und Verrat – Vergangenheit und Gegenwart der katholischen Kirche.

erschienen bei rethink – ISBN 978-3-9815024-11

Wodka
Trinken und Macht in Russland

**Sonja Margolinas
vergriffenes Buch über
das Nationalgetränk der
Russen nun als eBook
verfügbar.**

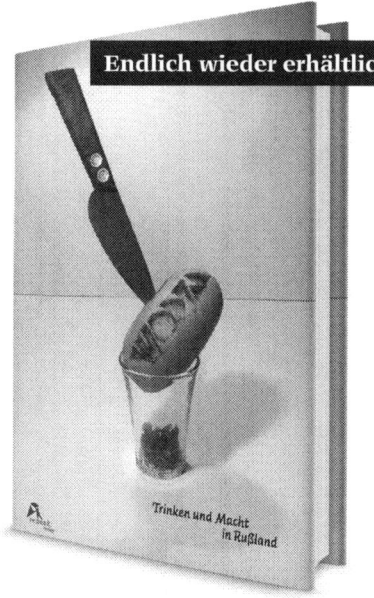

Russland und Wodka schei-
nen voneinander nicht zu
trennen zu sein. Von Nikolaus
II. über Leo Trotzki bis zu
Michail Gorbatschow sind alle
Versuche gescheitert, dem Alkohol den Krieg zu erklären.
Unter Putin haben die Moder-
nisierung und Verwestlichung
zwar eine Veränderung des
Lebensstils und der Trinkge-
wohnheiten mit sich gebracht.
Aber das Riesenreich im
Osten zwischen Chinesischem
und Baltischem Meer wird
nach wie vor von dem hoch-
prozentigen »Wässerchen« beherrscht. Sonja
Margolina, selber gebürtige Russin, geht in ihrem Buch der verhäng-
nisvollen Rolle nach, die der Wodka auf dem russischen Sonderweg
gespielt hat.

(Klappentext »Wodka«, wjs 2004)

*»Aus Sonja Margolinas kleinem Buch, das so elegant geschrieben ist,
dass es ohne Mühen weit und tief blicken lässt, erfahren wir auch, dass
die bürgerliche Revolution im März 1917 zu einem großen Teil darin
bestand, die begehrten Weinkeller zu plündern. Gorbatschow begann
sein Amt zuversichtlich mit einer Anti-Alkohol-Kampagne, der dann aber
wenig Erfolg beschieden war, weshalb heute wieder alles beim neuen
alten Wodka gelandet ist und die Aussichten mehr als trübe sind.«*

Frankfurter Allgemeine Zeitung, 14. Februar 2005

*»Über das tragische Verhältnis der Russen zu diesem Wässerchen hat
Sonja Margolina Erstaunliches zusammengetragen. Ihre radikale These:
Mit Hilfe des Wodkas begeht das russische Volk Selbstmord. Die Beweis-
führung gelingt der in Berlin lebenden Russin mühelos.«*

Märkische Allgemeine, 17. Februar 2005

als eBook bei rethink – ISBN 978-3-9815024-42

rethink
verlag

1. Auflage Friedberg, 2016

www.rethinkverlag.de
Die Texte dieses Buchs erschienen in abgewandelter Form
bereits einzeln auf focus.de, bunte.de sowie im Focus.

Gesetzt in Fabiol (Innenteil) · Complex (Umschlag)
Gestaltung freudigerregt.de

ISBN 978-3-981-5024-4-2

Made in the USA
Charleston, SC
12 October 2016